U0513973

朱杰人学术论文自选集

桑榆匪晚集

上海古籍出版社

图书在版编目(CIP)数据

桑榆匪晚集：朱杰人学术论文自选集 / 朱杰人著.
—上海：上海古籍出版社，2018.6
ISBN 978-7-5325-8823-7

Ⅰ.①桑… Ⅱ.①朱… Ⅲ.①文史－中国－文集
Ⅳ.①C53

中国版本图书馆 CIP 数据核字(2018)第 095333 号

桑榆匪晚集

朱杰人学术论文自选集

朱杰人 著

上海古籍出版社出版发行

(上海瑞金二路 272 号 邮政编码 200020)

(1) 网址：www.guji.com.cn

(2) E-mail：guji1@guji.com.cn

(3) 易文网网址：www.ewen.co

上海颛辉印刷厂印刷

开本 890×1240 1/32 印张 8.625 插页 2 字数 216,000

2018 年 6 月第 1 版 2018 年 6 月第 1 次印刷

ISBN 978-7-5325-8823-7

K·2482 定价：38.00 元

如有质量问题,请与承印公司联系

目　　录

序　言

因为历史的原因,我真正进入学术研究的殿堂比较晚。

我是文革以后的第一代研究生,1981 年毕业以后留在上海师范大学古籍研究所任教,算是开始了自己的学术生涯,那一年我 36 岁。人生最好的年华都献给了"革命"。1985 年,程俊英先生把我从上海师大古籍所调到华东师大古籍所,当她的助手,这是我学术生命的一个重大转折,在先生的指导下,我有了一种登堂入室的愉悦与自信。我从小就喜欢"舞文弄墨",也经常有文字见诸报端,但那都与学术无关。大学毕业以后,我觉得自己什么都懂,什么文章都敢写。可是读了研究生,却发现其实自己什么都不懂,以至于什么文章都不敢写,一下笔就怕错。我自觉自己是虚抛了年华,没有打好学问的基础,有点"少壮不努力,老大徒伤悲"的悲壮感。但是,我是一个自强的人,我觉得,我可以重新开始。我请我的同学兼朋友钱沛云写了一幅字:"北海虽赊扶摇可接,东隅已逝桑榆匪晚",挂在墙上,勉励自己:只要努力,桑榆未晚。于是,"桑榆匪晚"成了我的书斋名,也就是这本论文集的书名。

上海师大古籍研究所以宋史研究著名,所以我的学位论文做的就是宋史方向——北宋著名诗人苏舜钦的研究。可以说,关于苏舜钦研究的一系列文章,是我初涉学术的"投名状"和"成绩单"。苏舜钦的研究以后也就有了一些文学与史学的论文面世。研究生在读期间，裴汝诚先生训练我们做古籍整理的基础工作，要求我们每人点校一部宋人笔记。我挑了一部最短的书——《默记》。之所以挑一部小书，是因为我觉得自己要补的功课太多，我的时间有限。《默记》是在陈九思先生的指导下完成的，他让我学会了读书和做学问的严谨，懂得了学术之路的艰辛。《默记》的训练是受用终身的，以后我的学术事业始终与古籍整理为伴，无论是《独醒杂志》《韦斋集》，还是《毛诗注疏》《朱子全书》，都离不开《默记》的开蒙和导引。

到程俊英先生座下，自然是以《诗经》研究为主要方向。《诗经要籍解题》就是程先生交给我的题目。诚如我在另一本论文集《朱杰人朱子学论集》的前言中所言，我在研究《诗经》的同时，心里一直放不下朱子，所以我总是有意无意地把《诗经》研究往朱子的《诗集传》上靠。程先生去世以后，我把主要的精力完全转向了朱子学。朱子学的研究越有成绩，心里对程先生的愧疚越深，有时候像梦魇一样纠缠着我。我觉得必须为程先生、为古籍所留下一颗《诗经》研究的种子。这就有了李慧玲的读博与留校，也就有了《毛诗注疏》整理本及其衍生产品的面世。程先生的照片被我一直压在书桌的玻璃板下，使我每天可以见到她。对着她如奶奶般慈祥的面容，我终于可以说，我把您的衣钵留下了，也传下了，您可以放心了。

我关于朱子学的研究成果结集在另一本论文集中。与朱子学相关联的是对儒学的研究。儒学曾经命悬一线，如今它又迎来了春天。我把关于儒学研究的一组论文放在全书的第一单元，那里有我为儒学复兴所做的挣扎和呐喊，也有对儒学"维新"的探求与期许。这些文章，其实是记录了一个以儒学为核心的中华传统文化的忠实服膺者和鼓吹者、践履者几十年的心路历程。

　　我是一个学术研究的后进者,自知没有多大的成就可以示人。这个集子只是一个记录,也是一个学生对已经先我而去的老师们的一个报告,是否及格、可以打几分已经不重要了。

　　是为序。

2017 年 12 月 5 日于海上桑榆匪晚斋

理直气壮地弘扬与
践履儒家文化

一 关于儒学与儒家

近一百年来，没有一种学问，没有一种宗教，像儒学这样命运多舛，其受批判、被打压、遭抹黑，乃至被妖魔化，不仅在中国，就是在全球视野中，也是绝无仅有的，简直令人无法理解。但是，儒学在这样的处境下面依然是不绝如缕，顽强地存在着、发展着。这是为什么呢？我觉得支撑着儒学的有这样几个力量：一个是在民间、在草根。这是儒学得以生存的土壤，只要土壤在，哪怕是只有一线生机，它也会不绝如缕，就会春风吹又生；二是在文本，它有典籍在那里。儒家的典籍保存之完整，流布之广泛，在世界文化史上也是屈指可数的。第三，我觉得很重要的一股力量就是"儒家""儒生"，这是一群自觉发挥儒家价值观的知识分子，这一点非常重要。但是由于历史的原因，长期以来我们不敢讲我是儒生、儒家。形成鲜明对照的是在韩国有一个阶层叫做"儒林"。这个阶层延续了几百年，到现在都没有断过。儒林是由儒家、儒生组成的，他们穿儒服（就是韩国人的传统服饰，这是他们的礼服），行儒礼，用儒家的礼仪为民众操办各种婚丧、祭祀、纪念、节庆仪式，研读儒家的经典，讲学、研讨学术，到现在这个传统都一直延续。所以我很感慨，儒家是我们中国人的东西，长此以往，就要变成韩国人的专利了。

今天,儒学复兴已经是一个不可阻挡的潮流了,有那么一群青年学者公开以当代儒家自命,这实在是一件值得大书特书的文化事件。他们敢为人先,我们要为他们正名,所以我们必须要为儒家平反,要恢复儒家、儒生应有的社会地位,我觉得这是理所当然的。陈来说价值理性在文明发展中间是有连续性的,我觉得中国文化的延续不能没有儒家,中国社会文明的发展同样离不开儒家。我们今天开这个会为儒家、儒生的回归大声呐喊,是很有重要意义的。

二 关于价值观

这批年轻人,当然曾亦、郭晓东胡子已经很长了,也不年轻了,但是总的来说比我们年轻得多。我用"横空出世"来形容他们的亮相。我觉得他们横空一出世就把价值观作为一个突破口,说明了他们很有战略眼光。他们直面学术、文化、世俗,乃至意识形态,显示了儒家的勇气和他们的自信,我觉得很了不起。

新书出版以后我写了一个书评,书评发表后立即遭到了很多的批评,其中有一个批评者还是我的亲戚。这个亲戚可不是一般的人,是当代著名的作家,还是国务院参事。她给我发了一封电子邮件,我念给大家听:她第一句说,文章"那么一大版,很理直气壮,很有力量",我知道这是在调侃我,开我的心。她说:

"我们都崇敬并尊重中国传统文化之精华,这是没有问题的。吕先生更是一直在努力寻找中国文化的'本土资源'。

但是儒家文化中确实缺少'自由'和'民主'的传统(如你所说的基督教文化因素),所以导致中华民族几千年君君臣臣的'奴性',也是不争的事实。

我不明白的是:'民主自由'为什么就非得只能是西方人享有的呢?

它们当然应该是全人类共同的理想。人类之所以是'人类',无论东西方,总会有一种'普世价值'是人类精神的共同追求。为什么'普世价值'那么可怕? 非要分离出一个所谓的'中国价值观',和世界对立起来呢?

应该挖掘的是'儒家'的精粹,哪些可以摈除,哪些应该保留并发扬光大。

儒家文化中,真的没有一点'普世价值'吗? 比如'仁义',也是全人类都可以学习的哦。

我期待的逻辑,不是把自己'推出去',而是把别人'收进来'。"

她还说,她不希望跟我争论,不希望我们的争论影响我们的友情跟亲情。她是我很尊重的人,我特别喜欢她的小说。我觉得这封信很有代表性,后来《中华读书报》有一篇文章也是这种观点。我觉得这是有问题的,有一种似是而非的问题。这封信里面讲人类之所以是人类,无论东西方总会有一种普世价值是人类共同追求的,好像我们中国人不讲普世一样。我说不对,我说他们恰恰就忘了,人类首先是人和类,然后才有民主、自由。什么是人? 什么是人类呢? 怎么做人呢? 如何成其为人呢? 这才是必须首先认定的人类普世价值。正是在这个问题上面儒家为人类提供了一整套的理论与话语系统。儒家的价值观是以人性与人文为基础的出发点,所以儒家的价值观同样具有普世性,而且具有优质性,就是上午陈来讲的从排序来说它应该在前面的,我套用一句法律的术语:它是上位性的。首先有人,才有民主自由。为什么普世价值那么可怕,非要分一个所谓的"中国价值观"和世界对立起来呢? 普世价值当然是不可怕的,可怕的是西方所谓的普世价值背后的那些东西,那就是战争,就是无人机杀人,那就是社会动荡,那就是以此划线的、非我族类的格杀勿论,这难道不可怕吗? 中国人难道需要这些东西吗? 所以我觉得我们不是说不要普世价值,我们也不是说不要自由,但是我们希望有不信西方所谓自由的自由。为什么没有不信自由的自由呢？为什么没有不信民主的民主呢？为什么没有不信人权的人权呢？我觉得这很吊诡。西方硬是把他们那套强加给我们，中国一百多年来一直在向西方学习，学习的结果总是老师欺负学生，直到今天西方还在竭尽所能遏制我们。而中国历史，甚至世界当代史告诉我们，全盘照搬西方是行不通的，所谓中国价值，所谓中国道路，就是中国只能走自己的路，不能走西方人给我们设计的路，这条路他们走得通，中国走不通。

这里我想请大家听一听林毅夫的话。林毅夫说，发展中国家经济成功的原因不是照抄发达国家有什么，而是要看自己有什么，他说发展中国家和发达国家大不同，一切参照发达国家的模式发展不仅不会成功，而且还会与发达国家的差距越来越大。他研究了二战以后所有那些按照华盛顿共识进行改革的国家，无一例外不是失败的。所以林毅夫认为从西潮到东风，实现中国梦需要文化和理论的创新。他说："西方人在辩论时总是理直气壮，因为他们有理论的支撑。我们需要自己的理论创新，只有这样才能够把握机会、克服困难而前行。"他说："过去这三十年，我们持续发展，尽管这么发展，人家老是说你这不对，那不对——因为他们都是拿现在西方的理论来作参照。"（见《新闻晚报》2013 年 4 月 6 日《林毅夫世行四年对重大国际经济问题的思考与建议：西方没有真经，中国需要理论创新》）我读了林毅夫文章以后很感慨，没有想到一个经济学家有这样清醒的头脑，而我们的哲学家们，我们的作家们脑子一团浆糊，我实在想不通。我认为，西方所谓民主人权自由这些概念，是被抽去了非普适性内涵的似是而非的概念，因为任何民主自由人权都是相对的，是有阶段性、历史性的前提的，所以从这个视角讲，它并不普世。相反儒家关于人之为人的价值观，比如像我们书里面几次提到的"己所不欲，勿施于人"；比如仁义礼智；比如，我讲得极端一点"存天理，灭人欲"，凭什么说不普世？在这个世界上，所有的罪恶、一切的坏事,从中国的造假到美国的金融危机,哪一点不是人的私欲造成的?儒家强调要限制和自我节制人的欲望,难道没有普世意义?我再讲得极端一点,孟子说"不孝有三,无后为大",凭什么不是普世价值?男人都不结婚,女人都不生孩子,大家丁克,同性结婚,这世界还得了?人类还如何可持续发展?所以我觉得这本书的意义对我来讲是颠覆性的,让我对儒家价值观重新认识了。我们不能用过去的那套东西看儒家的价值观,要跳出习惯的思维、要摒弃长期以来我们认为理所当然的那种思想方法、那种逻辑演绎,来重新审视儒家的价值观,我们就会有新的发现。我觉得我们真的是应该好好研究一下了。所以我觉得我们儒家的价值观具有超越时空与族类的价值,这就是儒家价值观的优质性。刚才我讲了第一,它是排序排第一位,它是上位性,这里我讲第二,儒家的价值观具有优质性。

儒家价值观的优质性,西方有识之士也是承认的。狄百瑞,百分之百的老外,他写了一篇文章《我们为什么要读〈论语〉?》,他说:"《论语》至今仍然吸引众多读者,是因为它经过了千百年深入研读和审视的历史检验;而不是因为它曾被树为圣典之一(尽管在某些地方确实如此),更不是因为上一代人强加于后人的阅读要求。""《论语》对世人具有普适性——它切合人们共有的恒久不变的核心价值。"(《中华读书报》2013年4月3日第15版)他的话证明了我们儒家的价值观是具有历史的合理性的。为了证明这一点,我再请一个洋人来说话——因为现在中国有些人只相信洋人的话——2013年3月27号上午,复旦大学公布了一批早期中德外交的珍贵史料:1860年普鲁士王国向中国派遣了第一个外交使团,由团长艾林波带领,随团成员中还包括多位科学家和画家。1861年普鲁士外交使团到达了中国的第一座城市——上海,留下了一份长达数万字的报告。这是报告当中的一段:"我们钦佩中国人的教养。一种文化,能够把人数如此众多的民族凝聚在一起,并使其达到如此高的受教育的程度，达到如此高的生活水准，这个文化一定是有坚实基础的。更何况在这种文化中，武力因素又如此之少，在绝大多数情况下，是文明的法律和规章制度，保障和凝聚了这个国家及其家庭。"（《新民晚报》2013年3月27日A3版）这些普鲁士人第一次到中国来，他们当然不知道有儒家文化，不知道这一切都是儒家文化熏染的结果，是儒家价值观几千年来影响的结果。

（朱高正：你错了，伍尔夫他就是最熟习儒家文化的，他对儒家经典很熟，他还为了这个对抗天主教会。）

那么这个更证明了我的观点，说明千百年来中国社会的稳定、有序，中国老百姓的文明、教养，是儒家文化教化后的结果，是在儒家价值观支配下的社会制度和结构下面的产物。儒家价值观的历史合理性还可以从小说《白鹿原》中间得到印证。《白鹿原》着重笔墨描写了晚清时代的白鹿原这个小社会，这是一个儒家社会的缩影。在这个村子里面村民自治，议事有长老，行为有规范、有乡约，族长是根据乡约秉公执法，所以大家是循规蹈矩，一派和谐的景象。但是"五四运动"发生，"假洋鬼子"进来以后一切都打破了。于是该发生的一切都发生了，不该发生的一切也都发生了，次序、和谐、规则、人性全部坍塌。请大家想一想今天的中国，富裕程度在中国历史上前所未有，国力之强恐怕也在汉唐之上，可为什么我们的人性如此贪婪，为什么道德如此沦丧，为什么为了生活琐事就可以把同寝室的同学给杀掉，为什么官场如此腐败，为什么民间如此奢靡，尔虞我诈，公德荡然无存，什么道理？我想一个重要的原因就是陈来在他的一本书里面讲的，我们的价值理性被人为地割断了。割断了价值理性的连续性，就必须付出代价。我这里还是读一段陈来的话，他说："所谓文化保守主义或者道德保守主义与文化激进主义的分歧并不在要不要社会改革，要不要吸收西方近代文明。而是，文化激进主义和自由主义要求彻底摒弃传统以拥抱市场工商业、城市文明、个人主义、自由、民主、资本主义竞争性、功利主义等为内容的现代性；而所谓文化保守主义则始终认为科学、民主、市场经济、民主政治都不能自发产生公民道德或导致共同体的伦理秩序，不能满足人生价值的需要，并认为近代社会抑制不力的个人主义和功利主义足以危害群体生活的社会道德。现代性是现代社会之所以不同于传统社会的要素，但实存的现代社会并不能仅靠现代性而存在。近代以来主张正面理解儒学价值的呼声一致认为，现代社会中公平道德与伦理秩序的维护和贞定决不能采取反儒批孔的方式，必须守护价值传统和道德权威，从而体现为各个时期各种形式的对儒家普遍性道德价值的肯定。"（陈来：《传统与现代——人文主义的视界》，北京：三联书店，2008 年 8 月第一版，页 10）我觉得这个话讲得非常好。

三 行动的儒学

下面我想讲，儒学不能光在书斋里，也不能只停留在文本上。我提出我们要有个"行动的儒学"。这个"行动的儒学"的概念，是受北大一批学生的启发，他们有一个团体叫做"儒行社"，他们叫我给他们讲朱子的家礼，他们就在切切实实地履行儒家的道德规范、儒家在生活上的一些典礼仪则等等。北大儒行社的一些做法使我悟出一个道理，就是当代儒学怎么样走出困境。我认为儒学强大的生命力不在书本上，不在课堂上，也不在学术讨论会会场上，而在民间。所以我认为当代儒家不能把注意力仅仅放在文本上，把活动范围仅仅局限在课堂里、校园内，而应该行动，用我的老祖宗话来说就是要"践行"。当然形而上的学术研究是需要的，理论创新必须有案头工作，但是形而上一定要和形而下结合起来，也就是说理论和社会实际结合起来，让儒家的学术、儒家的价值观走出文本，走出课堂，成为现实生活的关怀，成为民众性格的内化和社会生活的外化。我认为可以从两个方面入手,第一,理直气壮地弘扬儒家的价值观,拨乱反正,要洗去泼在儒家价值观身上所有的污水,让金子发光;第二,我觉得应该从礼仪入手,让中国的礼仪成为人们日常行为的仪则和文明高雅生活的追求。老实说,我这是从我的老祖宗那里学来的,朱子当年就是这么做的,他的成功保证了儒学从异端的侵蚀中又延续了八百多年,他的成功经验值得我们学习。

最后真的非常感谢大家的光临和捧场。我想作为一个儒者,他的责任是担当,我们这些人正是因为有了担当才走到一起。这本书里有一句话说:儒家从来就不是反对者,而是建设者。我们今天就是在做转型时期中国特色文化的建设者。这个会是第一次,我们还会有第二次、第三次。我相信历史会记住我们。

谢谢大家!

(在《何谓普世? 谁之价值?》

一书研讨会上的讲话)

《何谓普世？谁之价值？》
再版前言

一

"儒学"与"儒家"是两个不同的概念。前者是对一个学派、一类学术、一种思想的描述；后者则是一群人对儒学所蕴含的学说、理论、价值及其所代表的行为方式、生活方式的认同与践履。儒学是一门非常古老的学问，自从有了儒学，便产生了儒家。儒学在中华大地上传承了几千年，虽历经坎坷，受到来自本土及异邦的各种思想文化的冲击与压迫，其命脉始终没有被割断。但是，儒家的命运就不一样了。"五四"以后，"新思想"不断入侵，加之建国以后，马克思主义又成为中国唯一合法存在的主流意识形态，儒家在人们的视野中渐渐消失了。尤其是在二十世纪六、七十年代爆发的那场大动乱以后，儒家已成为落后、反动、迷信的代名词，谁还敢以儒家自居？直至改革开放，这种观念依然统治着人们的思想。不仅如此，儒家甚至还被"加冕"为阻碍中国走向现代化的思想障碍，是中国落后挨打的终极原因。

你能想象吗，当今中国竟然还有人以"当代儒家"自居，并理直气壮地提出要复辟儒家思想？你能想象吗，这一群"当代儒家"绝大多数都有海外留学或研究的经历，有些还是以西方哲学与思想为主要研究方向的中青年才俊。是的，正是这样一群人，勇敢地向西方思想发起了挑战,他们对以美国为代表的西方价值观,尤其是所谓的"普世价值"提出了诘难。华东师范大学出版社的新书《何谓普世?谁之价值?》,就是这一群勇敢斗士们的一次思想碰撞的实录。2011年11月,复旦大学"儒学文化研究中心"举办了一场以"儒学与普世价值"为主题的学术研讨会,参加会议的有来自复旦、清华、人大、同济、首都师大等高校的青年学者们。会后,研讨会的发言记录由曾亦、郭晓东整理编辑出版。全书十几万字,薄薄的一册,篇幅不算大,但其意义却不啻是当代儒家一个横空出世的宣言。它宣示着消失了将近一个世纪的儒家的复辟与回归。它的尖锐、深刻、大胆振聋发聩,它的鞭辟入里、以理服人让人刮目相看。一群年轻人,而且是经过多年西方思想学术浸润的年轻人,返归传统,反戈一击,使那些主张全盘西化、或对西方文化顶礼膜拜的人猝不及防。

这真是一个令人惊喜的现象,它表现了一种对本土文化理直气壮的文化自觉。这种自觉是建立在自信的基础之上,而这种自信又是基于对中西文明的吸纳、分析与批判之上,基于对中西文化历史的、经验的、现实的与当今世界文明冲突与社会变革的综合分析与研究之上。尤其值得关注的是,他们对当今中国社会信仰、法律、文化、制度等现实问题的关切。这些年轻人由于受过很好的中西方学术的训练,处处显示出学理的深邃与说理的辩证,广征博引,言之有据,而不是说大话、骂粗口,甚至蛮不讲理。

二

正像《何谓普世?谁之价值?》一书的书名所揭示的那样,这次研讨会上集中讨论的即是"普世"与"价值"的问题。当代儒家们选择了一个非常巧妙而击中肯綮的切入点,集中火力对西方强权政治支撑下的强权文化予以抨击，揭示了西方发达国家的传道士们所谓"普世价值"的虚伪性、两面性及意识形态性。

所谓"普世性"，最早是基督教的一个概念。此概念后来被抽象出自由、民主而被赋予了一种价值诉求，进而被描述为具有普世性。在冷战时期，自由与民主成为西方社会攻击社会主义阵营的最有力武器，并最终导致了东欧社会主义阵营的解体。冷战以后，尤其是随着全球化进程的加速，自由、民主被明确地套上普世价值的光环，而高悬于整个人类社会的头顶之上，成为"放之四海而皆准"的真理。于是，西方强权俨然变成了人类道德的代言和化身，顺之者昌，而逆之者亡。由于社会主义阵营冷战失败的前车之鉴，更由于西方强权国家政治、经济、军事、文化的强势地位，世人对自由、民主的所谓普世性，要么视为理所当然，要么心怀不满却不敢反对。于是，一个伪造的价值，就这样被普世化了。

正因为这种观念与认识上的错乱，导致了以道德代言人自居的西方强权国家可以随意发动战争，可以随意制裁不听话的个人、组织或国家，可以随意发动颜色革命，可以随意颠覆某个政权，可以随便使用无人机摧毁生命，却很少有人认真地思考过，这种所谓的价值究竟是哪一家的价值，这种价值是否真具有普世性？更没有人想过，在民主、自由之外是否还有更具普世性的价值观和生活方式、人生态度？出版《何谓普世？谁之价值？》一书，正是对这些问题的回应。我们看到，这群年轻人不迷信、不盲从，而是从学理的角度提出了大胆的疑问与批评。他们明确指出，任何价值都不可能是绝对的、无条件的和抽象的，"价值是有历史性的"，"自由主义者把自由、民主、平等、法制、人权这些东西看作普世价值，但是，这些普世价值之间却是有内在紧张的。譬如，自由与民主之间，关系怎样？我觉得两者对于不同历史需要来说，是有先后顺序的。"（陈明：首都师范大学哲学系）

11

他们还指出，所谓普世，其实都是具有一定地域性的，比如，"当初民主和自由跑到中国来时，康有为和孙中山就对两者有不同的取舍，即中国需要的是民主而不是自由。换言之，在他们看来，自由与民主在西方未必是紧张的，但在中国却是紧张的……那么，为什么中国不需要自由呢？康、孙认为，中国自古就非常自由，并且对于当时之中国现实来说，自由不是太少，而是太多，无助于中国完成一个向现代国家的转变。"（曾亦：同济大学哲学系）讨论会上，很多学者对西方强权所谓"普世价值"的虚伪与双重标准提出了尖锐的批评："我反对以一种普遍主义的话语来谈普世价值……其实，我们不难看到，西方人是对外讲普遍，对内讲特殊。犹太人更是如此，说自己和上帝立约，因为犹太人是上帝的选民。这种排他性亦见于基督教，更见于当今的美国人。"（陈明）"其实，欧美各国宣扬这个超乎一切民族之上的'普世价值'，目的很明确，就是要摧毁一切异质于西方文化的文化。可见，自由、民主、人权这套普遍话语背后，其实是与民族国家的诉求一致的。"（郝兆宽：复旦大学哲学系）

这些当代的儒家们还入木三分地剖析了西方民主制度的内涵与本质，他们指出："必须破除对西方民主制度的迷信。其实，现代民主制度比古希腊的城邦民主还要等而下之，只是代议制而已，完全是资本主义经济的产物。我认为，政治上的主权在民，相当于经济上的股权在民；政治上的议会，就是经济上的董事会；政府的总理，就是公司的首席执行官。可以说，现代民主制度完全是经济思维在政治上的反映，是一种商人逻辑的产物。因此，现代西方国家本质上就是一个大公司。"（齐义虎：西南科技大学）

对于西方列强利用所谓的"普世价值"来实现国家利益的做法，当代儒家们保持着高度的警惕。他们指出，所谓的"普世价值"已被意识形态化，已经堕落为西方社会强行推行自己的文化、价值观的工具。由于多年的经营，他们把自己置于道德的制高点上，斥一切异质文化为妖魔，弱小者只能接受而无法拒绝。这实在是一种真正的不民主、不平等的强权政治与强权文化。以美国为例，他们的无人机可以随便去别国的领土上杀人，但是，一旦美国的无人机杀了美国人的内幕被揭露出来，立即就受到议会与舆论的指责。杀外国人可以，这是自由；杀美国人不可以，这是人权——这就是美国人的普世价值。所以，"中国必须警惕自由派的任何异动，一不小心，就可能滑到利比亚、叙利亚那种任人宰割的局面，到那时'中华民族的复兴'就只能是一句空话"（丁耘：复旦大学哲学学院）。

与会的一位学者指出："西方人的普世价值，就是一套意识形态，是西方人全球扩张的重要手段。"他引用亨廷顿的话说："普世主义是西方对抗非西方的意识形态，这种普世主义有三个问题：第一是错误，第二是不道德，第三是危险。在亨廷顿看来，普世价值是大国的幻想，哪种文明都认为自己的价值观是普世价值；西方的普世价值只是狭隘的光荣和梦想，推行普世价值会带来文明的巨大冲突和西方的最终失败。卡尔·施米特也说过，提倡普世价值的人不是弱智就是别有用心。"（吴新文：复旦大学哲学学院）

参与研讨的学者们有这样一个高度的共识，他们主张，"中国作为一个大国，一个有着悠久历史文明的大国，不能没有自己的普世价值"（曾亦），"站在儒学立场上，我们应当首先考虑人之为人的普世价值"（唐文明：清华大学哲学系），"普世价值是人类与动物根本区别开来的那种东西。因此，这种东西对于东西方来说，应该是共通的、普遍的"（郝兆宽）。所以，他们认为，"儒家讲的礼义廉耻才更有普世价值的意义"（郝兆宽），而质问"到底是人权还是人伦，才真正体现出'人之为人'的普遍价值"（唐文明）。他们还认为，普世价值应该包含了底线价值的内涵，即"底线伦理"和"理想普世价值"，"儒家不仅提供了底线的普世

13

价值,比如'己所不欲,勿施于人'这样的道德金律,同样也提供了大同社会这样的理想模型"(干春松:中国人民大学哲学系)。

可以说,理直气壮地把儒家的价值观拿出来与西方的价值观等量齐观,并毫不讳言儒家价值观的优质性与历史合理性,好像这是第一次。仅就此而言,就已经宣示了中国文化的觉醒与自信。

三

近现代以来,关于儒学传统的优劣存废,一直被不断讨论、争论,乃至被批判、抹黑。然而,鸦片战争以前,儒学在西方赢得的是一片赞美之声与仰慕之情。这从西方传教士及一些思想家的著作中,不难发现这一历史事实。至于西方文官制度的产生,则直接受惠于中国的科举制度,更是一个尽人皆知的故事。但是,鸦片战争以后,中国的一再战败改变了历史,儒学不知不觉成了造成中国落后的文化与道德的替罪羊。书中一位学者说了一句很令人感慨的话:"有人认为,中国百年来的积弱积贫,根本原因就在于自己传统文化。可叹啊!这些人把自己的无能归罪于老祖宗,再也没有比这更不肖的子孙了。"(郝兆宽)

这固然是一个可悲的事实。但是,从"五四"以来的儒家遗老们,直到以后的港台"新儒家"们,却一直在抗争,一直在为自己的传统辩护。但是,同样可悲的是,他们始终无法走出"弱者"与"理亏"的梦魇。前些年,曾经发生过一场关于儒家伦理的大争论,论辩双方都是当今学界的翘楚。其实,这场争论不会有结果,因为双方都无法说服对方。尤其是对儒家伦理持批判态度的一方,趾高气昂,蛮不讲理,似乎只有他们的理论才代表真理,儒家在他们眼里简直不屑一顾。我很怀疑他们有没有认真读过儒家的经典,在我看来,他们仅仅凭印象、凭感觉而望文生义,发表高论,实在是一种很无赖的辩术。至于争辩的另一方,尽管据理力争，却总让人感到有点气短。读了《何谓普世？谁之价值？》，我突然悟出了一个道理：其实这是一场不对称的讨论。因为争辩双方互以西方的普世价值为圭臬，所以，代表西方的一方，当然可以趾高气昂，居高临下，而代表"不普世"的另一方，即便手握真理，也只能是有理讲不清，这就像是秀才遇到了兵。我以为，在中西文化讨论的问题上，在儒家价值是否具有普世性的问题上，一定要跳出这个被预设的窠臼，即西方价值的普世性。如果你预设了西方普世价值的前提，那么，你只能跟着他走，纵有孙悟空的本领，也跳不出如来的手掌。可喜的是，本书中的当代儒家们已经参透了其中的玄机，并跳出了西方列强们设下的陷阱。因此，他们提出了文化的自主性，绝不随别人的音乐起舞，于是，他们有了"自说自话"的底气和自信。

我很注意这次讨论中学者们对港台"新儒家"的批评："港台'新儒家'论证儒家也有普世性的东西，不过，他们对'普世价值'这个概念没有反思，纯粹是简单地接受了自由主义那套普世价值。'新儒家'没有到西方世界内部考察这些东西是怎么来的，是不是西方思想的正脉？是不是西方思想的别子为宗？更没有想到有必要从中国文化出发来审视这些东西是好还是坏？是真是假？他们仅限于论证儒家也有这些东西，即便一时没有，也可以'开出来'。我认为，这个做法很糟糕，没思想，没出息！"（柯小刚：同济大学哲学系）其实，这种先接受西方的价值，然后再来为自己传统辩护、辩解的做法，并不始于港台"新儒家"，至少"五四"以后的儒家就是这么做的。当然，摆在"五四"儒者们面前的，是丧权辱国、家破国亡的惨痛事实，是西方文明把东方文明击得粉碎的现实，因此，他们没有辩说的底气，只能退而求其次，说人家有的我家也有，自己没有的也可以开出来。显然，这样的辩解是没有说服力的。因此，"五四"以后的现代新儒家，始终处于被动，始终处于辩护，始终处于"理亏"的尴尬境地。对此，其中一位学者如此说道："新儒家表面上听起来很强硬,好像自由、民主、科学那些东西,都可以从自己这里开出来。但是,这种说法却证实了自己骨子里的虚弱。因为按照这套逻辑,我们事先认可了西方的那套价值,然后再从儒家中引出这些东西来。这样的话,新儒学就缺乏对整个西方的自由、民主应有的反省与批判。"(白彤东:复旦大学哲学学院)

现在,我们终于等到了儒家自我觉醒的一天,一群年轻的当代儒家挣脱了捆绑在中国文化传统身上的锁链,发出了文化主体与文化自觉的呐喊。他们说:"中国自有主体性,必须超越左右,才能回归传统。"(郝兆宽)"儒家首先要立足于民族复兴、民族责任和天下情怀,应该以此为前提来思考我们这个时代的普世价值。"(陈明)"现在当务之急不再是吸取外来文明的问题,而是要先把自己的文明从根柢上树立起来,这样才可能对中西文化有真正的融合。"(曾亦)他们认为,如果不破除对外来思想的迷信,就无法确立自身文化的主体性,"应该像日本一样,主动地吸纳自己的民族传统,而不是排斥自己的传统"(曾亦),"我们讲价值的时候,一定要讲价值的主体性,一定要问问这到底是谁的普世价值"。(郭晓东:复旦大学哲学学院)

当然,对于这批年轻的当代儒家来说,他们的道路还很漫长。讨论中有学者认为,以前的种种儒家形态"都不自觉地以西方思想为理论背景,都是在这个背景下回答普世性与本土性的问题。儒家应该主动地设置问题。而不是被动地回答西方人的问题,这是根本重要的","儒家首先要有一套自己的话语体系,自己设置我们自己的议题,并让它成为世界性的话题。这些话题既是面对现代社会的,又是从儒家自身传统出发的一套独立自主的论述"。(柯小刚)是的,我们首先得有一套自己的话语体系,这就是"中国式"的。其实,我们的先辈早已为我们设计了一整套中国式的哲学的、伦理学的、政治学的、法学的……话语系统。这套系统经过宋明理学的整合、再创造,已经很严密而系统,它也许无法（其实也无需）和西方的话语系统相对接，但它足以应对讨论中国乃至世界的各种理论、学术、社会问题。只是近百年来，我们自己把它弃诸高阁而已。以前，我们一直对西方亦步亦趋，甚至鹦鹉学舌，但讲来讲去还是"洋泾浜"，不伦不类。其实，你学得再像，也不会被傲慢的西方人所接受。现在，我们是不是可以让洋人们也来学学中国话，以及中国式的学术话语了呢？让中国式话语与议题"成为世界性的公共话题"，此其时也！

附识：笔者长期从事传统文化（主要是儒学）的研究、传承与弘扬，但是，长期以来伴随着我的，却是江河日下的悲哀与无可奈何的焦虑。不曾想到，当下中国还有这样的一群年轻人，他们出入西、马，返归传统，有勇气、有胆识、有学问、有担当。读了他们的书，有一种如释重负的感觉。尽管西化、奴化已经积重难返，但是，中国毕竟还有这样一群头脑如此清醒的年轻人，中国文化的复兴应该是可以预期的。

癸巳年正月初五于沪上桑榆匪晚斋

又：本文是为《何谓普世？谁之价值？》所作的书评。文章发表以后，出版社组织了一次新书讨论会，邀请海内名家就书中提出的一些问题进行了深入的研讨。会后曾亦与晓东两位再一次对会议记录进行了整理，于是就有了这本增补版的《何谓普世？谁之价值？》。两位整理者认为我的书评可以作为全书的序言，我感谢他们的厚爱，权且把书评当序放在书的前面，其实真正的主角是在序的后面——那群虎虎有生气的青年学子们。我只是为他们呐喊。

2014 年元月 15 日又及

儒学的价值取向

——从"修齐治平"到"经世致用"
兼论"为帝王师"

　　儒学是一种学术,它的学术性,既体现在理论架构的完备与系统,亦体现为对实践与现实(社会的、自然的)的关怀。儒学是一种生活方式,不管你承认还是不承认,它实际上一直在左右着世世代代中国人的饮食起居与行为规范。儒学是一种信仰,它不是宗教,但胜似宗教,中国人正是依仰着它的存在而得以在不断的灾患与灭种的危亡中延续而发展。儒学是一种思维方式,他成就了聪明的中国人。当然,儒学还是一种价值观,是一种有别于其他文明的独特而具有时空超越性的价值体系。这一切,造就了中国人的精神、中国人的气质、中国人的意识、中国人的意志。

　　总的说来,儒学的价值取向是入世的,是关注现实政治和社会生活的,这和一般宗教形成了鲜明的对比。从远古的三代文明算起,儒学的萌芽和兴起即已蕴含着对现实政治和社会生活的关注与干预。可以这么说,没有对家国兴衰的关怀,就不会有儒学的产生。儒学价值取向的现实关切,因"修齐治平"的提出而成为儒家不可或缺的意志。

一

　　《礼记·大学》:

> 古之欲明明德于天下者,先治其国;欲治其国者,先齐其家;欲
> 齐其家者,先修其身;欲修其身者,先正其心;欲正其心者,先诚其
> 意;欲诚其意者,先致其知;致知在格物。物格而后知至,知至而后
> 意诚,意诚而后心正,心正而后身修,身修而后家齐,家齐而后国
> 治,国治而后天下平。自天子以至于庶人,壹是皆以修身为本。其
> 本乱而末治者,否矣,其所厚者薄,而其所薄者厚,未之有也。

这段话,强调"以修身为本",但是修身的目的是为了"治国""平天
下"。所以它的关注点依然在现实社会政治。朱子在为《大学》作注时
指出:"子程子曰:'《大学》,孔氏之遗书,而初学入德之门也。'"朱子认
为,这一段话,是孔子之言,而且是儒者必须遵循的基本德行。也就是
说,儒者的基本修养,就是为社会服务,就是要关注现实政治。

朱子把《大学》的这一段话归纳为八条目,从这八条目出发,又发展
为后世的"内圣外王"。"内圣外王"之说,虽然出于道家,但是到了儒家
这里就变成了不折不扣的儒学的价值取向:内圣,指修身;外王,指治
国平天下。而内圣外王的统一,则成了儒家成贤成圣的最高追求。有
一种观点认为,宋代理学的出现,尤其是朱子心性学说的出现和成为学
术思想的主流以后,儒家的价值取向由外而转向内了,换言之,理学是
性理之学而非治国平天下之学。这显然是一种误读。后人评论朱子,
指出他是"致广大而尽精微"。所谓"尽精微"即是说他的心性之学,把
孔孟之道中关于人性之本源的"微言大义"给充分地发掘出来了。但这
并不能得出朱子的价值关怀抛弃或削弱了治国平天下的结论。恰恰相
反,朱子之所以关注人的心性,正是因为他关注现实政治和国家治理的
逻辑前提——治国平天下壹是皆以修身(收拾人心)为本,其本乱而末
治者,否矣!

"经世致用"是儒学价值取向的又一个突出范例。"经世致用"一词

的产生很早，但是，它作为儒家价值取向的大旗而被高高祭起，是在明末清初与清末民初。

明末清初，是一个家国天下面临着大变局、大灾祸的非常时期。儒家知识分子们忧愤于王阳明心学空谈心性而误国、误民的弊端，高举"经世致用"的大旗，妄图把儒学重新拉回到"治国平天下"的轨道上来。王夫之认为，不能空谈天理，天理即在人欲之中。他强调"名"与"实"的统一："知实而不知名，知名而不知实，皆不知也。"主张"理势合一"。黄宗羲批评知识分子"束书不观，游谈无根"的恶习，提倡"学贵践履，经世致用"，他改王阳明"致良知"为"行良知"，提出"必以力行我功夫"。顾炎武认为，理学家不切实际的空虚之学应于批判，儒家应该将"当世之务"——天下、邦国、生民之事作为自己治学之急务，以天下为己任。颜习斋等大力提倡的所谓"实学"，就是对学术脱离实际、远离社会现实的一种反动。

清末民初，面对政治、军事与文化的西化的强大压迫，"经世致用"再一次被一些先知先觉的儒家知识分子所张扬。从康有为、梁启超的"公车上书"到章太炎的维新而革命；从陈焕章的《孔门理财学》到唐文治的兴办学堂，无一不凸显出儒家经世致用思想的强大号召力和感召力。每当历史的重要关头，儒家学者们总是会在"经世致用"的旗帜下挺身而出、有所作为。

毋庸置言，经世致用，是儒学重要的价值取向，也是儒学一以贯之的精神与道德传统。

二

经世致用的价值取向，必定导向儒家关注世事，关怀民生的政治关切、治国理政的实践与国家长治久安的理论探索。

《论语·微子》篇有几段关于孔子对那些隐逸之士的议论：

> 楚狂接舆歌而过孔子曰："凤兮！凤兮！何德之衰？往者不可谏，来者犹可追。已而，已而！今之从政者殆而！"孔子下，欲与之言。趋而辟之，不得与之言。

朱子注曰："孔子下车，盖欲告之出处之意。"这是说，孔子想告诉他，避世无为不是一种积极的人生态度。

> 长沮、桀溺耦而耕，孔子过之，使子路问津焉。长沮曰："夫执舆者为谁？"子路曰："为孔丘。"曰"是鲁孔丘与？"曰"是也。"曰："是知津矣。"问于桀溺，桀溺曰："子为谁？"曰："为仲由。"曰："是鲁孔丘之徒与？"对曰："然。"曰："滔滔者天下皆是也，而谁以易之？且而与其从辟人之士也，岂若从辟世之士哉？"耰而不辍。子路行以告。夫子怃然曰："鸟兽不可与同群，吾非斯人之徒而谁与？天下有道，丘不与易也。"

孔子认为自己与长沮、桀溺不是一路人，正因为天下滔滔，所以他才如丧家之犬到处奔波，甚至知其不可为而为之。他气愤地认为，那种不以天下家国之责而自任的人不是人而是"鸟兽"。对此，朱子注曰："岂可绝人逃世以为洁哉？""正为天下无道，故欲以道易之耳。"程子注曰："圣人不敢有忘天下之心，故其言如此也。"

在"子路从而后"章中，子路还有一句话："不仕无义。长幼之节，不可废也；君臣之义，如之何其废之？欲洁其身，而乱大伦。君子之仕也，行其义也。道之不行，已知之也。"他认为，不为国家服务，是不符合道义的。不能为了保住自己干净的名声，却违背了儒家的大伦理。君子为国家社会服务，是在为道义而行，其实国家、社会的无道我们都清清楚楚。这里，子路讲的就是儒家的责任与担当精神。

孔子周游列国，是为了推销自己的政治理想与治国理政的主张。他俨然以帝王之师自任（请注意，不是自居）。于是后世便有了"为帝王师"的议论。

何为帝王师？顾名思义，就是给最高统治者当老师。有没有帝王师？答案当然是肯定的。历代帝王，无不有师。这恐怕是个历史常识，无须论证。从儒家对国家制度的设计层面看，帝师就是一个非常重要的设置。在君王为太子时，国家就为他配备了老师，所谓太子太傅，自商周时代即已出现。皇帝的老师，历代称呼不一，如宋代称"侍讲"等，朱子就当过四十几天的侍讲。但各朝各代都设帝师是毋庸置疑的。在封建时代，儒生都以能当帝师为人生奋斗的目标，不但因为这是一种无上的荣誉，更因为这个位子有可能施展自己的政治抱负并影响国家政治、政策的走向。不可否认，这是儒家政治制度设计上的一个杰作，它有效地保证了国家政治能沿着儒家之道而行。从儒家的道统理论来观测，这其实是将儒家道统凌驾于治统之上的一个制度保证。儒家充分地认识到，帝王拥有至高无上的权力，但帝王毕竟也是人，是人就必须接受教育，而只有一个接受了好的儒学教育的帝王，才有可能是一个好皇帝，才有可能成为一个不犯错误或少犯错误的皇帝。而教育帝王的使命，被儒家认为是自己当仁不让的责任。

《礼记·儒行》篇记录了孔子与鲁哀公的一长段对话。

孔子的第一句话是这样说的：

> 儒有席上之珍以待聘，夙夜强学以待问，怀忠信以待举，力行以待取。

可见，在孔子的眼里，儒家与生俱来的一个使命就是"备顾问"——解答统治者的疑问，提供可行的解决方案。这一价值取向明确而毫不隐晦。我以为，这恰恰是中国历史的一个难能可贵的好传统，它张扬的是儒家知识分子的社会责任和历史担当。它提示我们的是，我们孜孜以求的学问，我们皓首穷经的目的，不是为学术而学术，不是为一己之名利，而是为了家国社会，是为了天下苍生。

这难道有错吗？中国几千年的历史，出现了多少志士仁人，有舍生取义、有慷慨赴难、有威武不屈、有前赴后继，更有数以万计的无名烈士、无名英雄，不都是这种精神养育和熏染的结果？试问，如果抛弃了这种精神，日本人打进来了还有人抗日吗？出国留学了还有人愿意抛弃高官厚禄回国效力吗？

奇怪的是，近年来，这种民族精神竟然成了某些人讨伐和批判的对象。前不久就发生过一次对所谓帝王师的声讨。我以为，在时下大谈所谓帝王师，进而声讨批判，如果不是一种无知，那就是心怀叵测。

诚然，帝王师是过去时代的制度与现象，难免带有封建时代的印记。但是，它的精神内核，并没有过时。我们可以抛弃"帝王师"这样太具封建标识的名词，但是我们能否认领导者，高至国家领导人也是需要学习、也是需要老师这样的基本事实吗？现代的领导者，即便西方通过所谓一人一票选出来的领导者，都是人，都不是神，也不可能是先知先觉者，就是哈佛、牛津毕业的高材生也不可能无所不知。这就需要学习，这就需要老师。批评帝王师的人，一般是对西方民主怀有不舍之情的人。但是，为什么你们对西方政治制度中设计的帝王师有选择性地回避呢？西方民主制度中就没有帝王师吗？答案是否定的。西方的国家制度设计中，有一个很重要的部类，叫作"智库"。何为智库？不就是"备顾问"吗？请问，这与我国古代的帝王师有区别吗？基辛格就是西方最著名的帝王师，你为什么不去谴责他呢？你再看看围绕在特朗普身边的那些谋士们,哪一个不是帝王师？你们为什么不但不批评反而羡艳有加呢？这真是咄咄怪事！

儒家的情怀就是"修齐治平",就是"经世致用",就是对国家、对社会、对人民有担当、有责任,所谓"天下兴亡,匹夫有责",所谓"以天下兴亡为己任",所谓"当仁不让",所谓"仁以为己任,不亦重乎？死而后已,不亦远乎？"表达的正是这样的一种精神境界。这种精神,无论是古代,还是今天,都不应该被污名化。

三

帝王师问题的提出,其实质是对儒家价值观的一种否定。在中国传统文化全面复兴的当下,对儒家价值取向的研究和弘扬,必须提到议事日程上来。有一种观点认为,学者就是学者,学者以研究学问为主业,他们就应该生活在象牙塔里,保持对现实的距离,尤其是要保持与官方的距离。我不否认这样的观点有它一定的合理性。学术研究确实是需要一定的自我空间和对现实的相对距离。学术研究也不应该简单地成为解释政策的工具。但是这并不是说,学术研究就应该完全为研究而研究,为学术而学术。研究的终极目标是为了探索真理,学术的彼岸是新的世界,它们都是为人类与自然的终极关怀服务。诚然,为了这样的目标,可以有一些人终身为研究而研究,为学术而学术,但是你有什么理由和资格去责难或批评那些为现实社会服务的学术和研究呢？自己把自己关在象牙塔里,却把那些关怀民生、关切家国天下命运与前途的知识分子斥为"不务正业",贬为"不学术",这公平吗？尤其不能容忍的是,我们的媒体对固守在象牙塔里的学者们,竭尽歌功颂德之词,却对关心社会现实的学者们漠不关心,甚至讥讽批评,这公平吗？

当今中国,需要为学术而学术的学者,但是更需要把学术与社会国家和民族振兴事业紧密结合的学者。所以,我们今天来谈论儒学的价值取向,是有意义的。儒家的价值取向,今天不但没有过时,我甚至认为,它的现实价值甚至超过了以往任何一个时代。

该中国儒商登场了

2010 年 10 月，李泽厚先生在与刘绪源的对谈中提出："该中国哲学登场了。"他说："我认为，后现代到德里达，已经到头了；应该是中国哲学登场的时候了。"他认为，西方哲学那种"狭义形而上学的哲学"已经走到了头，而"与西方哲学相平行、既见共同性又见特殊性的'中国哲学'"，却表现出"后哲学"强劲的生命力和广阔的发展前景。他进一步指出："海德格尔之后，该是中国哲学登场出手的时候了。我以前讲虽然海德格尔喜欢老子，但不应该拿老子来附会类比，而应该由孔子即中国传统来消化海德格尔。"

李泽厚先生讲的是哲学问题，其时，中国在经济领域的崛起已经势不可挡，但是在文化、思想领域，却还处于沉寂之中。作为一个杰出的哲人，李先生可谓先知先觉者，他已经预见到中国思想文化的崛起（或谓觉醒）已是呼之欲出的必然。但是在经济学术思想领域呢？在商业文化、企业管理文化及中国企业家群体的整体觉悟与素养这些领域呢？

今天，我想仿效李泽厚先生大喝一声（而不是"先冒喊一声"）：该中国儒商登场了！

儒商，这是一个极具中国特色的商业与文化概念。据很多研究儒商的学者说，"儒商"一词在古代典籍中似乎无据可查，但人们普遍认为，孔子的弟子子贡（端木赐）就是中国最早的儒商。"儒商"作为一个专有名词，究竟在何时出现，现在的研究尚未有定论。但儒商的存在却是公认的事实。如果"儒商"一词确实在古代文献中出现很晚,而我们有理由相信,这是一个很早就在民间流传的概念,它的出现应该非常久远。这是民间、是平民百姓,对一种具有某种特性的商人的褒奖之词。这是对不单纯以逐利为目的的商人的一种特别的赞许,因为这一类商人在逐利的同时,还有一些别的特点——以儒家的价值观指导自己的商业行为。

儒商,不是一个简单的商业现象,更是一个文化、哲学现象。

中国的商业文明发生、发展得很早。但是由于受儒家文化重义轻利及中国封建时代重农抑末的影响,发展缓慢。但是,从重义轻利到义利整合,从重农抑末到农商兼举,中国的商业文化一直在沿着自己的道路调整、创新、发展。资本主义的出现阻断了一条中国自己商业文化发展的道路,而所谓的资本主义精神却以完全与中国文化相反的道路——唯利是图、利润最大化,把中国式的发展模式挤压得几无生存的空间。当然,近代以来也出现过儒商,但那只是个别的现象,而非一种被普遍认同的模式、形态和理念、理论。

进入现代社会以后,最早也最自觉地运用儒家理论与价值观管理、运营商业并形成一整套儒商理论的成功范例,出现在日本。其代表人物是涩泽荣一。他的著作《〈论语〉与算盘》(国内的中文译本书名《人生十论——〈论语〉中的处事之道》,由华东师范大学出版社 2012 年出版)成为近代日本的"商业圣经"。现代儒商出现在日本,不是偶然的。日本是东亚诸国最早实现现代化转型的国家。它的经济发展全盘西化,商业文化完全实现了西式的,亦即现代资本主义的模式。全盘西化及全盘的资本主义化,使日本的经济迅速发展,成为亚洲唯一一个能与西方国家同步发展的国家。但是,资本主义的种种弊端也不可避免地与日本这个具有浓厚儒家文化印记的国家和社会产生冲突与违拗。涩泽荣一是一个先知先觉者,他看出了其中的玄机,他希望用儒家的思想与学说对冲资本主义。于是,这才给了儒商文化在日本生存的空间。但是应该看到,儒商文化在日本的商业文化中并不占统治地位,它的主流依然是资本主义的固有形态。究其原因,这是由于日本文化保守主义和功利主义,决定了它对外来文化的态度从来就是"用"而不是"体"。对西方文化如此,对儒家文化也是如此。但是不可否认,关于对儒商在现代社会的认识、实践与研究,日本比我们早,比我们深入,所以,近现代以来日本一直握有关于儒商研究和实践的话语权。

李泽厚先生在吆喝中国哲学登场时,表面上看,他关注的是中国哲人的"觉醒"。实质上,他关心的是中国文化、中国传统的"自觉"与"自信"问题。在 2010 年代,他还没有底,他说:"现在似乎是时候了? 也许还太早了一点? 也许,需要的是编造一套西方哲学的抽象话语,否则就不算'哲学'? 是耶非耶,我不知道。"这里,我不谈哲学问题,如果说哲学还需要时间的话(其实,哲学也已经是到时候了),那么,经济早已经到了"中国时间"。试问,已经是世界第二大经济体的国家,凭什么还说不到时候、不够格呢? 既然中国的经济已经是世界老二,那么还有什么理由不让中国的企业家们登场呢?

当然,这里有问题。改革开放的三十年,我们的崛起基本上是沿袭了资本主义的模式。于是,资本主义的各种弊端也在中国的大地上集中爆发:信仰危机、道德危机、环境危机、贫富危机、腐败危机等,成为中国社会可持续发展的最大绊脚石。梁漱溟说,中国文化是早熟的文化。中国的文化也许无力解决人类尽早实现现代化的问题,但是中国文化却早已为后现代化提供了足够的智慧和资源。这就是中国儒商现在应该登场的原因。诚如李泽厚所言,中国哲学是与西方哲学相平行、既见共同性又见特殊性的。就普遍性而言,它是"哲学在中国",就特殊性而言,它是"中国的哲学"。同理,中国的儒商文化是与西方的商业文化相平行的一种文化,它具有独特性,可以补西方资本主义商业文化之缺，这就是"中国儒商"。但是，它并不违背商业的普遍原则，所以，它又是"商业文化在中国"。

人们在研究、总结发生在二十世纪的亚洲经济奇迹（所谓"亚洲四小龙"）时，无不肯定其中儒家文化的因素。那么，中国的经济奇迹与儒家文化有没有关联呢？答案当然是肯定的。我们看那些最成功的一代企业家，如张瑞敏、董明珠、马云、马化腾，他们无一是盲目照搬西方模式取得成功的，他们的成功是因为融入了中国传统的文化元素。其实，这种现象更多地表现在数以万计的那些并不知名的中小企业家中，他们中不乏自觉地以儒家文化为基因，指导自己的商业行为，管理自己的企业运作，有些干脆以儒商自许。可惜的是，我们的学术界、理论界不屑于关注这一类"形而下"的问题，以致我们的企业家们只能在繁杂的商业打拼中盲目地求索。这是中国学术与理论的悲哀。现在应该是改变这一状况的时候了。

中国经济的崛起，必然伴随着文化的崛起，文化崛起的先决条件是文化的"自觉"与"自信"。李泽厚先生说："我先冒喊一声。愿有志者、后来者闻鸡起舞，竞创新思，卓尔成家，走进世界。"他说的是哲学的责任，那么，商业呢？商业哲学呢？企业文化呢？经济理论呢？管理哲学呢？或者说"后资本主义"呢？不是应该落在中国哲学、中国文化、中国学者们、中国企业家们的身上了吗？

愚以为，中国儒商"为王先驱"，乃应然而当然也。

经学与中国的学术思维方式

尊敬的主持人彭林教授、尊敬的评论人严寿澂教授、各位同道：

这两天，听到和读到许多专家的发言和文章，感到大家的论文都很"实"，相对而言，我的文章却提出了一个非常空疏的问题。但是我认为这是一个非常重要的问题。提出这一问题，是基于我对中国经学生存状态和发展前景的一种深深的忧虑。如鲠在喉，不吐不快。

今天，我们能够从海峡两岸、从新加坡走到清华来讨论经学问题，要感谢会议的组织者彭林教授，他做了一件了不起的大事，这次会议的意义非同小可。但是，不知大家是否意识到，我们会议的名称居然是"首届中国经学国际研讨会"。请大家注意这个"首届"。自光绪三十一年，也就是 1905 年，废科举，至今已整整 100 年。自 1949 年建国至今，也已经过了半个多世纪。在中国这块土地上，竟然是第一次这样隆重地讨论经学。这多少有点讽刺意味，也多少使我们这些以学者自居的人有一点羞耻感。但是，经学在我们这里已经消失了半个多世纪，却是一个不争的事实。我有一个不恰当的比喻，经学在我们这里实际上已经是一堆死灰。

经学从一种显学变为一堆死灰，原因是非常复杂的。

经学在中国有着悠久的历史，从西汉设置五经博士始到民国临时政府 1912 年宣布"废止读经"止，其作为列朝统治学说，历时近两千年。它曾经支配着中国的思想、文化与学术，是历代王朝进行有效统治的理论基础,并为社会各阶层提供行为准则和规范。经学对传统中国的政治思想、文化学术、社会意识以及民族的文化心理、思维模式都有着深刻的影响。周予同先生曾说:"因经今文学的产生而后中国的社会哲学、政治哲学以明,因经古文学的产生而后中国的文字学、考古学以立,因宋学的产生而后中国的形而上学、伦理学以成,决不是什么武断或附会的话。"(皮锡瑞《经学历史·序言》,周予同注,北京,中华书局,2004年,页3)从本质上说,经学体现了中华民族的价值观,是民族文化的核心,是中国文化的本质和灵魂,是最具中国特色的思想与学术表现形式。

但西方列强的入侵,民族独立自强的迫切要求,学习西方成为时代的最强音,西方文化大量涌入,西方学术严密的分科体系对中国传统的学术体系造成巨大冲击。随着近代学科体制的建立,在中国传统文化中本来居于中心位置的经学消亡了。光绪三十年(1904年),科举最后一次考试,此后近代学科取代了经学的霸主地位。教育管理者在对待经学问题上,出现了废与兴的多次反复。代表中国近代大学开端的是最早创立的京师大学堂,其课程分为一般科目与专门科目,一般科目中有经学、理学、诸子学等,一般科目为必修课。1902年设立预科,经学仍为教学重要内容。1910年成立分科大学,设有经科(包括毛诗门、周礼门、春秋左传门等)。经学从一统降而和文、工、商、农、法政、格致诸科等齐。随着辛亥革命推翻了清王朝的统治,中华民国临时政府制定的《壬子癸丑学制》废止尊孔读经,1912年10月,教育部颁布《大学令》,大学分七科(文、理、法、商、医、农、工),取消了经学科。袁世凯窃取革命政权后又力复尊孔读经,为其复辟造势,1915年,他颁布《特定教育纲要》,下令高等学校增加经学院,"独立建设,按经分科","中小学校均加读经一科,按照经书及学校程度分别讲读,由教育部编入课程"(舒新城编:《中国近代教育史资料》上册,人民教育出版社,1961年,页

257）。不久，部分激进的民主主义者倡导了反封建文化的新文化运动，以"民主""科学"为旗帜，要求打倒"孔家店"。1916 年 9 月北洋政府废除袁世凯颁布的《教育纲要》，废除了尊孔、读经的规定。1916 年 12 月 26 日，蔡元培任北大校长，之后采取了系列改革，废门改系，1919 年，北大设立哲学、中文、史学等 14 个系，在真正意义上建立了现代学科体系，对中国近代大学制度产生了深远影响。在这一体系中，没有经学的位子。1925 年 10 月，教育总长章士钊在部务会议上要求学校里读经，遭反对未果。1926 年 8 月 8 日，江苏教育厅训令省省立各学校"读经一项……似应由各校于公民科或国文科内，择要选授，藉资诵习"（《周予同经学史论著选集》，朱维铮编，上海人民出版社，1983 年，页 592）。周予同先生著文《僵尸的出祟—异哉所谓学校读经问题》给予激烈批判："我们惟一的救急手段，只有捉着这僵尸，剥掉它的古衣冠，用照妖镜似的眼光，看它究竟是一个什么东西变成的。"（页 593）"经是可以研究的，但是绝对不可以迷恋；经是可以让国内最少数的学者去研究，好像医学者检查粪便，化学者化验尿素一样，但是绝对不可以让国内大多数的民众，更其是青年的学生去崇拜。"（页 603）从中我们可见当时激进的知识青年对经学的一般态度。"五四"以来，经学被当做封建统治阶级的意识形态，被简单地称为"经学教条"和"封建性的糟粕"。当时激进主义的学者吴稚晖曾说把线装书放进"茅厕"，三十年以后再研究。"'五四'时代的自由主义者，或稍后的社会主义者，都把中国的文化传统当作'现代化'的最大的敌人。"（《中国近代思想史上的激进与保守》，见于《现代儒学的回顾与展望》，生活·读书·新知三联书店，2004 年，页 36）但当时毕竟还有大批谙熟经书的人士，所以经典作为知识依旧在大学传授。

    1937 年 8 月 25 日，中共中央通过《抗日救国十大纲领》，其中第八项规定："改变教育的旧制度、旧课程，实行以抗日救国为目标的新制度、新课程。"(《毛泽东选集》第 2 卷,人民出版社,1982 年,页 344)要求一切文化教育均应适应战争的需要,理论与实践相结合。1940 年毛泽东发表《新民主主义论》指出:"中国应当建立自己的民主的、科学的、人民大众的新文化和新教育。"(《毛泽东选集》第 3 卷,页 1084)这成了共产党的教育指导方针。在这一方针下,对传统文化提出了"弃其糟粕,取其精华"的口号,但是在实践中,这一口号成了只对传统实行批判的借口。正如余英时先生所说:"中国的思想主流要求我们彻底和传统决裂。因此我们对于传统只是'批判',而极少'同情的了解'。"(《中国近代思想史上的激进与保守》,见于《现代儒学的回顾与展望》,生活·读书·新知三联书店,2004 年,页 39)新中国成立后,学习苏联模式,1952年对高等院校进行了院系调整,"以培养工业建设干部和师资为重点,发展专门学院和专科学校,整顿和加强综合性大学"(上海市高等教育局研究室等编《中华人民共和国建国以来高等教育文献选编》(上),页38),改革的重心在培养工业建设人才上。在共产党的教育方针中和课程设置上,一直没有经学的位置。再从意识形态建设来看,经学作为封建社会意识形态和腐朽文化的象征,一直是批判的对象,作为封建糟粕而被唾弃。建国后,国内受过经学训练的人才稀少,也是高等学校没法开设经学课的一大制约因素。文革中极左思潮泛滥,儒家思想连同其经典都成为了黑暗、腐朽的代名词。复旦大学历史系周予同先生开设经学史课程,可谓硕果仅存,但"文革"中也被迫中断。经学作为落后文化退出了历史舞台。

面对列强入侵,中国最现实的问题是实现民族独立与富强,"师夷长技以制夷",学习西方现代科学技术无疑是近代中国大学的首要任务。从京师大学堂学习日本大学体制到北大学习德国大学模式,以理工为权重的考虑都可以见到当时仁人志士的焦灼与渴望。按西方学科体制建立起来的近代中国大学,必然不会有代表中国特有文化形态的经学的存在。辛亥革命摧毁了封建帝制,连同作为其意识形态的经学亦弃如弊履。"五四"精英们把传统(其核心是经学)看作是阻止中国现代化的障碍,以后人们又把它当作腐朽的封建文化,这种对传统文化的偏激和误解一直延续至今,蒙蔽了经学的真正价值,形成了国人巨大的认识误区。科举废除以后,以经学求取功名的仕进之路被阻断,学习现代科技知识取代了专攻经术,经学在教育中不可避免地成为时代的弃儿。现实的需要遮掩了大学"传授高深学问,培养硕学人才"(蔡元培语)的终极追求。

我之所以要花费这么多笔墨来描述经学消亡的历史,是为了说明,经学的消亡,并不是一种学术自身运动的必然,而是外力强加的结果。事实上,我们是在不知不觉中走了一条破坏民族文化的路,走了一条民族虚无主义的路。

既然经学已经是一堆死灰,我们今天为什么还要走到一起来呢?不言自明,我们是想让这一堆死灰复燃。

这样,就引出了一个问题:经学究竟还有没有存在的必要?

首先就要谈到什么是中国文化?中国文化就是中国人基本的价值观、思维方式和生活方式。我认为,中国文化的核心是中国传统的学术,而中国传统学术的核心是中国的经学。中国传统学术的所有领域,都是从经学派生出来的。这就像西方的基督教,它是西方文化的核心,也是西方学术的核心,由它而衍生出西方学术的各学各派。所以,中国的经学是不能灭的,也是灭不了的。

但是,我们同样要看到经学所面临的深重的生存危机。这种危机主要来自学术界内部。

讲一个我自己亲历的"故事":我曾经与一位非常著名且有影响力的青年哲学家讨论经学的复兴问题。他说,现在还提什么经学呢,经学早就死了,哲学完全可以取代它了。我大吃一惊,无言以对。这使我想到了章学诚的名言："六经皆史"。章学诚讲这句话是为了强调"经学"与"史学"的关联。而有些人讲这句话是为了把经学纳入史学的范畴。这是两个完全不同的概念，是不可同日而语的。

经学之所以有存在的必要，我们今天之所以要让经学的死灰复燃，是因为经学造就了中国人独特的思维方式。我的文章题目是"经学与中国的学术思维方式"，事实上，中国的学术思维方式决定了中国人的思维方式。

经学贯穿于中国整个的传统学术史，因而经学的思维方式深刻地影响了中国传统的学术思维方式，并因此造就国人不同于西方的一种独特的思维方式，这种独特的思维方式最大的特征就体现在——它是一种整体的思维模式，它是一种追求事物各种关联的思维方式，这种思维方式追求对不同质的事物之间的联系、影响和整合，它明显地有别于西方那种分析的、割裂的、局部的、以形式逻辑见长的思维方式。

作为群经之首的《周易》，以阴阳相对、五行相生相克等的基本理论，"太极——两仪——四象——八卦"的思维定式为我们构建了一个包罗天、地、人、事、物等"天人合一"的完整的宇宙世界。它充分注意从整体的角度去认识世界和把握世界，把人与自然看作是一个互相感应的有机的整体。而这个整体，又是由密切相关的基本要素组成的，由阴阳二爻组成八卦，由八卦又演变成六十四卦，这些千变万化的卦象，蕴含着我们这个整体世界的变幻莫测的宇宙信息。在《周易》看来，人与自然处在互相感应、互相对立、互相作用的统一过程中，它们是一个双向交流的有机整体。六十四卦中的每一卦，都与自然和人类的生命相关，每一卦中的阴阳二爻，都是构成生命的基本要素。因而只有从整体的角度出发去认识和把握世界，才能更清楚地认清每一个微观世界。

《周易》的重整体、重系统、重关系的这种宇宙观和思维方式对国人的整体思维方式产生了深远的影响。中国人善于采用整体的、全息的、系统的思维方法，而不是局部的、解剖的、分析的方法来考虑问题。众所周知，作为中国传统文化精华的中医，其对人体疾病的诊断与施治的出发点就是把人体看作是由各部分器官有机结合的整体，只有从人的全体出发，治病才能达到标本兼治的疗效。同时，中医不仅把人体各要素看作是密切相关的，而且把人与自然界看作一个有机的整体。中医学的整体性思维体现在：一是把人体的五脏六腑看作是一个相互联系、相互制约、相互作用、相互影响的有机系统：五行之金、木、水、火、土对应人体的肺、肝、肾、心、脾，构成一个相生相克的整体，其中只要一环出错，必然会影响另一环；二是把人体脏腑病变诊治与地理环境、气候、四时变化等自然因素联系起来进行考虑。因而中医强调整体疗法，强调辨证施治，它不是头痛医头、脚痛医脚，而很有可能是头疼医脚，就是这个道理。可见，作为我们中华民族传统文化精华的中医学理论就是整体思维的一种经典体现。

中国的学术是由经学孕育而衍生的，经学的整体思维模式孕育出中国学术思维的一个最大的特点就是学科与学科之间的融合与贯通。研究中国学问的人都知道一句"文史不分家"的格言。在中国的学者眼中，文学和史学是互相渗透的，互相关联的，它们之间有着天然的不可分割的关联，如果把它们人为地分割开来，就不可能取得对它们的正确认识。经学研究本身更能说明问题。在传统的经学研究中，文、史、哲、经济、政治这些在西方学术中有着严格分野的学科是整合在一起的，它给人的感觉是一种浑沌的模糊，但是，恰恰这种浑沌给了人们对事物的整体把握和感悟，恰恰是这种模糊使我们有可能进入事物的本源，掌握事物之间的内在联系。随着西学东渐，明晰和严格的学科分类，带给我们的是明快的逻辑和清晰的条理，它使研究的方法趋于简洁和便于运用，因而很快受到中国的知识分子的欢迎，中国特色的整体研究被遗弃，甚至被当做落后的思想方法而受到批评。更严重的是，由于西学学科分类的思维方式借重西方文明的学术霸权对中国学术的压迫,从根本上瓦解了中国学术思维赖以生存的土壤,又从学理上加速了经学的衰亡。

其实,思维方式是无所谓优劣之分的。我们并不否认,西学学科分类的科学性,但是,我们也要看到,它也是有弊病的。而它的弊病恰恰可以用我们的思维方式加以弥补。所以,我们不能妄自菲薄,更不能把自己的长处丢掉。

梁启超在《清代学术概论·结语》中指出:"自清代考证学二百余年之训练,成为一种遗传,我国学子之头脑,渐趋于冷静缜密。此种性质,实为科学成立之根本要素。"梁启超的这段话,有两个要点必须注意:

第一,他指出,中国的经学是一种训练人思维的学术。

我认为这是一个非常重要的观点。这也正是经学必须生存而且能够生存下去的理由之一。我们的古人早就讲过,如果没有孔子,我们至今还在蒙昧与黑暗之中。为什么?因为孔子的学术不但给了我们最基本的价值观,还给了我们最科学的思维方式,所以,我们这个民族可以在孔子和他以后的很长一个历史时期内,各个方面处于世界的领先地位。我国古代,没有严格的学术分科,人文科学也罢,自然科学也罢(例如数学),都是通过经学的训练得以实现。我们可以来看一看经学史上的一些重要的思维模式:例如"师法"与"家法"的问题,这种思维模式使学术有了延续的、不间断的承传,有利于文化和学术的延伸与发展。严格的家法与师法,在很大程度上保证了学术在血缘关系上的纯粹性,使某一种学术现象的发展和流变有清晰的脉络可循。更重要的事,这种传统非常有利于创立和形成学派。(当然,我并不否认这种传统也有其消极的一面,但这是问题的另一面)再比如"托古"与"疑古",这种思维模式,既使学术和思想的传统不致割裂与中断,也维系了思想与学术的变革和传统的重建。经学在宋代出现了一个非常重要的变化,那就是理性与思辨的出现。辨言析理、细致入微,宋代经学的一个显著特征是学理性极强。"只要翻阅《宋元学案》和《明儒学案》,从其中充满着宋明理学有关道体、性体、心体、有无、动静的详尽讨论中,就可了解,中国新儒学思想体系具有很强的哲学性和思辨性,宋明理学的思想家对宇宙、人心、体验、实践有一套相当系统的理论化思考和细致入微的辨析分疏。"(陈来《宋明理学·序》,华东师范大学出版社,2004 年,页 2—3)宋明理学的这种学理性或思辨色彩是与宋学的发源密切相关的。宋明理学是一种以儒、释、道三教合一为特征的新儒学。它吸取了佛、道两家的某些思维方法,把人的自我完善放在首要的位置,强调"存天理,灭人欲",对人与人之间的相互关系作了深入的研究。并提出了一系列重要的道德和修养方法,构成了一整套具有严密思辨结构的思想体系。经学的衍变,到了清代,开始结合西方学术,产生了在我国学术史影响深远的一种学术和相应的学术思维方式。它以考据学为主流,人们或称之曰"实学",或称之曰"朴学",或称之曰"汉学"。值得我们注意的是,有清一代的学术,已经具备了现代科学的精神成分。

所以,梁启超所说第二点是,中国经学思维的训练"实为科学成立之根本要素"。也就是说,中国经学的思维方式,最终必然会导向现代科学。大家可以想一想,如果不是外敌入侵,而让我们的经学在自己的轨道上继续发展,它最终是不是也会导出现代科学呢? 这是一个假设,但是清代学术的发展却给了我们肯定的答案。

中国经学的思维,具有极其独特的方式和魅力,它是独一无二的,是世界上任何一个国家和民族所无法比拟和复制的。由于时间的关系,我不能更详细地罗列更多经学思维模式,例如"疏不破注""述而不作"等等。但是,这是中华民族一笔可贵和可观的精神遗产,是谁也不能抹煞的。随着我们对外来先进学术思想与方法的学习与运用,我国以经学为核心的传统学术思维方式一定会在与世界学术的融合和贯通中得到更好的发展与传承。

最后，我想把我的发言做一个归纳：

一，我们要复兴经学，把这堆死灰复燃，不是为经学而经学，而是因为经学自有它存在与发展下去的理由和必要。

二，经学是训练思维的学问，它培育了中国人特有的独立的思维模式。

三，这种模式之最大的特点是，它是整体的思维，是追求不同质的事物之间关联、影响与整合的思维。这种思维模式足以弥补西方式思维的缺失与漏洞。

四，经学思维的模式是科学的，是值得我们引以为自豪的，我们应该丢弃民族自卑情绪与民族虚无主义。有一句话说得好，我们否定自己的传统，不是因为我们的传统不好，而是因为我们对自己传统的无知。

到这里应该结束我的演讲了，但是我感到意犹未尽，我想对复兴经学提一点建议：

第一，应该尽快恢复经学作为独立学科的存在。

第二，应该尽快恢复在高等院校中的经学课。

第三，建立专门的经学研究机构。

第四，系统地整理与出版历代重要的经学研究著作。

谢谢大家。

（在清华大学、国立新加坡大学联合
举办的"首届中国经学国际研讨会"
上的发言，2005 年 11 月 6 日）

经学的厄运：必须反思与
清算的一段学术史

——读陈壁生《经学的瓦解》

经学是一门很古老的学问，林庆彰先生说："经学是我国特有的学问，并无现成的理论可取资。"①美国学者韩大伟（David Honey）对林说有所保留，但他承认："中国经学历时悠久，治学方法严谨，各种文献、工具、目录书籍汗牛充栋，研究成果既有深度亦有广度。"②不过韩大伟认为："广而观之，于世界文化来看，林先生的断言有可以补充之处。其实，西方经学同样源远流长，可以一直追溯到古亚历山大时代（相当于战国后期至东汉末五百年间）。其研究方法及学习态度均不亚于乾嘉学派大儒的朴学或现今中国杰出学者古籍研究的精深。"③在《西方经学史概要》一书中，韩大伟把"古典学""古典文学"与"经学"加以严格区分："本书凡称'古典学'或'古典文学'时均泛指古代希腊、罗马文学。'经学'一词指古典文学之文献学研究，研究其整理、校勘、传承。"④可见，在韩大伟的理论框架中，"经学"其实是指"古典文献学"。这是一个很有趣的现象，一方面，西方历史悠久、体系完备的古典学被成功解构；

① 《经学研究的基本认识》，《国文天地》第三卷第 6 期，1987 年 11 月，第 61 页。
② 韩大伟：《西方经学史概要》，华东师范大学出版社，2012 年 3 月，第 1 页。
③ 同上书。
④ 同上书《前言》，第 1 页。

另一方面,中国土生土长的"古典学"——经学,被引入西方学术体系,并被作为解构西方古典学的基本理论依据。我很赞赏韩大伟的学术勇气和理论探索,也许他是第一个用中国学术的基本理念与话语系统来重构西方传统学术的吃蟹者。

但是,中国的"经学"究竟是什么呢?

1947年版的《辞海》这样定义:"研究经传,诠释诂训,剖析义理,谓之经学。"2009年版《辞海》如此释义:"训解或阐释儒家经典之学。"这两个解释各有所长,后者简洁却点出了"经"典之所属:"儒家经典"。前者则说明经学之范畴:经与传,及其方法(尽管并不全面):诠释、诂训、剖析义理。皮锡瑞说:"经学开辟时代,断自孔子删定《六经》为始。"①如据皮氏所言,则经学之历史至今已逾二千五百余年。是什么使中国人花了二千五百多年的时间孜孜不倦地对这些"古董"而"皓首穷经",乐此不疲呢? 因为"经"记录着中国人的文化基因,承载着中国人基本的文化价值体系。一部经学史,就是中国人守卫和传承自己独特价值观的历史。从学术发展的历史看,所谓"国学",所谓中国的"学术",无一不是从"经学"派生出来的,所以,经学又是中国学术的源头。就此而言,"经学"对中国人、中国文化的重要性,怎么说恐怕都不过分。

遗憾的是,这个维系着中国人文化命脉的学问,却在近代中国的一场大变革中被消解了。其标志就是1912年,时任教育总长的蔡元培主持教育法令的制定,明确提出"去尊孔""删经学"。从此,经学被赶出了中国的教育课程体系,也被赶出了中国的学术体系。

既然经学之重关乎中国的文化命脉,经学之轻又如此轻易地被消解,那么,我们就不能不追索一个问题:它是如何被消解的?

陈壁生的大著(其著其实只有十万字左右,但我仍然认为这是一部

---

① 皮锡瑞著,周予同注释:《经学历史》,中华书局,1981年,第19页。

大著)《经学的瓦解》很有说服力地论述了这个问题。

一

陈著以《"后经学时代"的经学》开篇,他指出:"随着辛亥革命带来的帝制消失,与新文化运动带来的反传统思潮,中国学术也卷入了一场深层次的'革命'之中。这场革命,核心内容就是经学的瓦解。"①陈壁生指出了经学瓦解的根本原因——国之大势之转捩,革命发生之摧残。可见,经学的瓦解,不是学术自身运动的结果,而是外力强加的必然。经学的发展,从先秦至晚清,一直在遵循它自身的学术轨迹发展,期间有斗争、有兴衰,但大体上并没有向自我消解的方向上运动。皮锡瑞《经学历史》第十章为《经学复盛时代》云:"经学自两汉后,越千余年,至国朝而复盛。"②皮氏乃清末人,他的《经学历史》所述直至同时代人。可见即便到了清末,经学犹处于正常的学术发展过程中。打断这一过程的,只是"帝制崩溃"。但是,为什么帝制的崩溃要株连到一种学术的发展甚至生存呢?陈氏的大著告诉我们,伴随着帝制崩溃的是一场比革命更猛烈的新文化运动,这场运动"全面移植西方学术分科,从而实现中国学术的现代转型"③。

陈氏指出,中国学术的现代转型,是以章太炎为先导,以胡适之为中心的。而经学的瓦解恰恰是这二位权(学术影响与领导之权)倾一时的大学者推波助澜的结果,只不过前者是历史的偶合,而后者是着意为之而已。

作为保皇派代表人物和今文经学领袖人物,康有为以《新学伪经

---

① 陈壁生:《经学的瓦解》,华东师范大学出版社,2014年1月第2—3页。
② 《经学历史》,第295页。
③ 陈壁生:《经学的瓦解》,第3页。

考》一书确立了今文经学在清末经学的统治地位。陈氏指出："他们（指康有为及其今文经学家）的根本目的，是绕过郑玄回到汉代，对二千多年来的经学进行一场重新清理，检视西汉以《春秋》为中心的今文经说，使经学重归孔子口传的微言大义。在今文学看来，经学就是孔子的'一王大法'，是抽象价值而不是具体法度。"①可见，今文经学所要捍卫的是价值观，而这一价值观的代表人物就是孔子。康有为把孔子称作"王"："自战国至后汉八百年间，天下学者无不以孔子为王者。"②而称王的目的则是"儒者道上古，誉先王，托古以易当世也"。③ 显然，"康圣人"是要借孔圣人而为自己的"因时改制"、推行变法维新制造理论依据。

于是，这必然招致作为"革命者"的章太炎的激烈反对。章太炎是一个激进的古文经学家，他容不得任何对古文经学的批评与非难。他对康有为保皇政治的攻击与批判，正是以古文经学为基地展开的。《经学的瓦解》一书非常详尽地揭示了章太炎如何先"破"今文经学之本——贬孔子而废法；而后"立"——由"法"而"史"。陈氏指出："章太炎之新经学，一言以蔽之，曰由'法'而'史'。"④他是如何完成这一变化的呢？"章太炎对清世古文经学研究的突破，在于他以系统的眼光，重新探求古文经学的性质，也就是探求古文六经中，'六经'到底是什么？"⑤"六经"到底是什么呢？ 章太炎以他的博学与雄辩告诉我们"六经皆史。"当然，"六经皆史"说并不是章氏的发明，陈壁生指出，"六经皆史"是章学诚之思想核心，但章氏所谓"史"说与章学诚"史"说其内涵却大异其趣："如果说在章学诚那里'六经皆先王政典'，经即先王史官所

---

① 陈壁生：《经学的瓦解》，第 7 页。
② 康有为：《孔子改制考》，中华书局，1958 年，第 194—195 页。
③ 同上书，第 278 页。
④ 陈壁生：《经学的瓦解》，第 18 页。
⑤ 同上书，第 19 页。

职,那么,在章太炎这里,他进一步将'六经皆史'之'史',由官书而视为历史。"①陈氏非常准确地评论道:"而章氏(太炎)之'新经学'对经学本身的理解,由古文经学之'法'而成史学家之'史',治经也从考求圣王之政治理想变成考证历史因沿迁变,所以说,章太炎是中国学术转型的一个转捩点,在章氏这里,进去的是古文经学,出来的,则成了史学。"②紧接着,章氏进一步把孔子定位为史学家:"孔氏,古之良史也。"③陈氏叹曰,章氏如此定位孔子"实在是石破天惊"之举,"前所未有之论"。④ 而"章太炎以孔子为古代'良史',说到底,就是要否定孔子删定五经,尤其是作《春秋》有'立法'的意义,褫夺孔子的'立法权'。"⑤章太炎是个非常博学的经师,他在文字音韵学上的造诣无人可以匹敌。一旦他从史家的眼光来看经学,一个直接的后果就是,经学的价值核心被化解。陈氏的大著有一章专门论述了章氏是如何以"历史瓦解价值"的:他用自己最擅长的文字音韵学理论对"经""素王""儒"这三个至关重要的概念重作考订,结果,"经"从"常""法",变成了"线装书";⑥"素王"的含义由孔子素王立大法,转换成孔子乃整理《春秋》之史家;"儒",则干脆从经学系统中裂分出去,成为诸子。陈氏曰:"章氏原经而夷经为史,进而为史料,原儒而夷儒为子学,孔子为诸子,原素王而孔子不立法。章氏之三原,都已经超出了传统古文经学的范围,而导夫现代史学之先路。而在现代史学中,已经没有独立的'经学'的位置。"⑦就这样,经学被章太炎巧妙而雄辩地瓦解了。他的绝招,就是化经为史。

---

① 陈壁生:《经学的瓦解》,第 21 页。
② 同上书,第 27 页。
③ 同上书,第 31 页。
④ 同上书,第 31 页。
⑤ 同上书,第 37 页。
⑥ 同上书,第 42 页。
⑦ 同上书,第 51 页。

二

如果说章太炎是近世以来瓦解经学的第一推手的话，那么胡适之则是第二人。因为他的出现，中国的经学彻底崩溃。

胡适是新文化运动的领袖与旗手。以"五四运动"为高潮的一场声势浩大的新文化运动的核心，一是西化，二是颠覆传统。这是一股谁也无法阻挡的潮流，它的助推剂与加速器则是救亡图存的现实诉求与文化激进主义的大行其道。胡适之一手挟留学归来之洋势，用西方的政治理论、社会理论、学术理论传播西学，弘扬西学，可说是所向披靡；另一手则操起老本行直捣中国文化传统、学术传统之软肋。胡适之的这两手确实厉害，他用西学攻击"中学"，"中学"几无还手之力；他又用"中学"之矛攻"中学"之盾，促使了"中学"的自行瓦解。陈氏的《经学的瓦解》是如此层层破析胡适之瓦解经学的方法与过程的：

首先，他改造了"国学"的概念与内容。

陈氏认为，1923 年胡适为北大国学门的刊物《国学季刊》写的发宣言"既是'整理国故'运动的总纲领，也是中国学术现代转型的关键文献。"①从此，"国学"变成了"中国的一切过去的文化历史"。② 既然中国已经是"一切过去的历史"本身，那么，现在和以后的中国就应该摆脱这"一切过去的文化"而进行"充分的世界化"。陈氏认为："民族国家经由辛亥革命而正式开始形成，使胡适可以将民族国家之前的帝制时代一概视为'古代'，而对西方文明的追求，导致将西方文明视为'现代'的标准，古代成为现代的敌人。经过将中西之别改造为古今之别，所谓'中

---

① 陈壁生：《经学的瓦解》，第 81 页。
② 同上书，第 84 页。

国',成为了'历史',而且是必须摆脱的历史。"①

其次,胡适规定了国学研究的基本方法和路径。

陈氏用"历史的眼光"来概括胡适的方法论。他说:"从'历史的眼光'到'一切古书都是史(史料)'这是胡适的国学研究的基本逻辑。"②顾颉刚说:"从前学者认为经书是天经地义,不可更改,到了章氏,六经变成了史料,再无什么神秘可言了。"③陈氏指出,胡适所谓的"历史的眼光",是从章学诚、章太炎"六经皆史"的理论那里来的,但这一理论经过胡适偷梁换柱的改造,完全变成了另一个东西:"章学诚'六经皆史'之说,本意是六经皆先王政典,章太炎发挥此说,将六经转化为中国历史的源头,从而重建中国的历史叙事。而胡氏更进一步,将整个中国历史视为古代,则六经都是上古的史料而已。连经都变成史料,那么子、史、集之书,也自然成为史料。中国传统学术本一有本有末、有源有流、有根基有枝叶的生命体,到了章太炎,传统的'以经为纲'转化成'以史为本',而到了胡适之,更进一步将'史'视为'史料'。章太炎的'以史为本',史是一个活泼的生命体,而史一旦变为史料,则成为一堆杂乱无章的'材料'。胡适之所以要'整理国故',就是要整理这堆材料。用'材料'的眼光看待传统,就像走进一座古庙宇,只看到可以重新利用的砖头和木块;拿起一本宋版书,只看到可以重新回炉造纸的原浆。"④诚如胡适在《〈国学季刊〉发刊宣言》中所言"国学的使命是使大家懂得中国的过去的文化史,国学的方法是要用历史的眼光来整理一切过去文化的历史,国学的目的是要做成中国文化史。"⑤胡氏讲得再清楚不过了,

---

① 陈壁生:《经学的瓦解》,第85页。
② 同上书,第87页。
③ 同上书,第88页。
④ 同上书,第90页。
⑤ 同上书,第97页。

无论经史子集，都是过去的已经死了的历史资料，而研究它们的目的，只是为了做一部文化史，至于其文化的价值体系和传统的传承，都是不必要的、不可能的和多余的。于是，作为承载中国文化价值最重要的学术系统就这样被消解了。

第三，重构中国的学术体系。

打破传统的中国固有的学术体系，是胡适在"破"的同时，用心良苦的"立"。陈氏指出，胡适之立，是用西方之"学"来统御中国之"史"。即把西方学术体系看作是"体"，而把中国的传统学术看作是"用"：史料是中国的，学问是西方的，即用西方的学问来研究中国的史料。中国传统的经史子集不复存在，代之以哲学、文学、史学、法学、教育学等。陈氏认为，胡适用西方的"学"来统御中国的"史"，是有一个重要预设的，这一预设就是"将中国整体的看成古代，彻底打破传统学术固有的格局，而将中国典籍乃至一切语言符号视为'史料'，并以现代，其实就是西方化的眼光对之进行客观的、分科式的整理。"① 在这样的预设之下，"以西方学问来研究中国史料，研究的结果便成为中国现代学术"。② 陈氏一针见血地指出，这种将古典学术世界中的永恒追求从学术中抽离的做法，就是"以历史瓦解价值"。他并进一步指出："经本为中国文明之核心，一旦成'史'，则失去其作为'常道'的价值，而一旦成为'史料'，则成了真伪并存的史料。在从'史'到'史料'的转化中经学的价值早已荡然无存。"③

三

中国经学的瓦解，是一个历史的过程，从康有为肇其端，到章太炎

---

① 陈壁生：《经学的瓦解》，第 99 页。
② 同上书，第 99 页。
③ 同上书，第 148—149 页。

摧其体,再到胡适之挖其根,前后经历了半个世纪之久。其中章、胡是主要的推手和领袖。但也不能忽略了章、胡的一些积极追随者与同盟者的推波助澜,如毛子水、傅斯年、钱玄同、顾颉刚等,他们在不同的时期、不同的领域都扮演过很重要的角色。正是这些学术健将们的共同努力,才构成了将近半个世纪,却足以影响中国学术一个世纪乃至更长远的深刻变化。可是,对这一段如此重要的学术史,我们却还没有来得及作全面的总结和深刻的反思。尤其是对这五十多年学术思潮所带来的负面影响,根本没有作过认真地清理。也许,面对章、胡这样两位我们习惯上以仰视的目光膜拜的学术巨匠,我们还没有直面解剖的勇气。又也许,中国现当代学术的主力军正是章、胡等的弟子或再传弟子。弟子无意于自毁师门,这也是人之常情。但是当中国的学术正处在又一个转型的关键时刻,我们却不能不痛苦地面对这五十余年的学术史。我们不能不看到,这一场浩大的学术灾难,实在是对中国的学术、中国的文化传统伤害太大了。它从根本上摧毁了中国历时数千年建立的学术体系,随之而来,它也摧毁了历经数千年,经过无数经师、学者们共同努力而构建起来的文化价值体系。请读《经学的瓦解》一书中这样的一段话:"事实上,以'历史的眼光'来看待中国,即便心存温情的敬意,也必瓦解'中国'自身的价值系统。中国古代那些伟大的注经家,在注经过程中不断彰显经学作为'常道'的义理,以使之引领一代又一代的历史进程。而今人如果以'历史'的眼光看待他们,则古人的一切努力,都会被瓦解在时间的河流中……而一旦'历史'只是毫无意义的过去,那么,古代那些追求永恒真理的努力,便完全变成今人的客观知识的一个组成部分,而今人自己,再也没有所谓的'价值'。"[1]从中我们难道读不出一点无奈与悲怆吗?

---

[1]　陈壁生:《经学的瓦解》,第162—163页。

章太炎是一位伟大的经学家，我们甚至可以用"后无来者"形容他的历史存在。作为一个传统文化的坚定捍卫者，他绝不是一个瓦解经学的主观刻意者。但历史的吊诡正在于，一个文化传统的守卫者，却在无意识之中摧毁了自己毕生为之奋斗的传统。这一现象是耐人寻味的。当年先生在用古文经学为武器猛烈攻击康有为今文经学时，他其实已经在为自己所奋斗的"经学"掘好了坟墓。今天我们在回顾这一段学术史时，依然对章先生怀着一种理解的同情和敬意，因为作为一个革命者，他不能默认康有为利用今文经来为保皇和维新张目。但是，当他拿起武器战斗的时候，却不适当地选择用古文经学作为投枪。一旦他陷入今、古文之争，一旦他把自己紧闭在古文经学的门户之中，事情就发生了不以自己的意志为转移的变化。沿着门户之争的惯性游走下去，他必然会陷入另一个泥潭——自己瓦解自己。

学派之争、学派之辩，这是学术发展的一种动力和润滑剂，它本身并不是一件坏事。但是，如果把学派之争演化为门户之争，那就会戕害学术的发展。门户之争是中国学术发展的一个痼疾，纵观中国的学术史，凡是门户之争搞得不可开交之际，一定是学术停滞与混乱之时。中国学术讲师承，这无可厚非，但师承弄不好就会变成门户，而门户则可能意味着保守与封闭。这不利于学术的发展，也不利于学派的发展。

如果说，在瓦解经学的学术发展中，章是一个不经意者，那么胡适则完全是一个有目的、有计划的主观刻意者。

胡氏留美归来，他已经全盘接受与服膺于西方的学术体系与学术话语。他的目的就是要用西方的学术体系来改造与重构中国的学术传统。

胡氏提出对"国故"要取一种"评判的态度"，他引用尼采的话说："现今时代是一个'重新估定一切价值'的时代。"陈氏指出，胡适重新估定传统的价值，就是以"现代"——其实就是以西方为标准，重新看待中国的文化传统。"这种'积极'的行动,不是回到传统,而是飞度西方,其实就是输入西方的新学理,以之为标准并用评判的态度重新估定传统的价值。"①如前文所述,胡适在颠覆中国传统的过程中,使用的是西方的学术理论为武器,而在重构中国学术系统时,又以西方的标准为标准:"将中国整体地看成古代,彻底打破传统学术固有的格局,而将中国典籍乃至一切语言符号视为'史料',并以现代,其实就是西方的眼光对之进行客观的、分析式的整理。""以西方学问来研究中国史料,研究的结果便成为中国现代学术"。②

　　用西方学理对中国学术细化的过程,就是中国学术丧失自身价值系统的过程,也是中国学术丢失主体性的过程。这一过程带来的严重后果是,国人对中国学术乃至中国文化自信心的丧失。从"五四"前后的西化,到建国后全盘"苏化",再到改革开放以后的再度西化,就是这一严重后果的写照。在陈氏大著的《后记》中,他写道:"在这一过程中,中国学术丧失了自身的价值系统,典籍成为'史料',中国学术也成了西方学术的附庸,即便最为保守的现代新儒学,也是建立在对西来大量观念不加检讨的认同的基础之上。而作为承载中国传统义理的经学,则在现代学科中瓦解殆尽。"

　　考察整个经学瓦解的历史,我们可以始终看到一个背后的阴影——文化激进主义。

　　在《经学的瓦解》中,作者引用过顾颉刚的一段话:"我的《古史辨》工作则是对于封建主义的彻底破坏。我要使古书仅为古书而不为现代的知识,要使古史仅为古史而不为现代的政治与伦理,要使古人仅为古人而不为现代思想的权威者。换句话说,我要把宗教性的封建经

①　陈壁生:《经学的瓦解》,第92页。
②　同上书,第99页。

典——'经'整理好了,送进了封建博物馆,剥除它的尊严,然后旧思想不能再在新时代里延续下去。"①这是一段十分典型的激进主义表白。这里不见了学术,不见了公允,也不见了实事求是。可悲的是,在经学被逐步瓦解的半个世纪中,整个的学术研究正是在这样一种激进得有些悲壮的气氛中进行的。高明如康长素、章炳麟、胡适之之俦,也不能免俗。

产生文化激进主义的原因是非常复杂的,它也许与一个种群集体潜意识的遗传有关。孔子提出"中庸之道",这是一个中国式的心理治疗的暗语,它也许是孔夫子看到中国人人性中喜欢走极端而提出的一个对症之方——一如他的学生子游在另一处告诫我们的"行不由径",不要走捷径、抄小路。笔者寡闻,不知道外国有没有相似的理论。激进主义对中国的政治、经济、文化的影响是非常明显的。就政治而言,带来了文化革命;就经济而言,则表现为市场经济;就文化而言,就是新文化运动;激进主义可说是发挥到了极致。由此而对中国社会的破坏也严重到了极致。就激进主义的发展逻辑而言,政治、经济上的激进,缘于文化上的激进,而文化上的激进则源于学术上的激进。所以,我们绝不能轻视学术激进主义的危害。学术激进主义为文化激进主义延及其他形形式式的激进主义提供了理论依据与范式。

四

陈氏在他的大著中提出要重新认识与重建经学。他认为经乃中国文明之核心,它承载着作为常道的价值。"在经学崩溃百年之后,要重

---

① 陈壁生:《经学的瓦解》,第141页。

新认识我们的历史,重新认识中国之所以成为中国,必须回到经学。"①

笔者同意陈氏的观点,认为重建经学乃重建中国文化、找回中国文化的主体与价值的必须,是中国崛起之后重建中国人的文化自信与自觉的必要。

但是,依笔者浅见,一个更为迫切的问题,是如何重建中国文化。

经学被瓦解以后,对经的研究其实并没有停止,只是他们完全是按照胡适重构的体系在哲学、文学、史学等西方的学术系统运行。我们不反对这种研究,但必须指出,这并不是传统意义上的"经学"。关于这个问题,陈著也有一段很精彩的阐释:"在中国现代学术转型中,现代学科的构建,正是建立在以中国一切典籍为'史料'的基础之上。当经书被纳入哲学、文学、历史学的研究中,虽然这些学科的研究者也必须阅读经书,但已经与经学无关。"②他指出:"经的生命力不是自然呈现的,而是通过一代代经师的解经,发展出一套价值体系。一代代经师对经书义理的发掘,构成了'经学'。'经'只是经文本身,而'经学'则包括了经、注、疏。自汉代以后,每一时代经书的生命力,都体现在注疏之中。"③所以他认为,"脱离了注疏的'经书'研究不是真正的经学研究,而脱离了经书的'注疏'研究,在现代学术分科体系中,同样几乎毫无位置。"④陈氏指出了重建经学的核心问题之所在。对经典的义学的研究、哲学的研究、伦理学的研究等等,不能代替对经典注疏的研究,而对经与经典注疏的研究才是经学本身。

重建,除了对注疏的研究之外,还必须建立对经与注疏的再注疏。

---

① 陈壁生:《经学的瓦解》,第171页。
② 同上书,第149页。
③ 同上书,第149页。
④ 同上书,第152页。

诚如陈氏所言"自汉代以后，每一时代经书的生命力，都体现在注疏之中"。① 今天，当我们面对新时代、新科技，如何做出与我们时代相呼应的新注疏，这应该成为重建经学的重中之重。换言之，我们必须用新的注疏赋予经书现代生命力。

"真正的国学研究，应该把国学还原为一棵生命不息、生存不止的大树。不是对这棵大树的一切部分做一视同仁的研究，而是主要研究它的根系与躯干，不但要研究他的各个部分，更重要的是，探究它如何在流动中获得生生不息的生命，并不断向四面八方生长。"②

诚哉斯言！

① 陈壁生：《经学的瓦解》，第149页。
② 同上书，第165页。

传统书院的当代复兴

　　书院，是中国特有的教育与文化现象。考察世界各国的教育史、文化史，从未有如中国书院式的机构与制度。① 书院在其消失之前，本是中华大地上一个世人皆知、毫无特别值得人们将其突出关注的普通之物，所以，它的存在一直不为人们所重视，虽有学者的研究，也只是作为一种历史的叙述而已。清末，书院一夜之间在中国的大地上消失，它就一下子成了历史，成了博物馆、教科书上的陈列品，有如"马王堆""兵马俑"，仅供人们观览而已。但是由于中国经济的崛起，中华文化自信与自觉的苏醒，人们重又发现了书院，发现了它的价值、意义与并未消竭的生命力。随着研究的深入与当代书院热的不断升温，人们认识到，这个本来被我们视为普通之物的东西，原来并不普通。我认为，中国的书院是中国人贡献给世界文明的又一大发明，它的意义绝不在"四大发明"②和"七大奇迹"③之下。在今天，它的复兴甚至比"发明"和"奇迹"更具有迫切的现实需求与深远的历史意义。

---

①　东亚各国如韩国、日本等也有书院，但都是源自中国。
②　四大发明目前公认为：指南针、火药、造纸术、印刷术。
③　中国七大奇迹似无共识，一般指：长城、故宫、布达拉宫、莫高窟、乐山大佛、兵马俑、都江堰。

一

书院,是有别于私学与官学的一种文化、教育制度。据邓洪波的研究,书院之所以别于私学,主要在其规模(建筑之规模与制度之规模),而其有别于官学则在于它的资金来源与办学目的。① 盛朗西曰:"书院之名昉于唐,书院之制创于唐末五代,至宋初而有天下四书院之称。"② 而邓洪波则认为书院应产生于唐初。③

为什么书院之制不早不晚起于唐? 我认为,这与科举制度自隋创立至唐成型有关。科举制度到唐代已经得到充分发展,其制度基本定型,运作已臻于成熟,随之而来的是官学与私学科举化的完成。于是,中国教育的现实:求功名利禄与中国教育的传统——"君子如欲化民成俗,其必由学乎!"④"玉不琢,不成器。人不学,不知道。是故古之王者,建国君民,教学为先。《兑命》曰:'念终始典于学。'其此之谓乎!"⑤——发生了根本性的冲突。面对教育越来越功利化的倾向,一些坚守儒家价值观与理想的学者挺身而出,办书院以拨私学、官学之偏。据邓洪波的研究,中国可考的最早的书院有四所,⑥但这些书院基本上都是士人的藏书、读书、治学之所。所以,严格地说,这些书院只有书院之名,而无书院之实。现在可考,真正有书院之名又有书院之实的书院,当为福建漳州的龙溪书院。书院的创办人为唐武则天时代的陈

① 见陈谷嘉、邓洪波《中国书院制度研究》,浙江教育出版社,1997年。邓洪波:《中国书院史》,东方出版中心,2004年。
② 盛朗西:《中国书院制度》,上海中华书局印行,1934年。
③ 详邓著《中国书院史》第一章。
④ 《礼记正义》卷第四六《学记》第一八,上海古籍出版社,2008年,第1423页。
⑤ 同上书,第1424页。
⑥ 详邓著《中国书院史》第一章。

珦。据民国《福建通志》记载：陈珦举明经及第后"上疏乞归养，使主漳州文学。龙溪尹席宏聘至乡校，乃辟书院于松洲，与士民论说典礼。是时，州治初建，俗固陋，珦开引古义，于风教多所裨益"，"剪除顽梗，训诲士民，泽洽化行"。① 可见，陈珦办书院的目的非常明确，就是开引古义，训诲士民，敦厚风化，也即《学记》所谓"化民成俗"。

书院发展到宋代，发生了巨大的变化。宋代士人们的文化自觉特别深刻，他们大兴办书院之风，自觉地承担起化民成俗与传道（儒家之道统）的社会责任。宋代有"四大书院"之说。②从四大书院的办学宗旨及院规等文献中，我们可以清楚地看到宋代书院反拨应举之学的鲜明特点。

张栻《潭州重修岳麓书院记》：

"侯（笔者按：乾道元年，刘珙安抚湖南，重修岳麓书院，侯指刘珙也。）之为是举也，岂将使子群居族谭，但为决科利禄计乎？抑岂使子习为言语文词之工而已乎？盖欲成就人才，以传斯道而济斯民也。"惟民之生，厥有常性，而不能以自达，故有赖于圣贤者出而开之。是以二帝三王之政，莫不以教学为先务。③

朱子《白鹿洞书院揭示》：

熹窃观古昔圣贤所以教人为学之意，莫非使之讲明义理，以修其身，然后推以及人，非徒欲其务记览、为词章，以钓声名、取利禄

---

① 转引自邓著《中国书院史》第一章第二节，第6页。
② 四大书院历来众说纷纭，并无定说，本文不讨论这一问题，只是沿用一般通常所说的岳麓书院、白鹿洞书院、石鼓书院、嵩阳书院。
③ 《新刊南轩先生文集》卷一〇，《张栻集》第3册，中华书局，2015年，第900页。

而已也。今人之为学者,则既反是矣。然圣贤所以教人之法,具存于经。有志之士,固当熟读深思而问辨之。①

朱子《衡州石鼓书院记》:

衡州石鼓山……故有书院……淳熙十二年,部使者东阳潘侯時德鄜始因旧址,列屋数间,牓以故额,将以俟四方之士有志于学而不屑于课试之业者居之,未竟而去。今使者成都宋侯若水子渊又因其故而益广之……予惟前代庠序之教不修,士病无所于学,往往相与择胜地,立精舍,以为群居讲习之所……若此山,若岳麓,若白鹿洞之类是也……抑今郡县之学官,置博士弟子员,皆未尝考其德行道艺之素,其所授受,又皆世俗之书,进取之业,使人见利而不见义。士之有志于为己者,盖羞言之。是以常欲别求燕闲清旷之地,以共讲其所闻而不可得。此二公所以慨然发愤于斯役而不敢惮其烦,盖非独不忍其旧迹之芜废而已也。故特为之记其本末,以告来者,使知二公之志所以然者,而毋以今日学校科举之意乱焉。又以风晓在位,使知今日学校科举之教,其害将有不可胜言者,不可以是为适然而莫之救也。②

王曰藻《嵩阳书院志》:

嵩岳宅天中,为阴阳风雨之会……中有以书院称,与岳麓、睢

---

① 朱杰人、严佐之、刘永翔主编:《朱子全书》第 24 册,上海古籍出版社、安徽教育出版社,2002 年,第 3587 页。
② 同上书,第 3782 页。

阳、白鹿棋列为四者,则自五代周昉也。夫五代日寻干戈,中原云扰,圣人之道绵绵延延,几于不绝如缕矣。而书院独肇于斯时,岂特非景运将开,斯文之未坠,已始基欤?①

从以上所引"四大书院"之文献可以清楚地看到,书院之兴,殊与"科举"异调,它是对官办主流教育的一种反拨和补缺。它强调的是人文精神与道统,它所要成就的是符合儒家价值观的人伦与人格,而不是应科举而试的器用之才。

如果说,在书院的发生发展中,早期的办院方针中还带有某些模糊和不确定性的话,那么,自朱子出而为白鹿洞书院定"揭示",中国书院制度就具备了自觉的、制度化的、得到众所一致认可的办学宗旨与方略。淳熙六年(1179),朱子知南康军,发现白鹿洞故址,于是上状申修白鹿洞书院,明年建成,释菜开讲,自任洞主,并定学规②。全文如下:

> 父子有亲,君臣有义,夫妇有别,长幼有序,朋友有信。
>
> 右五教之目。尧舜使契为司徒,敬敷五教,即此是也。学者学此而已,而其所以学之之序,亦有五焉,其别如左:
>
> 博学之,审问之,慎思之,明辨之,笃行之。
>
> 右为学之序。学、问、思、辨,四者所以穷理也。若夫笃行之事,则自修身以至于处事接物,亦各有要,其别如左:
>
> 言忠信,行笃敬,惩忿窒欲,迁善改过。
>
> 右修身之要。

---

① 《嵩阳书院志》卷二,中州古籍出版社,2003年,第81页。
② 《白鹿洞书院揭示》也有称"学规"者,今本《朱子全书》称"揭示",然《晦庵先生朱文公文集》淳熙本、浙本作"学规"。

正其义不谋其利，明其道不计其功。

右处事之要。

己所不欲，勿施于人。行有不得，反求诸己。

右接物之要。

熹窃观古昔圣贤所以教人为学之意，莫非使之讲明义理，以修其身，然后推以及人，非徒欲其务记览、为词章，以钓声名、取利禄而已也。今人之为学者，则既反是矣。然圣贤所以教人之法，具存于经。有志之士，固当熟读深思而问辨之。苟知其理之当然，而责其身以必然，则夫规矩禁防之具，岂待他人设之而后有所持循哉！近世于学有规，其待学者为已浅矣，而其为法又未必古人之意也。故今不复以施于此堂，而特取凡圣贤所以教人为学之大端，条列如右而揭之楣间。诸君其相与讲明遵守而责之于身焉，则夫思虑云为之际，其所以戒谨而恐惧者，必有严于彼者矣。其有不然，而或出于此言之所弃，则彼所谓规者，必将取之，固不得而略也。诸君其亦念之哉！①

这是一篇纲领性的文献，此文一出，天下书院莫不影从，从此《白鹿洞书院揭示》成为中国书院的不祧之训。中国书院不以追求功名利禄为办学宗旨的传统，被以经典的形式固定下来而传承不绝。

以朱子《白鹿洞书院揭示》为代表的中国书院传统，可以说是中国知识分子对教育的本质功能最早也是最自觉的认知和实践。中国的书院强调培养的是人而不是器，是具有健全人格的"士"，而不是统治者的工具，它所传承的是"道"，而不是"术"。

---

① 《朱子全书》第 24 册，第 3586—3587 页。

二

邓洪波先生认为,书院与官学的区别,主要有两个方面:"其一书院是民间集资创办,不是官办。其二,与此相联系的,书院是向下层社会开放的,学生不受身份和地域限制,带有浓烈的平民色彩,不像官学专以官家子弟为教育对象,把教育限制在上层社会,作为少数人垄断的权利。"①邓先生的分析非常到位,清楚地揭示了书院作为一种民间办学体制的主要特征。第一个特征是它的资金来源——不是官方,而是民间。第二个特征是生源,邓先生说是"向下层社会开放",即它的学生来源主要是一般的老百姓,而非特定的官宦阶层。我以为,邓先生注意到了其一与其二,却忽略了由其一、其二必然会带来的其三——书院的公益性特征。

中国古代书院具有明显的公益性。它不是一种营利性的机构,它的制度设计从一开始就突出了公益性的宏大格局。研究书院的历史可以发现,书院兴办之际不可避免地会有官方支持的色彩。以宋代四大书院为例,他们的兴建或复建都有地方政府或中央政府赠书与划拨学田的记载。但政府的支持仅此而已,书院日后的运营与维护、发展等,政府不再承担任何费用,完全靠书院自己的管理与经营能力。考察中国古代书院的历史,我们还可以发现,得到政府资助的书院屈指可数,绝大多数的书院完全靠民间捐助和乡绅、官员及士人、商人们的集资。②

正是一群对民族文化和民族精神、对国家命运与社会发展怀有责

---

① 陈谷嘉、邓洪波:《中国书院制度研究》第七章,第430页。
② 详见邓著《中国书院制度研究》及《中国书院史》。

任感和担当精神的人们担起了承续传统、弘扬文明、化民成俗的重担。这是一群文化自觉与文化自信的先知先觉者和身体力行者。这样的人群,代不乏人,薪火相传,呵护着中华文明的火种,不使其因遭战乱而熄灭,不使其因换代而绝种。每念及此,我们不能不对他们肃然而起敬!

中国古代书院的公益性,除了表现在不是以营利为目的的制度设定上,还表现在对学员采用免费入学并予以资助的制度安排上。书院学生的伙食费一般是免费的,有的是发放伙食费。此外,还对学生发放一定的"膏火"(即津贴),相当于今天的助学金。① 梁启超在《辛亥革命之意义与十年双十节之乐观》一文中说:"前清末年办学堂,学费、膳费、书籍费,学堂一揽千包,还倒贴学生膏火。"②可见,这一制度一直延续至清末。

当然,这样的制度会给书院的运营带来巨大的财政压力,但是从书院发展的历史看,书院因经费无以为继而停办散伙的记载固然有,但是大多数书院并不会因为经费的问题不可持续。这其中的奥秘,除了有学田等不动产的经济收入外,整个社会对书院经营的支持已有共识,所以书院的捐助一般都有保证。《红楼梦》第九回,讲到贾父送宝玉入义学读书时,有这样一段话:"原来这贾家义学,离此也不甚远,不过一里之遥,原系始祖所立,恐族中子弟有贫穷不能请师者,即入此中肄业。凡族中有官爵之人,皆供给银两,按俸之多寡帮助为学中之费。"③可见,当时的社会风气,为官者(当然包括经商者)捐助书院等教育机构是一种普遍的风气。④

---

① 详见邓著《中国书院制度研究》及《中国书院史》。
② 《饮冰室文集》卷七六,中华书局聚珍版,1926 年。
③ 《红楼梦》第九回,人民文学出版社,2005 年,第 132 页。
④ 这种习俗,至今保留在东南亚的华侨社会中,笔者即亲见马来西亚的华语学校每逢春节即由校长带队组织舞狮队去各大企业和商人聚居的社区募款。

三

中国的书院，由私学演变而来，它的主要功能是"传道"——传以儒家思想学说为核心的中华民族文化之道。儒学在汉武帝独尊之前的一个很长的历史时期中，主要是在民间传衍。从本质上说，它是一种来自民间的学说。但是经董仲舒的鼓吹，它取得了意识形态的独尊地位，成为官方哲学。这以后的一长段历史中，儒学渐渐远离民间，成为统治者和为统治者服务的知识分子的学问。于是，它逐步走向封闭和僵化。朱子在论说儒家道统的传承时说，自孟子以后，儒家的道统就中断了，指的正是这一现象。直到北宋五子（周敦颐、邵雍、张载、程颢、程颐）出，儒家的道统才又重新接续了下来，而朱子则成了集大成者，他构建了理学——新儒学，从而使儒家的道统得以延续，一直到今天。

宋代的知识分子有着强烈的使命感，他们以"为天地立心，为生民立命，为往圣继绝学，为万世开太平"①的担当精神，担负起兴亡继绝的历史重任，而书院正是他们努力将儒学重新拉回民间的努力的一部分。元代以后，作为儒学主流意识形态的朱子学，再次成为官方哲学，但是，儒学却并没有再次走上脱离民间的老路，这中间书院起了至关重要和决定性的作用。元明清三代，书院成了官方意识形态与民间思想学术的纽带。元明清三代的书院，除了继续保持着教育化民成俗的功能外，讲学与研究蔚为风气。我们看这三代的大思想家、学问家、政治家，几乎没有一个不与书院发生过这样那样的联系。加之书院编书、刻书、出版功能的完善与强化，书院成了继承传统、推动学术、酝酿和产生新思想的重要孵化器。

---

① 张载：《张载集·拾遗》，中华书局，1978 年，第 376 页。

四

光绪二十七年(1901),清政府发布《兴学诏书》,废书院而建新学堂。光绪三十一年(1905),科举废,书院从此在中国的大地上绝迹。

书院的消失,已经有整整一个世纪的历史。这一百多年中,先是以全盘西化的思想学术统治中国的主流意识形态,后是以马克思主义为中国的官方哲学与指导思想。其间,中国的本土文化、中国自身的文化传统被排斥,甚至被打倒。因为没有了书院这样一种民间的文化教育机构,中国的传统文化几乎被连根拔除。而传统文化被连根拔除,意味着我们自身的价值理性被割断。于是,我们看到了经济的腾飞,人们物质生活的极大提升,而公民的素养与道德水准的下滑与沉沦。

但是,民间依然不乏梦想"兴亡继绝"的志士仁人,一旦气候适宜,民族传统就会应运而归。于是,书院也如雨后春笋一样,在中国大地上复苏了。

传统书院的复苏,意味着书院制度的全面复兴指日可待,而当代书院制度的复兴具有十分重大的现实意义和历史意义。

第一,传统书院是对现行教育制度的补充和完善。

经过几十年的探索、改革、创新,中国的教育体制已取得了长足的进步,现行的一整套教育制度,从小学到大学已构成完备和严密的体系。但是,不可否认的是,这一体系的致命缺失是被严重地功利化。现在人们言必痛斥的所谓"应试教育",其实质并不是"应试",应试何罪之有? 应试本就应该是教育的内容之一。"功利"教育是为了培养"人才",实质是为了培养工具;受教育者是为了获取知识,实质是为了获取谋生的手段,与向上攀爬的资本,这才是教育问题的根本所在。现在,人格教育、价值观、人生观教育被冠以"德育"的桂冠,其实是空泛的。

而书院教育恰恰可以填补体制内教育的这一重大缺失。如上文所述，中国书院的一个根本目标是培养学生"成人"，所谓"成人"正是一种基于人文素养教育的人伦教育、价值观教育及行之有效的行为规范教育。这些，正是我们主流教育之所缺而社会和谐进步之所需。

第二，传统书院的一个基本立足点，是对中华传统文化的承继和研习。

书院教育的主要内容是以儒学为核心的传统文化及其经典。当今，在中华传统文化被连根拔起一个世纪以后，在体制内教育尚无法承担起传承与弘扬传统文化的态势下，书院的复兴就显得格外重要。它可以起到民间国学热与体制内官方教育的纽带和传导作用。书院的复兴也许可以再一次成功地把已经失传的传统文化重新植入民间。也就是说，传统文化的回归，有赖于书院的复兴。

第三，书院的复兴，有利于唤醒和激活中华民族崇文、重教的文化基因。

中华民族是一个最重视教育、最崇尚人文的民族。世界几大文明中，中华文明是唯一一个传承至今没有中断和消亡的文明。究其原因，中华民族基因中崇文、重教的精神是最根本的支撑。而这种基因的外化之一，就是书院的产生、发展及其制度、规范及运作机制的历久不衰。遗憾的是，近现代以来，由于西化及"左"化的影响，这一基因被冷冻了，人们失去了对教育与人文的热情，而专注于资本、迷信于科学，以致于整个民族走上了不讲精神、没有信仰、人欲横流、唯利是图的歧路。比如，为了买彩票可以一掷千金，为了买股票可以一掷万金，却不愿为助学哪怕拿出一分钱。又比如，当官的有几人愿为助学奉上一点"膏火"？经商的又有几人，能够为兴学捐出利润？书院的复兴，重新给了中国人一个机会，它也许能再次激活我们的崇文、重教的基因，使捐资兴学重新成为我们的社会风尚和生活方式。

第四,必须强调,书院的当代复兴,绝不是为了复古。

书院制度及其办学模式也面临着如何适应现代社会生活的问题。所以,书院的当代复兴必须伴随着书院的创新。墨守成规、食古不化是没有出路的。同时,我们也必须警惕书院复兴借市场化之名敛财,也要警惕借书院之名行宗教布道之实。书院是我们的祖宗留给我们的宝贵遗产,我们要珍惜它,保护它,让它能真正为中华民族的伟大复兴助推、助力,让它能在正确的道路上行之久远。我想,这也正是我们这一代人不容推卸的责任。

2016 年 8 月 7 日

《毛诗注疏》整理卮言

由我主要负责整理的《毛诗注疏》已经出版(上海古籍出版社,2013年12月),这部书既是我响应西北大学与上海古籍出版社联合发起的新版《十三经注疏》整理工作的内容之一,同时又是我承担的全国高等院校古籍整理研究工作委员会的项目。应古委会之约,谈一谈整理《毛诗注疏》的一些情况。

西北大学与上海古籍出版社联合进行《十三经注疏》整理活动的初衷,是鉴于阮本《十三经注疏》已经不能满足传统文化研究的要求。我们知道,阮本《十三经注疏》自问世以来便享誉学界,人称"善本",沾惠学者良多。但随着时代发展,它的可议之处也日渐增多,有些甚至属于重大缺憾,以《毛诗注疏》为例,阮本的重大缺憾主要表现在:一,底本选择不当。阮元认为他据以整理《毛诗注疏》的底本为"宋本",是"注疏合刻之祖",实际上他所使用的底本是元刻明修本,而真正的"宋本"、"注疏合刻之祖"为足利本,藏日本足利学校。二,最佳通校本缺失。《毛诗注疏》的最佳通校本为宋本单疏本,但阮元在整理《毛诗注疏》时仅从山井鼎等《七经孟子考文补遗》中得闻其名,未见其书,更遑论利用。而此单疏本的校勘价值十分巨大,民国初年,刘承干据其影录本对阮本《毛诗注疏》进行校勘,成《毛诗单疏校勘记》三卷,校勘记1730条,其价值可见一斑。而我们此次整理,使用影印本的宋本单疏本为通校本,其校勘效果更是刘校不能企及。阮本除了以上底本和通校本的重大缺憾,不少地方还存在校勘不精的情况。综上所述,时至今日,阮本《十三经注疏》实难称为"善本"。针对阮本以上问题,此次《十三经注疏》编纂委员会的整理规划是:"在尽量恢复宋本原貌的基础上,整理出一套新的整理本,来弥补阮刻本的不足,以期对经学研究、对中国传统文化研究能起到推动作用,满足广大读者的需要。"(见《十三经注疏》整理本序)

领到任务后,我即着手对《毛诗注疏》的版本情况进行调查。我们知道,《毛诗注疏》的形成是一个漫长过程,它的几个组成部分从最初的单行到四而合一,中间有十分复杂的发展历史:文献记载,《毛诗》最早的注文《毛诗故训传》一开始是单行本,东汉时期,为了省去"两读"之劳,开始出现了《毛诗》的经文与《毛诗故训传》合并的情况,即孔颖达所谓的"就经为注"。当时,《毛诗》的注文是两家:先是毛亨的《毛诗故训传》,后是郑玄的笺。毛《传》曾经单行,而郑笺如何呢?据《隋书·经籍志》、孔颖达《毛诗正义》可知郑笺未曾单行,而是直接附于经文和《毛传》之后,所以至少到了隋代,已经有《毛诗》经文与毛传、郑笺三合一的本子了。孔颖达的《毛诗正义》(习称"孔疏")作于唐初,《旧唐书·经籍志》和《新唐书·艺文志》著录其书皆作四十卷,这也是一个单行本。将单行本《毛诗正义》散入到《毛诗》经注之下的是南宋的黄唐,时间为宋光宗绍熙三年(1192)。此本因每半页八行,习称"八行本",此本为学界公认的善本。宋刻八行本凡六种,而《中国古籍善本书目》经部著录有《周易注疏》十三卷、《尚书正义》二十卷、《周礼疏》五十卷、《礼记正义》七十卷、《春秋左传注正义》三十六卷,唯独没有《毛诗注疏》,盖佚失已久,令人惋惜。至于将陆德明《经典释文》中的《毛诗音义》附载于经注之下,是南宋中后期刘叔刚一经堂本。这个十行本的《毛诗注疏》,也是阮刻《毛诗注疏》的底本,但阮刻所据十行本不是宋本,而是元刻明修本。

　　为了完成编纂委员会"补阮刻本不足"的要求，本次整理在底本和通校本的选择上十分慎重，这也正是此本与阮本相比最大的优点和突破之处。诚如上述，在八行本《毛诗注疏》亡佚的情况下，南宋一经堂十行本是作为底本的不二选择，此本为孤本，藏日本足利学校，俗称"足利本"。严绍璗《汉籍在日本的流布研究》对此本进行过中肯的评价："足利学校藏本中，尚有宋建安刘叔刚刊十行初印本《附释音毛诗注疏》二十卷三十册。原来自南宋初年注、疏合刊后，坊间更把唐陆德明所撰之《经典释文》，据经文、注、疏而加以分合，是为'附释音本'……足利学校藏此宋刊本，即为此种《附释音毛诗注疏》之祖本。清人阮元据以校《十三经注疏》的明正德十行本，是元人覆刻的明修补本，非为原本。"（江苏古籍出版社，1992 年，第 261—262 页）此本于日本昭和四十八年（1973）由日本足利学校影印发行，始得流布，本次整理即以台湾"中研院"文哲研究所图书馆所藏影印本为底本。

　　本次整理，通校本即宋本单疏本《毛诗正义》的使用更为阮本所缺失（已详上述）。单疏本的版本源流也比较复杂，据史料记载，单疏本《毛诗正义》于北宋淳化三年（992）初次雕版刊刻，咸平二年（999）有修订，但两本均亡佚。此次整理使用的《毛诗正义》，是南宋绍兴九年（1139）绍兴府覆刻的北宋本。此本中土失传，流落日本，日本东方文化学院于 1936 年影印出版，本次整理即为台湾"中研院"图书馆所藏此本之影印本。单疏本缺失的前七卷，则以魏了翁《毛诗要义》补正。

　　综上，本次《毛诗注疏》整理在底本和通校本上均使用了目前可知的最好的版本，这两个本子，由于历史条件的局限，阮元整理《十三经注疏》时均未使用。众所周知，底本和通校本是古籍整理中最重要的两个因素，而阮本恰恰在这两个方面均有缺憾，我们此次整理，确确实实做到了"补阮刻不足"，超越了阮本。

　　另外，本次整理在参考后人校勘成果方面也走在了最前沿。除了吸收阮元《清经解》本和《十三经注疏》本的《毛诗注疏校勘记》之外，还参考了二十多种十分重要的校勘成果，这在迄今为止所有的《毛诗注疏》整理本中，也是绝无仅有的。

但毋庸讳言，此本还有不少缺憾。首先，还有某些重要的出土文献未能纳入参考之列，例如业已出版的《郭店楚简》《上海博物馆藏战国楚竹书》等；其次，《敦煌经部文献合集》（张涌泉主编，中华书局 2012 年版）虽然纳入了"校勘所用其他参校本及前人成果"名单，并且也进行了实质性校勘工作，但因为出版时限问题，已经整理好的 100 多条校勘记没能纳入，十分遗憾；另外，仍有部分校勘成果和相关学术研究成果没能纳入参考列目，尤其是缺失日本学者的相关研究成果；另外，由于我们学识方面的局限，书中还存在不少错误，已有学界朋友给我们提出了中肯的批评意见，我们也希望更多的朋友不吝赐教。这些缺憾，我们期待能在以后的修订工作中进行弥补。

本书从整理工作开始启动到编定出版，中间经过了二十余年的时间，这二十多年，我的工作部门屡有变动，事务繁忙，常有"心为形役"之憾，但对《毛诗注疏》的整理却时刻不敢忘记。比勘版本、搜罗材料、标点校勘、核对条目，至今回想整个过程，真可谓"战战兢兢，如临深渊，如履薄冰"，个中滋味，非一篇小文可以尽言。现在，新书已经出版，十分愿意借此机会，表达一下心中的感谢。

首先，十分感谢林庆彰先生的鼎力相助！此次整理《毛诗注疏》，从底本、通校本的选择到相关文献的搜集，都离不开林先生的大力支持，我要对他表达诚挚的感谢！

也要感谢上海古籍出版社的相关人员，他们以高水平的专业素养和精益求精的工作态度，促成了《毛诗注疏》的顺利出版，向他们致以深深的谢意！

当然，对李慧玲副教授是一定要感谢的，为了做好《毛诗注疏》的整理,我把她从河南招到上海,攻读博士学位,主攻《毛诗注疏》的研究,她就成了我整理工作的主要助手。她的敬业和刻苦成就了她自己的学业,也成就了《毛诗注疏》整理工作得以加速完成的大业。现在,她已经成了这一领域公认的顶尖学者了。一个项目,既出了好的成果,又培养了一位优秀的人才,《毛诗注疏》可说是一个很好的范例。

还要把真诚的感谢送给教育部全国高等学校古籍整理研究工作委员会!前文已经提及,本次《毛诗注疏》整理属于古委会资助项目,一般情况下,古委会项目的在研周期为3—5年。令我深感内疚的是,因为工作关系,我实在挤不出时间按时完成任务,庆幸古委会理解我的苦衷,没有催我"突击"完成,这于我的确算是"网开一面"。长期以来,古委会作为专门的以整理研究我国传统典籍和培养相关人才为己任的职能部门,为我国传统文化建设付出了巨大努力,也收获了丰硕成果。在我的印象中,和我同时代的学者及我以后的从事古籍整理的学者,很多都是在古委会相关项目的资助下,一路发展和成长起来的。他们学识的增长和古籍整理业务的娴熟,离不开古委会长期以来的培养,我就是其中的受益人之一,因此,我希望借此机会对古委会深致谢忱!但愿在古委会的努力和影响下,我国的传统文化研究事业更加蒸蒸日上!

《毛诗注疏》附记

屈指算来,本书从启动编修至今,已近二十载。

1992 年 11 月 29 日,我们一帮中年学人(周天游、吕友仁、彭林、张善文、黄怀信、王世伟、钱杭、金良年等)齐聚西安,发下宏愿,要编修一套超越阮元的《十三经注疏》点校本。年"少"气盛,实不知此项工程之艰难,甫一上手即发现事情远非我们想象的那么简单。

即以《毛诗注疏》而言,调查版本、厘清源流即用了几年时间,待从海外觅得孤本一一对校,更历数年。进入点校,又发现《毛诗注疏》之博、雅、杂、乱,竟对自己的学力提出了几难胜任的挑战。于是,战战兢兢,唯恐失手,故进度十分缓慢。几经磨难,正当整理工作进入得心应手之际,忽得授命,入主华东师范大学出版社。出版社工作可谓千头万绪,哪得闲暇埋头故纸堆?点校工作一度陷于停顿。

2003 年,吕友仁女弟子李慧玲入室读博,终于有了一个得力助手可以帮助我完成此项工作。慧玲得友仁兄真传,学有根柢,学风严谨,心无旁骛,承担了点校的大部分工作。尤为可贵的是,她发现了阮元所据底本实非宋本,从而廓清了多年来一直使人坚信不疑的一件旧案,也为本书所采用的底本之可贵、可信提供了重要的理论依据。

在此,我要对她所作出的贡献道一声感谢!

全书付梓之时,还必须提及一人,那就是台湾"中央研究院"文哲所的林庆彰先生。林先生是我的老朋友了,我们在学术上互相切磋砥砺,互相帮助支援,想来也已有二十几年的交情了。本书点校之初,对版本的选择多次得到林先生的指点,及至他得知我无法得见东瀛诸本时,竟主动从台湾各家图书馆复制见赠,且分文不取。高情厚谊着实让人感动。所以,我当然也要对他说一声感谢,虽然这两个字根本无法表达我对他的深情。

为修圣贤书,寒暑二十载,青丝为白发,甘苦唯自知。此为"前言(序)"。

2011 年元月 2 日于桑榆匪晚斋

《毛诗注疏》修订版前言

2013 年,《毛诗注疏》整理本出版,看到花了二十年心血的成果由稿纸变成了书,心中的喜悦是无法用语言来形容的。但是在高兴之余,我们是怀着一颗忐忑之心的——我们深知,这是在做一件能力所不及的事。当初,在接受这一任务时,满怀豪情,自以为舍我其谁?但是一上手就发现,这真不是一件那么容易做好的事情。当然,我们尽力了,但是不敢保证不出问题、没有失误。

书出版以后,受到了好评,但是也受到了批评——这是在意料之中的,也是我们希望看到的。因为我们明白,这样一部大书,这样一部百科全书式的巨著,需要集众力才能逐渐完善,所以,我们欢迎批评。这次修订,我们即参阅了我们所能见到的所有批评意见,虚心研读,反复考订,择善而从。囿于见闻,很可能还有一些意见是我们还未拜读的,那只能遗憾地留到下一次修订了。

其实,在书出版以后,我们自己就已经发现了很多错误。一个最让我们头疼的问题是手民之误。这部书,分量太大,涉及的学科门类太杂,古字、生僻字、版别字太多,排字确实不易,我们理解手民们的难处。但是,这样的错误出现得太多了,就让人感到了一种纠结着的无奈。现在,我们依然不想责难排字工人们——如果我们自己仔细一点,尽可在读校样时发现而改正。我们纠结的是,在中国,还能不能出现一批排印古籍图书的优秀(不必优秀,只要合格的)"工匠"们?

本次修订，主要做了以下几个方面的工作：

一，纠正了排印方面的错误。

二，纠正了一些断句的错误。

三，对引文的起讫做了核对，调整了引号的使用。

四，采纳了对《毛诗注疏》研究的最新成果，增补了校勘记。

五，原本有失校之处，凡发现的，都补做了新校。

感谢所有对这本书关心的朋友们，他们或写信、或电话、或电邮、或发表文章赐教于我们，我们对所有的意见都怀着敬意地予以甄别，凡是我们以为应该采纳的意见，都已经体现在修订本之中了。

但是，作为一个从事古籍整理研究的老人，一个受到严格训练而不敢逾矩的学人，我不能不说一点忧虑：我们的古文献教育是不是出现了问题，为什么校勘学的一些基本规律、基本原则、基本规矩现在可以不讲、不行、不循了呢？有些批评者，批评我们失校，但是他却不懂得，底本不误，而校本误，是不应该出校的。又比如，有些批评认为我们在使用引号时不准确，没有核对原文，有漏字、漏句或别字。显然，他是不知道古人引书自有古人的规矩。诸如此类，让我们不知该说什么好。鄙人长期从事古典文献学的研究和教学，深知现在的古典文献学学科设置的弊病——传统被丢得差不多了。当然，我们的中文系、历史系、哲学系是从来不教校勘学、版本目录学的，这些系出来的学生，一接触古书的整理、校勘，难免会讲外行话。

最后，我们还是要对帮助（批评也是一种帮助）过我们的人表示感谢。李慧玲的硕士生杨林佩是最早系统研究《毛诗注疏》整理本的，我们发现了整理本的问题，即要求她以《毛诗注疏》整理本为研究对象做出学位论文。她的硕士论文《上海古籍出版社本〈毛诗注疏〉整理本评议》中发现的很多问题，都已经在本次修订中得到了采纳。此外，孔祥军先生、瞿林江先生、杨青华先生对本书的批评和研究多有灼见，我们也都认真拜读择善而从了。在此一并表示我们真诚的谢忱。

　　古人说,校书如扫落叶。本次修订,我们下了很大的工夫,加上朋友、同道们的批评,再版以后肯定会使全书有一个质的提升。但是我们不敢保证,书中就没有错误了。我们还会继续努力,也欢迎学界同仁继续批评。

2017 年 3 月 28 日

《诗经要籍解题》前言

　　自从有了《诗经》,也便产生了《诗经》研究。屈指算来,《诗经》研究已有两千余年的历史。据统计,两千余年来研究《诗经》的著作大约也有两千余种(还不包括已佚失而我们未知其名的著作),甚至更多。一部诗歌集,在漫漫的历史长河中,竟能不断地激发起一代又一代、一群又一群学子们的研究热情(有些人甚至为之倾注了毕生的精力),从而著述迭出,汗牛充栋,这不能不说是学术史上的一个奇迹。

　　孔子是第一个把《诗经》作为专门的学问对弟子们进行教授并加以研究的人。他认为《诗经》可以纯净人们的思想("思无邪"),提高人的行政能力和社交能力("诵《诗三百》,授之以政不达,使于四方不能专对,虽多亦奚以为?"),培养人的语言表达能力("不学《诗》,无以言。"),加强人的修养,学习百科知识("《诗》可以兴,可以观,可以群,可以怨。迩之事父,远之事君;多识于鸟兽草木之名。")。孔子把《诗》定为入室弟子们的必修课,不仅为《诗经》的流传创造了条件,而且为《诗经》的研究奠定了基础。

　　《诗经》之被尊为"经",始于汉代。考诸史料,《诗经》名称的确立当在汉文帝至汉武帝时。王应麟说:"考之汉史,文帝时,申公、韩婴以《诗》为博士,五经列于学官者,唯《诗》而已。景帝以辕固生为博士,而余经未立。武帝建元五年春,初置五经博士。"(《困学记闻》卷八)这是说,《诗经》是最早置博士列学官的。为什么汉代的统治者如此重视《诗经》呢？《汉书·王式传》也许能回答这个问题："式为昌邑王师。昭帝崩，昌邑王嗣立，以行淫乱废。昌邑群臣皆下狱诛……式系狱当死，治事使者责问曰：'师何以亡谏书？'式对曰：'臣以《诗》三百五篇朝夕授王，至于忠臣孝子之篇，未尝不为王反复诵之也；至于危亡失道之君，未尝不流涕为王深陈之也。臣以三百五篇谏，是以亡谏书。'使者以闻，亦得减死论。"所谓以三百五篇当谏书，就是将《诗经》当政治教科书。我们看《韩诗外传》，触类引申，断章取义，都是谈论"王道兴衰"的道理。从孔子到王式，告诉了我们这样一个事实：《诗经》从一开始就是作为经学而不是文学被人们认识和研究的。这一传统贯穿于《诗经》研究两千余年的历史中，其余绪至今不绝。

这一传统的另一有力例证便是《毛诗序》。关于此序的作者，自来聚讼纷纭，至今尚无定论。此序的特点是，它对《诗经》中每一首诗的主题都作了经学的阐述。这一特点带来的必然后果，是诸多解说的观点与诗的原意无从符合。因此，从宋代起，《诗序》即不断遭到批评。"五四"以后甚至有人将其全盘否定，喻之为"一堆瓦砾"。平心而论，《毛诗序》统治或影响《诗经》研究长达两千余年，它虽然不能为我们揭示《诗经》的本来面目，但毕竟反映了那个时代人们对《诗经》的认识，从中我们可以看到当时的经学思想和社会思潮。所以，对今天的《诗经》研究者来说，《毛诗序》依然是引导我们走向和接近《诗经》真谛的一座不可缺少的桥梁。

东汉郑玄为《诗》立谱作笺，是《诗经》研究史上的一件大事。汉代经学极一时之盛。但汉人注重家法，恪守师承。今学以古学为变乱师法，古学以今学为"党同门，妒真道"。今文学派与古文学派分门角立，相互攻讦，不能两立。郑玄独能超然于门户之见，以古文《毛诗》为主，以今文三家诗解《毛诗》，糅合四家诗义，常能要言不烦地指出《毛诗》中借字的渊源。故《毛诗》郑笺出，使《诗》今古文合流，三家诗渐亡。

三国两晋六朝时期，社会动乱，南北对峙，学术发展受到影响。但值得注意的是，魏晋南北朝时期《诗经》研究的"义疏"之学和"音义"之学大兴。出现这一现象，可能与佛教的传入有关。佛学经典的传人，引进了对教义、经典进行音释的研究方法。学者们受到佛经翻译和讲经的启发，也对儒家经典进行音、义的阐发。于是"义疏""音义"之类的著作大量涌现。陆玑的《诗草木鸟兽虫鱼疏》和陆德明的《经典释文》即是此类著作中的代表。他们为《诗经》开辟了专题研究的新领域。

有唐一代的《诗经》研究，最值得一提的是孔颖达的《毛诗正义》。唐帝国的诞生使中国社会出现空前的大统一。国家的统一、政治的安定、经济的繁荣，为学术的发展提供了条件。《毛诗正义》的撰述，其直接目的是为了清理六朝以来混乱的经学流派，建立一个官方认可的统一标准。但客观上却为后人提供了一部集唐以前《诗经》研究成果之大成的宏大制作。这部著作保留了大量《诗经》研究的原始资料，被人们称作是研究唐及唐以前《诗经》之渊薮。

到了宋代，《诗经》研究出现新生面，其主要表现是《毛诗》的地位受到了挑战。欧阳修、苏辙、王安石开思辨疑古之风，郑樵、朱熹倡而大之，最后形成了独树一帜的《诗经》研究的宋学流派。朱熹是宋学的代表，其代表作是《诗集传》。朱熹以大胆的疑古精神批评《毛诗序》的谬误，建立起具有里程碑意义的朱氏《诗》学体系。当然，另一方面，坚持汉学的也大有人在。朱熹的朋友吕祖谦以一部《吕氏家塾读诗记》高举汉学的旗帜，与宋学抗争。但并不能形成气候。而宋学则由于朱熹弟子们的不断经营，著作纷纭，遂为大观。

元、明两代的《诗》学是宋学的继续。由于《诗集传》被定为官方的经解，元、明的学者们墨守朱注，使《诗》学研究在总体上呈现出每况愈下的衰微状态。元刘瑾的《诗传通释》严守宋学，主旨在发明《诗集传》。明胡广的《诗经大全》袭用刘瑾，却等而下之。唯明陈第的《毛诗古音考》开启了研究《诗经》古音韵的正确方向，具有划时代的意义，影响深远。

清代的经学，在我国的学术史上占有极重要的地位，可说是到了鼎盛期。《诗经》作为经学的一个重要分支，在清代也达到了全盛。

从清初到康熙年间，是《诗经》学复兴的准备期，其特点是汉、宋学并用。钦定的《诗经传说汇纂》就是这样的一部著作。此一时期，出现了阎若璩、毛奇龄、陈启源诸家复兴汉学的现象。四库馆臣称陈启源的《毛诗稽古编》"坚持汉学，不容一语之出入，虽未免或有所偏，然引据赅博，疏证详明，一一皆有本之谈……古义彬彬，于斯为盛，此编尤最著也。"(《四库全书总目》卷一六)及至乾嘉，汉学大盛，而且是汉学中的古文学大盛。这一方面的著作以马瑞辰《毛诗传笺通释》、胡承珙《毛诗后笺》、陈奂《诗毛氏传疏》为代表。道光而后，又开始了汉今文经学的兴盛——由古文经学导源而上，追溯三家诗的微言大义。这一类的著作有魏源《诗古微》、连鹤寿《齐诗翼氏学》、陈寿祺父子《三家诗遗说考》等，而王先谦的《诗三家义集疏》则是集大成之作。

清代还出现了一批超脱于门户之见，独立思考的《诗》学著作，如姚际恒的《诗经通论》、方玉润的《诗经原始》、崔述的《读风偶识》等。

总之，清代的《诗经》研究取得了长足的发展。无论是文字训诂、名物制度，还是考据辑佚、义疏音韵，乃至博物学、天文学、地理学等都有煌煌巨著问世，足以傲视古人而垂范来者。

然而，清代的《诗经》研究却始终没能跳出经学的窠臼。直至辛亥革命以后，作为封建时代意识形态的经学终于完成了它的历史使命。以郭沫若、闻一多、顾颉刚等为代表的先行者们，开始以科学的方法研究《诗经》，使《诗经》研究出现了全新的局面。

值得一提的是海外的《诗经》研究。最早涉足这一领域的是外国的传教士。随着"汉学"在世界范围内的传播，《诗经》受到了更多外国学者的重视。于是,各语种的《诗经》译本和研究著作不断地出现了。外国人以一种与我们全然不同的眼光来阅读和理解《诗经》,他们的结论一方面使我们咋舌,另一方面却给我们极大的启发。本书有选择地介绍了几种海外著作,其目的就在于借他山之石,以利我们更好地攻《诗经》这块宝玉。

限于篇幅,本书只收了六十余种《诗经》研究要籍。这与二千余种的总量相比,只能算是凤毛麟角。但我们希望它们能大致反映出《诗经》学的面貌。欲尽其详,只能等以后有条件时再出增补本了。为了给研究者提供方便,我们请张祝平先生编纂了《历代诗经研究书目》。张君为这个目录费了不少心血,我们对他表示衷心的感谢。此外,研究生白寅、龙向洋、黄诗清也为本书的写作出了不少力,在此一并致谢。

本书从酝酿、写作到出版,几乎用了整整十个年头。现在,本书的始作俑者、先师程俊英先生已作古有年,而主要撰稿者,师兄蒋见元也早已卜居海外。所幸,这一凝聚着我们多年来共同研究《诗经》的心得之果,经过一次又一次的整理、修改,终于付梓了。不辱使命,我可以告慰先师于地下,报捷师兄于泰西了。

1996 年元月于华东师大古籍研究所

《诗经》要籍述略

讲中国文学史,照例离不开《诗经》,它是迄今为止我们能见到的一部最可靠的上古典籍。仅此一点已足以奠定它在中华文化史上不可动摇的地位。因此,两千余年来,注释、研究《诗经》的著作层出不穷、汗牛充栋也就不足为怪了。

但,这也给读者带来了麻烦——在书的海洋里容易迷失方向。于是,为有志于或有趣于"诗"学的读者作一作向导,也便有了必要。本文就是一个导游者的"解说词"。

《毛诗故训传》

这是我们所能见到的第一部注释《诗经》的著作。它的作者是谁呢?据张舜徽先生考证,六国时人毛亨作《故训传》,汉人毛苌传其学。由这个系统传授而下的《诗经》,人们称之为"毛诗"。西汉时,传授《诗经》的有鲁、齐、韩、毛四家。前三家都被列于学官,唯毛诗只在私家传授。可见,当时毛诗不被重视。其原因之一,是三家诗为今文,而毛诗为古文。及至郑玄作《毛诗笺》,阐明《毛诗故训传》的意义,"毛诗"才风行一时,最终立于学官并取三家诗而代之。

毛亨其人,我们知之甚少,但其学出于孔门子夏则是有明确记载的。

《毛诗故训传》首创了传注体。清人陈奂认为,《毛诗故训传》由训诂和传两部分组成,前者主训释词义,后者主串讲文义。这一分析是符合实际的。毛亨所创造的传注体为后代的学者开辟了一条注释古籍的广阔道路。从汉魏至唐宋渐趋繁荣、细密的各种注、疏、笺、集解等著作，正是对毛诗的继承和发展。其"传"体，则直接导致了两汉章句学的空前繁荣。从内容上看，《毛诗故训传》比较科学地对《诗经》进行训释，保存了汉语词语的大量故训，为后代人理解和研究《诗经》架起了一座无法替代的桥梁。它在训释《诗经》时所采用的各种训诂手段，则为训诂学的发展奠定了基础。

毛诗为古文，多用假借字。"毛传"训诂的一大特点是善用今字解古字，以本字释借字。如《小雅·鸳鸯》："乘马在厩，摧之秣之。""毛传"："摧，挫也。"挫，就是莝，铡草的意思。摧是挫的假借，挫是莝的古字。"毛传"训诂的另一特点是对名物制度的诠释比较切要。如《周颂·有瞽》是一首合乐祭祖之诗，前六句写了各种乐器陈列在宗庙大庭上的情况。"毛传"对各种乐器进行了训释，十分简洁、准确。兴，是《诗经》普遍运用的一种艺术手法，毛亨不仅对兴下了定义："兴，起也，"而且结合具体的诗篇明确注明哪一些属于兴诗，使"兴"这个抽象的理论概念变为明确具体的诗歌形象。不能不说这是对《诗经》研究的一个有重大意义的贡献。

《毛诗故训传》是一部开创之作、奠基之作，它不可避免地带有某些局限。但是它行文简约、精炼，为后代的训诂、诠释著作树立了很好的榜样，筚路蓝缕之功千秋永在。

《毛诗故训传》三十卷，原与诗各为一书，郑笺、孔疏出，人们才将传、笺、疏合刻为一。现在我们见到的《十三经注疏》本的《毛诗正义》，紧接《诗经》正文，前面没有"笺云"的注，即为"毛传"。

《毛诗笺》

《毛诗笺》，东汉郑玄撰。《后汉书》本传及《隋书·经籍志》均著录为二十卷。后由孔颖达并入《毛诗正义》，与《毛传》一同散入《诗经》各篇。《毛诗笺》是一部申成、补充《毛诗故训传》,并确立《毛诗》权威地位的著作。

郑玄在《六艺论》中说:"注诗宗毛为主,其义若隐略,则更表明;若有不同,即下己意,使可识别也。"这是郑玄笺诗的宗旨。从这一宗旨出发,《郑笺》在内容上可分为三类:一曰申成毛义。有的是从字义上申成《毛传》,有的是从意义上申成《毛传》。这是《郑笺》最主要的内容。二曰补充毛义。《毛传》释诗过于简略,《郑笺》往往加以补充说明,如有的兴句《毛传》漏标,《郑笺》予以补足并加以解释。三曰别出己意。《郑笺》宗毛,但在训诂和对诗旨的理解上,仍有很多地方不同于《毛传》,有些则纠正了《毛传》之误。

汉代经学极一时之盛,但汉代经师注重家法,恪守师法,今文学派与古文学派分门角立,相互攻讦。但郑玄却能超然于门户之外,融今古文于一炉,成一家之言,被人称为"郑学"。《毛诗》为古文,多借字;三家诗为今文,多用本字。郑玄糅合四家诗义,以三家诗解《毛诗》,故常能要言不烦地指出《毛诗》中借字为哪一个本字的假借。西汉时,鲁、齐、韩三家诗立于学官,古文毛诗只在私家传授。"郑笺"出,使诗今古文合流,《毛诗》开始风行,至三国魏时立于学官,而三家诗渐亡。这也说明郑玄的《毛诗笺》是集今古诗学之大成,已经在事实上取今文三家而代之了。

今通行的《毛诗笺》存于阮元校刻的《十三经注疏·毛诗正义》,中华书局有影印本。

《毛诗正义》

《毛诗正义》四十卷,唐孔颖达撰。

唐帝国的诞生使中国社会出现了空前的大一统,为适应政治上全国统一的需要,统治阶级迫切需要思想上的统一,于是作为封建统治思想基石的经学也有了统一的必要与可能。此外,唐统治者以科举取士,儒经是必修课。这就要求儒家经典必须有一个统一的教本,统一的解释。同时,唐初佛教势力强盛,在激烈的儒佛斗争中,统一的儒学可以处于有利的地位。所以贞观十四年,唐太宗李世民命孔颖达修《五经正义疏》。这就是《毛诗正义》产生的社会历史背景。

孔颖达注经,恪守"疏不破注"的原则。就是说,"正义"解释注文不得有所出入,注文错了,或有比注文更好的说法,一概排斥。所以孔疏以阐释敷衍毛、郑之意为主。"正义"在紧接《诗经》正文与毛传、郑笺之后,首先根据"毛序"敷衍诗义,然后分别对毛传和郑笺加以诠释。一般是先指出毛传和郑笺的引文出处,然后再征引他书予以补充、完善,最后再联系诗旨进行发明阐释。遇到毛、郑意见有相左的地方,孔疏都指出他们的区别所在,然后用种种方法把他们调和起来。自两汉至唐初研究《诗经》的重要成果,可说是被网罗殆尽。另外,《毛诗正义》第一次从版本学和校勘学的角度对《诗经》进行了研究。唐初社会上流传着各种《毛诗》版本,孔疏对这些版本进行分析比较、校勘,考订其优劣,开了《诗经》研究的新生面。可以说,《毛诗正义》是研究唐以前《诗经》学的渊薮。

此外,孔疏文字通俗易懂,并注意结合义疏点明毛、郑的训释义例和修辞方法,有利于使汉代经师们简奥的文字变得明白通晓,大大有利于后学。

当然《毛诗正义》的缺点也是无法掩饰的,除了它在思想上的保守,和对诗义的曲解外,一个最大的毛病是繁琐。繁琐得令人难以卒读,这在一定程度上削弱了它的学术价值。尽管如此,《毛诗正义》作为一本法定的《诗经》读本,它在《诗经》研究史上占有特殊的地位。孔疏的出现,使《毛诗正义》(包括毛传、郑笺)成为一本学习和研究《诗经》的最基本的读物,直到宋朱熹的《诗集传》出,它的垄断地位才受到有力的挑战。

《诗集传》

《诗集传》八卷,南宋朱熹撰。

《诗经》研究到了宋代出现了全新的面貌。宋人思辨疑古之风大盛,"反序"成为《诗经》研究中的一派重要力量。欧阳修作《诗本义》打破毛、郑一统天下的局面,对《诗序》提出批评。苏辙《诗集传》则认为小序反复繁言,类非一人之词,疑为毛公之学,卫宏之所集录,主张仅留存小序的头一句话,以下内容悉从删汰。朱熹的《诗集传》则是宋学的集大成之作,标志着《诗经》宋学体系的最终完成。

《诗集传》针对《毛诗正义》繁琐之弊,采用了一种十分简洁的解诗方法。这种简洁表现在体例与行文两个方面。《诗集传》分章注释,先按赋、比、兴标明诗体,然后作文字训释,再揭示诗旨,最后串解,总结章意。注音则夹注于诗本文之中。诗题之下,则附以义理阐释,引申品评以及有关史实、本事、异说之考辨。在行文上,朱熹十分注意简明、通俗,即便考证也要言不繁,一语中的。

《诗集传》解诗能广泛汲取前人的研究成果,但又绝不迷信前人。他认为"诗序实不足信",而直接以己意说诗。他给很多诗以新的解释,力求追寻到诗作本义。朱熹指出,国风是民歌,而且很多是男女之间的情歌。他说:"吾闻之,凡诗之所谓风者,多出于里巷歌谣之作,所谓男女相与咏歌,各言其情者也。"(《诗集传》序)"风者,民俗歌谣之诗也。"(《诗集传·国风》)经他鉴定,《诗经》中的情诗多达二十四首。这是对传统诗学的大胆否定,表现出一种求实的批判精神。《诗集传》对《诗经》研究的另一重大贡献是他对《诗经》主要艺术手法——赋、比、兴的探求。对于赋、比、兴,在朱熹以前曾有很多人加以研究,所下定义都未能确切地揭示出本质内涵。朱熹在前人的基础上对赋、比、兴重加定义,他指出:"赋者,敷陈其事而直言之者也。"(《诗集传·葛覃》)"比者,以彼物比此物也。"(《诗集传·螽斯》)"兴者,先言他物以引起所咏之辞也。"(《诗集传·关雎》)这一定义简明、准确,至今为人所引用。值得注意的是,朱熹对《诗经》中的诗,都分别标明其属于赋、比、兴中的那一体,虽不免错标或勉强,但他能从文学的角度审视一向被视为"经书"的《诗经》,不能不说是一种进步。

《诗集传》的主要失误在于他在研究《诗经》的声韵时采用了协韵说。朱熹已经注意到古今字音的变化,但为了解决押韵的问题,他用临时改变字音的"协韵"法,结果是南辕而北辙背离了音韵学的正确轨道。

《诗集传》的出现是《诗经》研究中的一个里程碑,很快就取代了《毛诗正义》独尊的地位,统治了几乎整个元、明乃至清初诗学研究。元、明两代《诗经》研究的冷寂,不仅说明了这两代学者的无所作为,更说明《诗集传》本身的强大与不可动摇。直到今天,它仍是一部简明扼要又通俗易懂的《诗经》读本。

《毛诗传笺通释》

《毛诗传笺通释》三十二卷,清马瑞辰撰。

本书卷首为诗论,分"诗入乐说""鲁诗无传辨""毛诗诂训传名义考""诗谱次序考""诗谱逸文考""十五国风次序论""风雅正变说""周南召南考""二南后妃夫人说""豳雅豳颂说""豳非变风说""王降为风辨""王风为鲁诗辨""邶鄘卫三国考""诗人义同字变例""郑笺多本韩诗考""毛诗古文多假借考""毛诗各家义疏名目考""魏晋宋齐传诗各家考"。这十九篇短论代表了马氏《诗》学的基本观点。以下各卷以诗篇顺序解诗。先录诗句,再引传笺,然后以"瑞辰案"领起己说。

马瑞辰生活在清代乾嘉学派鼎盛期后不久,受过训诂考据之学的严格训练、深受实事求是、严谨自守的朴学之风的熏陶。这样的学术背景,对《毛诗传笺通释》产生了深刻的影响。

《毛诗》为古文,多用假借。前人解诗,因不明其本字本义,往往发生望文生义、牵强附会的错误。马瑞辰以其扎实的朴学根底，综合运用音韵学、文字学、训诂学的优势，以依声求义的方法来校勘、解释文字。他时而用综合法，时而用演绎法，广征博引，归纳综合，"以古音古义证其讹互，以双声叠韵别其通借"（《自序》），比较准确地解释了诗义，使一些长期以来一直纠缠不清的训诂难题得到了令人信服的解释，有很多创见。马瑞辰解诗采取了一种实事求是的态度。《毛诗传笺通释》是一部清代汉学的代表性著作。马氏在《自序》中称："述郑兼以述毛，规孔有同规杜。"说明他是宗毛、郑为主的，而对孔疏则有所纠弹。但他又说："勿敢党同伐异，勿敢务博矜奇。实事求是，只期三复乎斯言。"在《例言》中则明确标明："是书先列毛、郑说于前，而唐宋元明诸侯及国初以来各经师之说有较胜汉儒者，亦皆采取，以辟门户之见。"这种实事求是的科学态度，不仅成了本书的一大特色，而且保证了它的科学价值，使马瑞辰终成一家之说，卓然而为《诗》学大家。

《毛诗传笺通释》的缺点是，他固守毛、郑以政治、美刺说诗的教条，因而导致了对诗旨的曲解。

《诗经原始》

《诗经原始》十八卷，又卷首上、下两卷，清方玉润撰。

《诗经原始》卷首上包括凡例及十五国舆地图、七月流火之图、诸国世次图等图谱。卷首下总论诗旨。十八卷正文则由六部分组成。一，方氏于每一诗前自拟一诗序，而废《毛诗序》不录。有不明诗意者，则云"未详"。二，经文联属成篇，以求首尾相贯。分章处用小字标出。经文旁另有圈点，并以小字加眉评及旁批。三，诗旨论辨，类似现代之"题解"。四，附录。征引前人对诗旨或各章义旨的分析。五，集释。系征引前人对诗句的名物训诂。间或阐述己意，则加"案"字以别之。六，标韵。标明诗句押韵字及其韵部。

　　清儒说诗,不外乎尊毛与反毛两家。双方各存成见,争辩难免偏执。方玉润独能超脱于门户之外,持比较客观的眼光,"舍却序、传,直探古人作诗本旨,庶有以得其真耳"(《自序》)。他在书中采用了一种从实际出发的方法:"不顾序,不顾传,亦不顾论,唯其是者从而非者正。"这种态度和方法,使他在分析诗的主题时能做到立论平允,时有新见,妙悟解颐。方氏解诗不囿于旧说而就诗论诗,他说:"虽不知其于诗人本意如何,而循文按义,则古人作诗大旨要亦不外乎是。"(《自序》)由此,他认为诗不必篇篇有为而作,有些诗本来就"无甚深意",如果一定要强作解人,找出微言大义,反而失去了诗歌的自然之美。这无疑是对传统"美刺"说的重大挑战。

　　《诗经原始》的最大特点是作者能以文学的眼光来分析《诗经》,对其艺术特色有精辟的见解。

　　对《诗经》作文学艺术的分析,如明代戴君恩《读风臆评》、钟惺《评点诗经》、孙钅广《批评诗经》都有先例。但他们的评析是一种不自觉的、零星的行为,又由于对诗旨的认识不能突破旧经学的桎梏,所以分析也不能中肯。将诗旨的分析与文学的分析结合为一体,自姚际恒《诗经通论》始,而方玉润踵其后。方氏书后出,所以较姚氏在文学分析方面更全面、更深入、也更精当。方氏摆脱了经学的羁绊,以一个文学鉴赏家的眼光,对诗篇作心理的分析、布局的分析、笔法的分析,使读者更能得其妙处。尤其值得称道的是,方氏在分析诗篇的艺术特点时,常常以散文的笔调描绘诗的境界,历历如画,妙不可言。如他对《周南·芣苢》一诗的解析,至今为《诗经》研究者所频频征引,可见其影响之深。方氏对《诗经》的文学分析,还散见于眉评与旁批中,这些评语言简意赅,追源溯流,不乏精彩之处,往往能给读者有益的启迪。

　　《诗经原始》的不足,主要集中在"集释"与"标韵"两部分。方氏治诗,训诂非其所长,他的集释多从朱熹,新见不多,朱熹误解处也不能纠正。在音韵方面,他用平水韵来划定《诗经》古韵,显然是不妥当的。

1999 年元月

黎昔非的《诗经》研究

　　在中国的《诗经》研究史上，有清一代可说是鼎盛之期，名家辈出，硕果累累。清代的学者对《诗经》的研究是全方位出击，研究的范围和领域无论是广度还是深度，都是前所未有的。

　　顾炎武首开清代《诗经》研究先河，著《诗本音》十卷，此书不仅为清代《诗经》研究之开山之作，亦为第一部系统研究《诗经》音韵的著作。同时，又有王夫之《诗经稗疏》以名物训诂创疑明（代）出明（代）之先例。顾、王二人为清代《诗》学开了一个好风气，使清代的《诗经》研究从一开始就有了一个很高的起点。

　　此后的《诗经》研究大致沿着两个方向平行地发展。一是从汉、宋并用，进而大力复兴汉学，进而引发古文经学的兴盛，又由古文经学导源而上引发了今文经学的兴盛。其间如陈启源的《毛诗稽古编》，"坚持汉学，不容一语之出入"。他如阎若璩《毛朱诗说》、毛奇龄《白鹭洲主客说诗》等，则以攻击朱子为名，行复兴汉学之实。及至乾、嘉，汉学始得大盛，古文经学大行其道，出现了以马瑞辰《毛诗传笺通释》、胡承珙《毛诗后笺》、陈奂《诗毛氏传疏》等为代表的朴学巨著。道光而后，又开始了对三家诗微言大义的追溯，直接导致了今文经学的兴盛。魏源的《诗古微》、连鹤寿的《齐诗翼氏学》、陈寿祺父子的《三家诗遗说考》和王先谦的《诗三家义集疏》是这一类著作的主要代表。

　　另一个方向则是以独立思考为研究准则的、超脱于门户之见的《诗经》学研究。如姚际恒《诗经通论》摆脱汉、宋之争,就诗论诗,独具一格。方玉润《诗经原始》以文学的眼光看《诗经》,已经显示出对经学的疏离。崔述《读诗偶识》"惟知体会经文,即词以求其意"。(《读风偶识·诗柄与经文》)这些著作是《诗经》研究史上别开生面的成果,为后世打开了一条全新的通道。

从研究领域来看,无论是传统的文字训诂、名物制度,还是考据辑佚、音韵义疏,清代的学者们都取得了长足的发展,成果卓然,巍巍壮观。同时清代学者又在《诗》学领域开辟出新的天地,如博物学、天文学、地理学的研究,巨著皇皇,令人刮目相看。

清代《诗经》学的鼎盛,使后代感受到了沉重的压力,"五四"以后,学者们正是在历史的重压之下艰难地寻觅着前进的路径与方向。而西方先进科学与研究方法的传入,则启发和催生了以新视野、新方法对《诗经》的研究,并顺理成章地涌现了一批研究成果。

谢无量的《诗经研究》是一部脱离经学轨道研究《诗经》的著作。此书以现代社会科学的各种概念来分析《诗经》,发前人所未发,新颖而精辟。

郭沫若以诗人的浪漫切入了对《诗经》的研究,他采取了一种之前闻所未闻的方式:将《诗经》译成白话诗。这就是《卷耳集》。郭沫若采用译诗的方法研究《诗经》,是为了"从古诗中直接感受它的真美"。(《卷耳集跋》)无疑,他开拓了一个全新的领域。

闻一多是他那个时代《诗经》研究领域最杰出的人物,他的《风诗类钞》和《诗经新义》《诗经通义》《诗新台鸿字说》,将经学、文字音韵学、文学、史学、社会学以及文献学的研究整合起来,给出了一个全新的视野,大大拓宽了《诗经》研究的范围和读者、研究者的眼界。

于省吾是著名的文字学家,对甲骨、金文的研究造诣尤深。甲骨文的发现,推动先秦文献的研究取得了突破性的进展,于省吾是在这一领域中的佼佼者。他的《双剑簃诗经新证》从辨析文字入手，追溯其甲骨、金文的形体及其衍变，发前人之所未发，使一些疑难问题冰解冻释。

以顾颉刚为代表的古史辨派，对《诗经》研究作出了特殊的贡献，他们展开了对《诗经》真相的讨论，他们的讨论是建立在科学考辨的基础之上的。他们的考辨，使《诗经》研究中的很多基本理论问题取得了突破。同时他们对《诗经》语词音韵的研究以及资料的辑录整理也作出了宝贵的贡献。

纵观二十世纪二十至三十年代的《诗经》研究，我们可以看到非常鲜明的时代特征：以新方法和新视野重新审视这部已经流传了两千年之久、又众说纷纭的古代经典。

但很遗憾的是，从纵向看，那个时代还缺少一种整体把握《诗经》研究史的力作。从横向看，就某一特定层面加以深入研究的著作也并不多见。于是，我们不得不提起一位已经被人们遗忘了的学者——黎昔非。

黎昔非，广东兴宁人，1930年中国公学中国语言文学系毕业，次年春考取北京大学中国语言文学系读研究生。1932年5月，应胡适再三邀请，忍痛中断学业，担任由胡适主编的《独立评论》经理。在中国公学、北大及《独立评论》学习工作期间，黎昔非完成了《〈诗经〉研究学史》及《〈诗〉地理考》。前者可以补《诗》学研究史之缺，而后者则是继清代朱佑曾《诗地理考》后又一部研究《诗》地理学的专著。可是非常遗憾，这两部重要的著作都遗失在"七七事变"中。

1945年1月12日，黎昔非在给胡适的信中谈到自己关于《诗经》研究的问题："生对于《诗经》的研讨，本妄想将整部诠释，近来觉得那不单是艰巨不易的工作，且往袭旧说，亦没有多大意思，于是采用札记式，只将那些认为不很满意或有疑义的加以讨论。"可惜，他的大部分读《诗》札记又在另一场浩劫——"文化大革命"中丧失殆尽。今年是《独立评论》创刊七十周年,又是黎昔非先生诞辰一百周年,为了纪念这位对中国文化和学术作出过特殊贡献的学者,我想就黎先生现存的几篇有关《诗经》的文稿,对他《诗经》研究的有关问题作一点评述。

到目前为止,我们能找到的黎先生研究《诗经》的论文有以下几种:《采芑时代的质疑》(发表于 1929 年《中国文学季刊》创刊号)、《从"其军三单"说到古代的兵农之分》(发表于 1937 年 1 月 24 日天津《益世报》),另外 1945 年 1 月 24 日在写给胡适的信中,有读《诗》札记三则。

如前所述,黎先生曾经著过《诗经研究史》和《诗地理考》,由于文稿遗失,我们既无法得窥其全豹,也不得瞥其一斑,但是,我们却可以在他现存的论文中大致探测到他的大著的基本情况。

《采芑时代的质疑》是对陆侃如先生授课内容的质疑,主要是对陆先生认定《采芑》一诗作于厉王时提出商榷。黎先生的驳议先从陆先生立论的依据着手。陆先生的立论根据是什么呢?是《汉书·古今人表》,因为方叔在表中列于厉王时,故陆先生据此把《采芑》定为厉王时诗。但是,黎先生认为,《汉书·古今人表》人名的排列是以时代先后为序的,方叔位列厉王末年,这就有可能他到了宣王时依然活着。接着黎先生以诗证诗,《采芑》诗曰"方叔元老",既称"元老"那就证明不会是厉王时的称呼,而只能是对前朝老臣的尊称。既然《汉书·古今人表》把他列在厉王末年,那就说明他绝不是厉王朝的元老,而是后一个朝代宣王时的元老。最后,黎先生以史为证,引《后汉书·南蛮传》曰:"宣王中兴,乃命方叔南伐蛮方。"足见《采芑》所记乃宣王时事。

黎先生的文章不长,但论证严整,推理缜密,史料运用娴熟,得心应手,证明他有着非常扎实的史学功底。

《从"其军三单"说到古代兵农之分》是一篇讨论古代兵制的长文。兵制是古代社会的一项重要社会、政治制度,这篇文章的核心是为了论证在先秦时代兵和农的关系并非如传说的那样是合一的,恰恰相反,在古代兵农是相分的。文章从《诗·大雅·公刘》五章"其军三单,度其隰原"中"其军三单"的"单"字的训诂入手。黎先生首先排比了从毛传、郑笺、孔疏到王肃、王夫之、曾钊、焦循对"单"和"三单"的训释,指出他们的共同错误在于未能跳出毛、郑的窠臼。由于跳不出毛郑,所以历代的训释都在强作说辞,总是围着兵、军和丁夫打转。为了自圆其说,又不得不拿出《周礼》作理论依据,证明在公刘的时代,兵、民是合一的。

在《诗经》研究史上,维护和沿袭毛郑是一个非常顽固的传统,很少有人能够突破毛郑的樊篱,博学如朱子,也未能完全挣脱这一束缚。打开一部《诗经》研究史,曲为之说的例子比比皆是。所谓的"诗无达诂"恰为附会毛郑提供了理论依据。在这一问题上,黎昔非采用的是一种批评的和科学的、实事求是的态度。他不迷信毛郑,而且敢于向毛郑挑战。他看出了毛郑在训释"三单"时的逻辑错误,又看出了历代说《诗》者在附会毛郑时发生的史料和史实错误,于是大胆发难。他的攻击非常巧妙,他从考证史实和辩证史料入手,证明在公刘的时代"一定是兵农实分的"。这样毛郑及其他说《诗》者的结论就被推翻了。结论站不住脚,那么他们的前提——关于"三单"训释——也就不攻自破了。

黎昔非并没有为"单"字提出一个正确的训释,他只是提出了自己的假设,同时又引用郭沫若的解释,供读者自己判断,表现了一个真正的学者的认真负责和实事求是的治学态度。

这篇论文写得非常严谨,颇得胡适之"大胆假设,小心求证"之真谛。史料的运用广博而叙述精练,考证的过程缜密而富于逻辑性。尤其值得称道的是作者行文的机智和巧妙,以子之矛攻子之盾,举重若轻地把一个重大的古代制度问题解决了。

1945年在写给胡适的信中有三段关于《诗经》文字训诂的论述。一篇是《召南·羔羊》"素丝五紽",黎先生以为"五"当训为"午"。一篇是《召南·驺虞》"五豝""五豵"和《齐风·南山》"葛屦五两"之"五"。黎先生认为,此"五"字亦当作"午",前者训"毋",后者训为"交午"之"午"。一篇是《召南·江有汜》"其后也处",黎先生以为,"处"借为"瘇","瘇,病也"。必须指出,黎先生札记中考释的几个字,历来是《诗经》研究中众说纷纭而无定论的"老大难"问题。黎先生的训释旁征博引,发前人所未发,见解非常独到。训诂,是解读《诗经》和研究《诗经》的敲门砖,却又是最为困难和深奥的学问。这三篇短文,显示出黎先生深厚的小学功底以及音韵学的素养。

现在,我们可以一窥黎昔非先生《诗经研究史》和《诗地理考》的面貌了。

文化学视野中的《诗经》情诗

本文提要 情诗是《诗经》中最有特色、最富感染力的作品。本文把《诗经》中的情诗放在文化学视野中加以考察,认为《诗经》时代的婚俗还处于混乱状态,一方面远古时代遗留的群婚、对偶婚等野蛮婚俗还大量存在,另一方面封建礼教也正在渗透到人们的婚姻生活中去,《诗经》情诗正是这种复杂婚俗最生动、最具体、最集中的写照。那种把古代婚俗与社会性质作平行的、同步的类比,认为《诗经》情诗反映了中国古代妇女争取婚姻自由、反抗封建礼教压迫的观点是根据不足的。

《诗经》中反映恋爱、婚姻生活的诗歌(为行文便利,我们权且统称之为"情诗")占有很大的比重。在"国风"中,这一类诗往往是最有特色、最富感染力的。但是恰恰是对这种类型的作品,历来争议最大,聚讼纷纭。本文试图把《诗经》中的情诗放在文化学的视野中加以考察,努力从历史的、社会的和民俗的角度对《诗经》情诗作出客观的、实事求是的分析和评价。

《诗经》中的情诗,是当时人们恋爱、婚姻生活的真实写照,它生动地反映了那个时代的社会现实。这一结论早为大多数论者所接受。毫无疑问,这是正确的结论。但我们要提出的问题是:它所反映的究竟是一些怎样的社会现实?又是一种什么性质的恋爱、婚姻生活的写照?

长期以来,人们习惯于把社会生活的每一个领域与当时的政治制度联系在一起,习惯于把婚俗与政治制度、社会性质作平行的、同步的研究,而忽略了他们之间不平行、不同步的一面。这恰恰违背了历史唯物主义的基本原理。根据传统的观点,既然西周是奴隶制社会,而春秋战国之交是由奴隶制向封建制转变的时期,那么,产生于这一时代的《诗经》情诗理所当然地是我国奴隶社会和封建社会中妇女婚姻生活的反映。于是《诗经》中的情诗便无可争议地成了中国古代妇女反对封建压迫、争取婚姻自由的赞歌。

事实果真如此吗? 我们仔细分析《诗经》情诗,并对照马克思、恩格斯对摩尔根《古代社会》研究所得出的科学结论,发现以上论点并不符合当时的社会实际。

民俗,作为世代相传的一种文化现象,在发展过程中有相对稳定性。好的习俗以其合理性赢得广泛的承认,代代相传。恶习陋俗也往往以其因袭保守和习惯势力传之后世。这种传袭和继承的活动特点正是民俗的传承性标志。作为民俗重要组成部分的婚俗,其传袭与继承的特点表现得尤为突出。恩格斯曾经在他的著作中引证大量当时历史学家、社会学家的调查材料,说明作为古代社会遗迹的群婚现象不仅在美洲大陆,而且在亚洲、非洲的很多地区存在着。① 同样,在我国永宁纳西族直到解放初还存在着对偶婚制。② 而作为亚群婚遗迹的"转房

---

① 见恩格斯著《家庭、私有制和国家的起源》。

② 乌丙安《中国民俗学》第十三章第一节:"在对偶婚俗制中,我国永宁纳西族的阿注婚姻具有重要意义。永宁是云南宁蒗县境内的一个地方,它和云南丽江县的一些地方,以及四川省盐源县、木里县、盐边县境内一些地方的纳西族社会里,直到解放初还存着对偶婚俗制,永宁在其中更为典型。根据土地改革时期对当地二百七十八户纳西族的调查,保持对偶婚和群婚残余特点的占百分之九十四点三;在一千一百五十六个成年人中有百分之七十四点六的人,仍旧过着'望门居'的婚姻生活。从他们的亲属制度中,我们找到了古老的兄弟姐妹通婚的残留痕迹,显然现行对偶婚俗是从不久前的多偶婚演变来的"。(辽宁大学出版社,1985 年)

婚"制,至今还残存于我国的一些少数民族中。① 这些事实有力地证明,婚俗的传承有着独特的顽固性。

那么,在《诗经》的时代是否存在着这种顽固的婚俗传承性? 如果存在的话,其表现如何呢? 下面就让我们从当时婚俗的实际及《诗经》情诗所反映的现实来分析一下这个问题。

《诗经》时代的婚姻究竟处于一种什么状态? 据现有的材料看,我们还不能得出这样的结论:已经完全进入以封建礼教为基础的稳定的专偶婚制。相反,史料所提供的线索是,《诗经》时代的婚俗,还处于混乱阶段,一方面保留着前代群婚、对偶婚等的遗迹;另一方面,封建礼教的束缚又在以行政的、教化的力量努力渗透到人们的婚姻生活中去。《诗经》情诗正是这种十分复杂的社会现象的生动写照。当时盛行媵妾制,《大雅·韩奕》记韩侯娶妻众妾相随的情景说:"诸娣从之,祁祁如云。"《毛传》:"诸侯一取九女,二国媵之。诸娣,众妾也。"《郑笺》:"媵者,必娣侄从之。"陆德明《释文》:"妻之女弟为娣。"《正义》引《公羊传·庄公十九年》曰:"媵者何? 诸侯娶一国则二国往媵之,以侄娣从。侄者何? 兄之子(指女);娣者何? 女弟也。"可见,所谓媵妾就是姐妹共夫。郭沫若曾经指出,在春秋战国时代,还有兄弟共妻习俗的遗存,"实即亚血族群婚多夫多妻之现象,后人伯叔称诸父亦此现象之孑遗"。他举了《淮南子·氾论训》"苍梧绕娶妻而美,以让兄",注云"孔子时人"。又"孟卯妻其嫂,有五子焉,然而相魏"。② 恩格斯指出:"要弄清现在美洲的群婚是否已完全被对偶婚所排除的问题,必须更加仔细地研究一下还处于蒙昧时代高级阶段的西北部民族、特别是南美的各民族。关于后者,流传着各种各样的随便性交的事例,使人很难设想在这里旧时的

---

① 见云南人民出版社《佤族社会历史调查》(1983 年)、《傈僳族社会历史调查》(1981 年)。
② 《郭沫若全集》历史编第一卷。

群婚已经完全克服。无论如何,群婚的遗迹还是没有完全消失的。在北美的至少四十个部落中,同长姐结婚的男子有权把她的达到一定年龄的一切妹妹也娶为妻子——这是一整群姐妹共夫的遗风。"① 显然,《诗经》时代姐妹共夫、兄弟共妻的现象是群婚的遗存。

再来看《诗经》的情诗。

《诗经》中的情诗数量颇为可观。但大致可归纳为五大类。弃妇诗即其中之一。值得注意的是,这一类诗在情诗中占有较大的比重。为什么在那个时代会有那么多弃妇(或有那么多妇女担心被弃)?我觉得应该用媵妾制度盛行来解释。《召南·江有汜》是个典型的例子。这是一首弃妇哀怨自慰的诗。但这是不是如前人所说的是"商妇为夫所弃"②之词呢?《诗序》为我们透露了其中的消息:"《江有汜》,美媵也。勤而无怨,嫡能悔过也。文王之时,江沱之间有嫡不以其媵备数,媵遇劳而无怨。嫡亦自悔也。"诚然,《诗序》有牵强附会的地方,但他说这首诗写了嫡妻与媵妾之间的关系还是不错的。从《诗序》所给的这一点提示出发,我们可以说,这是一首嫡妻妒忌媵妾而又能自慰的诗。她用长江的支流比喻丈夫的妾,并原谅他专宠媵妾,幻想有一天丈夫能回心转意。而《邶风·柏舟》中的女主人公就不那么温顺了。她自伤不得于夫,见侮于众妾,表现出一种委屈忧伤而又愤愤不平的情绪。第四章云:"忧心悄悄,愠于群小。觏闵既多,受侮不少。静言思之,寤辟有摽。"朱熹《诗集传》注"群小"曰:"众妾也。"可谓独具慧眼。从诗中可见,这位妇女是因为受到了妾的中伤、挑拨而失宠的。程俊英先生翻译其最后二句说:"审慎考虑仔细想,梦醒搥胸心更焦。"真把一个充满愤懑情绪而又感到失望无告的妇女形象活画了出来。

① 《马克思恩格斯选集》第四卷。
② 方玉润:《诗经原始》中华书局,1986 年。

《诗经》中的弃妇诗,多"自伤其夫不见答"者。如《邶风·终风》《秦风·晨风》之类,实际上都是那些失宠女子的自白。在媵妾制盛行的时代,这种有人得专宠,有人被遗弃的现象是无法避免的。我们只要看一看后世的所谓"宫怨"诗,就可以触类旁通了。

在人们公认的弃妇诗中,《小雅·我行其野》非常奇特。历来对此诗的争论焦点在二章的"不思旧姻,求尔新特"二句。《郑笺》云:"壻之父曰姻。"则"不思"者当为妇。但接着又说:"我采葑之时以礼来嫁女,女不思女老父之命而弃我,而求女新外昏特来之女。"则"不思"者为夫,前后矛盾。按《尔雅·释亲》:"壻之父为姻,妇之父为婚。"《说文》:"姻,壻家也;婚,妇家也。"《郑笺》释"姻"不误。如此,则此诗的作者当为一男子,也就是说,这是一首"弃夫"而非"弃妇"诗。其实,这个问题前人早有察觉,陈奂云:"《白虎通义·嫁娶篇》云,姻者,妇人因夫而成,故曰姻。《诗》云'不惟旧因',谓夫也。三家诗亦以旧姻指夫,毛意亦然也。"①可惜他没有由此深究下去,却用以上考证来证明《毛传》的"男女失道",谓此二句兼言男女。我认为,"不思旧姻",姻指壻家。除了以上的考证可以支持我的论点外,《诗经》中对"婚"字的用法可作反证。《邶风·谷风》"宴尔新婚",《白虎通义·嫁娶》云:"燕尔新婚,谓妇也。"从诗义看确指男娶。《小雅·车辖》:"觏尔新昏,以慰我心。"诗明言是迎娶之诗。可见"婚""姻"是有分工的。所以我认为这首诗不是写"弃妇",作者为一男子,他被女家所逐,愤而唱出此诗。其实在这首并不很长的诗中,除了一个"姻"字提示我们作者是男子外,下一句的"求尔新特"也已经透露出这一信息。"特",《毛传》训为"外婚",显误。朱熹训:"特,匹也。"②后来更有人明确指出,当读如《鄘风·柏舟》"实维我特"

① 陈奂:《诗毛氏传疏》卷十八,中国书店,1984年。
② 朱熹:《诗集传》,上海古籍出版社,1980年。

之特。① 这一观点是正确的,已为绝大多数学者所接受。但"匹"与"特"是否有区别呢? 我认为"匹"乃混言、通言,"特"则专指男性配偶。《说文》:"特,朴特,牛父也。"《玉篇》:"牡牛也。"《广雅·释兽》:"特,雄也。"《周礼·夏官·校人》:"凡马,特居四之一。"注:"四之一者,三牝一牡。"则指雄马。可见"特"字的本义为雄牛,也可指其他雄性动物。男性配偶之义当由此引伸。《邶风·匏有苦叶》"雉鸣求其牡"以"牡"喻雄性配偶,当属此例。《诗经》中"特"字共出现五次,其中指人的除"求尔新特"外还有两次。《鄘风·柏舟》:"髧彼两髦,实维我特。"《毛传》:"特,匹也。"诗中指男性。《秦风·黄鸟》"百夫之特",明言"夫",亦当指男性。所以我们可以断定,《我行其野》是一首"弃夫"诗。再详品诗旨,这诗也不象出于女子之口,尤其是其中"昏姻之故,言就尔居","昏姻之故,言就尔宿",表现出一种不得已的委屈情绪。从女嫁男娶来说,女子结婚后住到夫家,这是天经地义的,没有发牢骚的理由,唯事情倒过来了,才有人感到一肚子的不高兴。这也说明这首诗的作者是男子。值得一提的是王安石早已看破了此中秘密。他说:"此民不安其居而适异邦,从其婚姻,而不见收恤之诗也。"②可惜他的解说已佚,我们无从看到进一步的阐述。

那么,怎样解释这种夫从妇居,而又被妇家驱逐的现象呢? 我认为这是野蛮时代特有的婚姻形态——对偶婚在《诗经》中的反映。恩格斯说,在对偶婚阶段上,"婚姻关系是很容易由任何一方撕破的","这种对偶家庭,本身还很脆弱,还很不稳定"。在对偶家庭中,"妇女不仅居于自由的地位,而且居于受到高度尊敬的地位"。③ 接着他引证在塞讷卡部落的易洛魁人中做过多年传教士的阿瑟·莱特的话来说明在对偶婚

---

① 陈奂:《诗毛氏传疏》卷一八。

② 王安石:《诗义钩沉》卷一一,中华书局,1982 年。

③ 《马克思恩格斯选集》第四卷。

时期,妇女在家中的权威:"通常是女方在家中支配一切",那些不幸的丈夫或情人"要随时听候命令,收拾行李,准备滚蛋。对于这个命令,他甚至不敢有反抗的企图;家对于他变成了地狱,除了回到自己的克兰(氏族)去或在别的克兰内重新结婚(大多如此)以外,再也没有别的出路。"①这几段论述说明:(一)对偶婚和母权制有着血缘上的联系;(二)这种婚姻极不稳定。这就是为什么《我行其野》中的男主人公要"屈尊"从妇而居,并被妇家毫不客气地赶出门的原因。但是,母权制必然要受到历史的挑战。在《诗经》时代,对偶婚虽有遗存,但男权决不会甘于屈从的地位,所以诗人大声地发出"婚姻之故"这样的牢骚。这里我们还想讨论一下全诗的最后两句"成不以富,亦祇以异"的训释问题。《传》云:"祇,适也。"《笺》云:"女不以礼为室家,成事不足以得富也。女亦适以此自异于人道,言可恶也。"朱熹云:"言尔之不思旧姻而求新匹也,虽实不以彼之富而厌我之贫,亦祇以其新而异于故耳。此诗人责人忠厚之意。"②都很勉强。于省吾先生训"富"为"服"。③ 很有见地。但他进一步串讲诗义云:"盖'不思旧姻,求尔新特',诚不以服从为务,亦祇见异而思迁也。"却失之不谙诗旨。我认为这两句是诗人对对偶婚遗俗下,妇家人颐指气使表示的愤怒反抗:"成不以富"——诚不能以服从为务;"亦祇以异"——那就只得离异而去了! 这样解诗,似更符合诗义。

研究《我行其野》一诗时,我还注意到它前面的一首《黄鸟》。诗凡三章,各章的三个收尾句分别为"复我邦族"、"复我诸兄"、"复我诸父"。与《我行其野》一诗的"复我邦家"不谋而合。徐中舒先生认为:"这是男子初居妇家而不见容于妇家的乡里(邦)、妇之兄弟和妇的诸父辈,因

---

① 《马克思恩格斯选集》第四卷。
② 朱熹:《诗集传》。
③ 于省吾:《泽螺居诗经新证》:"按富、服古通。《书顾命》'丕平富',言徧服从也。《吕刑》'典狱非讫于威,惟讫于富',言典狱非止于威虐,惟终于服也。《诗·生民》'覃实匍匐','释文:匐,本亦作服。"中华书局,1982 年。

此,他就想离弃其妇而回复到自己的邦、族和诸父、诸兄的父系家庭去了。"他并认为:"西周之世,男子先从妇居,就是当时民间普遍通行的习惯。"①这一见解大胆而精到,不仅支持了本文关于"弃夫"诗的论点,而且使我产生联想:这两首诗很可能是同一人所作,《黄鸟》言不堪妇家歧视、压迫之苦,决心出走;《我行其野》则成行时发泄愤懑的歌唱。这两首诗是再好不过的例子,它证明在《诗经》的时代,野蛮落后的婚俗确实存在,但另一方面,文明与进步也正在不可抗拒地迈进。

《诗经》的弃妇诗中,还有一类表现的是极不稳定的婚姻关系。《郑风·遵大路》

遵大路兮,

掺执子之祛兮!

无我恶兮,

不寁故也!

遵大路兮,

掺执子之手兮!

无我丑兮,

不寁好也!

程俊英先生认为,"这一对男女,可能不是正式的夫妻,但同居的时间比较长,而男子终于喜新厌旧,遗弃了女方。"②为什么有如此不稳定的婚姻关系呢? 这可以从分析《诗经》中的另一类情诗——男女在节

---

① 徐中舒:《中国古代的父系家庭及其亲属的称谓》,四川大学学报 1980 年第 1 期。
② 程俊英:《诗经译注》,上海古籍出版社,1985 年。

日、野外,歌舞聚会,自由结合的情诗中找到答案。

《诗经》情诗所反映的男女关系,有一个显著的特点,就是比较自由:青年男女可以幽期密约,可以自由野合,可以无拘束地聚合歌舞并对自己的意中人唱出爱慕求婚的情歌。比如《邶风·静女》就是一首写男女幽会的诗。诗共三章,首章云:"静女其姝,俟我于城隅。爱而不见,搔首踟蹰。"写幽会的地点及男女双方的动作、心情。第二、三章云:

> 静女其娈,
> 贻我彤管。
> 彤管有炜,
> 说怿女美。
>
> 自牧归荑,
> 洵美且异。
> 匪女之为美,
> 美人之贻。

写姑娘赠物定情及小伙子的喜悦之情。诗把男女幽会时姑娘调皮可爱,男子焦急不安的情形表现得十分生动、细腻。我们再看《鄘风·桑中》:"期我乎桑中,要我乎上宫,送我乎淇之上矣!"这三句反复吟唱,表现了他们幽期密约的欢乐。《邶风·式微》诗仅二章:

> 式微式微,
> 胡不归?
> 微君之故,
> 胡为乎中露?

式微式微，

胡不归？

微君之躬，

胡为乎泥中？

对此诗的主题说法不一，有趣的是孙作云的理解。他说："这一首诗的每一章，皆分成两截：前两句是男子之词，说：'天黑了，您为什么还不回去呢？'""下两句为女子回答男子之词，说：'若不是为了您，我哪里会在露地里呆着呢？'"①他认为这也是一首男女幽会之诗。此说颇有道理。欧阳修评论《桑中》诗："乃是述卫风俗男女淫奔之诗。"②指出男女幽会是当时的一种风气。证之以《墨子·明鬼》："宋之有桑林，楚之有云梦也，此男女之所属而观也。"《汉书·地理志》："卫地有桑间濮上之阻，男女亦亟聚会，声色生焉。"可见欧阳氏识见不凡。

《召南·野有死麕》和《郑风·野有蔓草》则写的是男女野合。《野有蔓草》明明白白地写着"邂逅相遇，适我愿兮"，"邂逅相遇，与子偕臧"，说明这一对男女是萍水相逢，匆匆结合。《野有死麕》则云"有女怀春，吉士诱之"，可见他们也是一对邂逅的情侣。而三章（也是最后一章）："舒而脱脱兮！无感我帨兮！无使尨也吠！"更把这种偶然相遇所产生的结果交代得十分清楚了。引起我兴趣的是这二首诗的题目，它们的相似之处是不言而喻的。（当然，《诗经》的题目是后人加的，这两个题目都是取的原诗首句。）我认为这不是偶然的巧合。偶然性往往是必然性的体现，两首题材相同的诗，第一句不谋而合地以"野有××"起头，正说明了在那个时代，男女在野外自由结合并不是

---

① 孙作云：《诗经与周代社会研究》，中华书局，1966年。
② 龚橙：《诗本谊》，《续修四库全书》本。

什么见不得人的、偶然发生的事件,用欧阳修的说法,这是一种"风俗"。

《诗经》中的情诗有一些是男女求偶时唱的情歌,而这些情诗往往是在一些节日,在男女聚会歌舞时唱的。《太平御览》引《韩诗章句》说:"溱与洧,说人也。郑国之俗三月上巳之辰,于此两水之上,招魂续魄,被除不祥,故诗人愿与所悦者俱往观之"。《周礼·媒氏》也说:"仲春之月,令会男女,于是时也,奔者不禁。"《郑风·溱洧》是这一类诗的典型。诗共三章,写三月上巳节青年男女们在溱水和洧水边游春,他们互相对话、调笑、赠花、定约。当他们物色到了可心的人,则用歌唱的方式来表示自己的爱情。《卫风·木瓜》就是这样一首歌:

> 投我以木瓜,
> 报之以琼琚。
> 匪报也,
> 永以为好也。

> 投我以木桃,
> 报之以琼瑶。
> 匪报也,
> 永以为好也。

> 投我以木李,
> 报之以琼玖。
> 匪报也,
> 永以为好也。

　　《诗经》中有五首以"东门"为题的诗：《出其东门》写男女在东门外游春聚会；《东门之墠》《东门之池》写男女在东门外的广场上和护城池边互唱情歌；《东门之枌》写他们在东门外白榆树下歌舞；《东门之杨》则写一对男女在东门外的白杨树下约会，《诗经》中只有五首"东门"诗，而无一不是情诗。难道这又是一种巧合?! 其实，这正是当时民风的真实写照。东门外似是约定俗成的男女聚会，谈情说爱的场所。这也许是因为东方是日出之所，比较吉利吧！

　　必须指出，当时的这种习俗是有其历史渊源的。恩格斯说："而加利福尼亚半岛的居民(蒙昧时代高级阶段)，据班克罗夫特说，则有一些节日，在节日里几个'部落'聚集在一起，进行不加区别的性交。显然，这是指一些氏族，它们在这些节日里，对于以前一个氏族的妇女以另一氏族的所有男子为她们的共同丈夫，而男子则以另一氏族的所有妇女为他们的共同妻子的时代，还保存着一点朦胧的记忆。"①《诗经》中的这一类情诗向我们显示的就是这种群婚的"朦胧的记忆"。这种群婚的遗风，正是造成《诗经》时代婚姻不稳定的重要原因。顺便指出，《诗序》是这样解释这种混乱现象的，他认为：(一)战争和政治失当造成了"男女失时，思不期而会"。②(二)"古者国有凶荒，则杀礼而多昏，会男女之无夫家者，所以育人民也。"③就是说，由于灾荒造成了人口减少，为了蓄育人口，作为权宜之计，统治者只得允许男女自由会合。《诗序》的解释只是一种皮相之见，根本不懂得古老的群婚习俗在当时还有着多么强大的生命力，更不懂得行政的手段无法抑制民俗的传承性，统治者对这种禁而不止的婚俗，只得采

---

① 　《马克思恩格斯选集》第四卷。
② 　《野有蔓草》序："君之泽不下流，民穷于兵革，男女失时，思不期而会焉。"《绸缪》序："国乱则昏姻不得其时焉"。
③ 　《木瓜》序。

取导而流之的政策。

我们对《诗经》时代的婚姻状态有了一个本质的了解，就可以科学的眼光来看一看《诗经》中的第三类情诗了。

从数量上看，《诗经》的情诗中表现男女求偶、思念情人的作品比重压倒多数题材。这类作品的共同特点是：对爱情的追求表现得非常直率、非常热烈，他们毫无顾忌地诉说着自己对意中人的思慕和热爱，不加掩饰地表露出对婚姻的向往和追求。《关雎》中的男主人公爱上了一个女子，他唱道："这个少女是我理想中的妻子，我白天黑夜地想她，牵肠挂肚，彻夜难眠。"多么直率、毫不忸怩作态。《摽有梅》的作者则是个妙龄女郎，她看到梅子落地，想起了自己正当出嫁的年华，于是唱道："追求我的小伙子，快来娶我为妻吧！"同样狂热得不加掩饰。《大车》更是妙不可言："岂不尔思？畏子不敢！""岂不尔思，畏子不奔！"这是在赤裸裸地挑逗对方私奔了。这样炽热的感情，又用如此袒露的语言来表现，在《诗经》以后的诗歌中是不多见的。这种现象如何解释呢？能不能理解为先秦时代的男女较后代有更强的反封建意识呢？我以为不能。历史是发展的，一种制度还没有产生，或正在产生中，人们已经有了反抗这种制度的思想意识，而且还那么普遍（《诗经》中的情诗之多可以证明），这是不可理解的，也是不符合存在决定意识的反映论的。我认为《诗经》时代的青年男女们之所以在恋爱、婚姻问题上表现得比较"自由"、"解放"，这是因为在那个时代，古代群婚、对偶婚等野蛮、落后的婚俗还在人群中普遍流行，而作为它的对立面的封建礼教还比较薄弱，不足以从根本上改变这种状态，在人们的头脑中并没有牢固地树立起封建礼教所谓的"廉耻"观。这种情况在民间尤为突出，情诗多集中在《国风》中就说明了这一点。

当然，我也不否认，《诗经》中确有一些反映封建礼教对妇女束缚的诗（即本文所归纳的第四大类情诗），但这类诗，第一，数量很少，大致在五六首左右;第二,即便在这样的诗中,也是婚姻状况的"乱"与封建礼教的"治"共存。《鄘风·蝃蝀》中的女子因私奔而受到舆论的谴责;《柏舟》中的少女为了和自己的意中人结合而向"父母之命"抗争;《郑风·将仲子》中的女子迫于舆论,不得不与自己私通已久的情人决绝;《桧风·羔裘》的主人公想私奔,又怕招致物议。这种奇特的现象说明,在《诗经》的时代,封建礼教的势力在婚姻领域中还很单薄,它在婚俗上的胜利只仅仅是局部的。另一方面也说明,新、旧两种力量正处在激烈的较量中。历史告诉我们,取得胜利的是封建礼教,因为较之野蛮、落后的婚俗,它毕竟代表着文明和进步。《豳风·伐柯》云:"伐柯如何?匪斧不克。取妻如何?匪媒不得。"这首诗提出了"匪媒不得"的重要原则。我们可以看作是对"乱"婚的挑战。它说明封建礼教的那一套有关婚姻的繁文缛节,已经开始为人们所接受了。能够说明这一问题的还有《诗经》中的又一类情诗——揭露和讽刺统治阶级乱伦的诗(严格地说,这一类不能算情诗)。卫宣公和他的后母夷姜发生关系,生子伋,后来又把顽的妻子(宣姜)占为己有。宣公死后,他的庶长子顽又与宣姜私通,生下了三男二女。诗人作《新台》和《墙有茨》,骂宣公是癞蛤蟆,说卫国宫廷里的事是"不可道"的丑闻。仔细想来,卫国上层社会里发生的事情,其实就是氏族社会群婚或亚群婚的遗迹,也就是后来意义上的"转房婚"(前文已经论及),但是它毕竟已受到人们的谴责。他如《南山》《敝笱》《株林》也都反映了这一社会现实。这一事实有力地证明,封建礼教已经在"干预"生活了,它正在努力将自己的势力通过种种有效的途径深入到普遍存在于人们生活中的婚姻制度中去。当然,它在婚姻领域中的最终胜利,还要到并不十分遥远的将来。

总之,我主张从文化学的视野对《诗经》中的情诗作客观的、综合的分析,反对机械地将婚姻状态与社会性质作平行的、同步的类比。我认为,《诗经》的时代(即西周初年至春秋中叶),婚姻制度处于比较混乱的状态中,一方面,远古时代遗留下来的群婚、对偶婚以及由此而派生出来的种种婚俗还大量存在(如"抢婚"囿于篇幅,本文尚未涉及),并占有较大的势力;另一方面,封建礼教也正在顽强地深入到婚姻制度中去,只是它的力量还比较单薄。《诗经》中的情诗,正是这种复杂的婚姻现实最生动、最具体、最集中的再现。那种认为《诗经》中的情诗反映了中国古代妇女对封建礼教压迫的反抗的观点是根据不足的。

1987 年发表于《华东师范大学学报》

苏舜钦行实考略

苏舜钦,字子美,宋代著名诗人。他与梅尧臣齐名,是北宋诗文革新运动的主将之一。

苏舜钦在中国文学发展史上占有重要的地位,但人们对他的研究却很不够,其生平事迹至今不甚了了。本文试图在这方面做一些探索性的工作,以就教于海内方家。

一 籍 贯 家 世

关于苏舜钦的籍贯,颇多歧说,归纳起来有以下几种:

1. 梓州铜山人。《宋史·苏舜钦传》:"苏舜钦,字子美,参知政事易简之孙。"《苏易简传》亦称:"苏易简,字太简,梓州铜山人。"采取这一说的还有《隆平集》和《东都事略》。

2. 其先世居蜀,后为开封人。欧阳修《湖州长史苏君墓志铭》①云:"其上世居蜀,后徙开封,为开封人。"当代学者游国恩先生等也持此说②。

---

① 《欧阳永叔集·居士集》卷三一,商务印书馆国学基本丛书本。
② 游国恩等主编《中国文学史》第三册:"苏舜钦(1008—1048)字子美,原籍梓州铜山(四川中江),实生开封。"中国科学院文学研究所主编《中国文学史》第二册第五五八页:"与梅尧臣齐名的苏舜钦(1008—1048),字子美,梓州铜山人(今四川中江县),生于开封(今河南开封)。"人民文学出版社,1963—1964年。

3. 武功人。宋王得臣《麈史》苏泌条:"武功苏泌进之,子美子也。"苏舜钦也曾自称武功人。苏舜钦《祭滕子京文》云:"维庆历七年丁亥二月丙午朔二日丁未,武功苏某等,谨以清酌庶羞之奠,恭致祭于知府待制学士之灵⋯⋯"(本文所引苏舜钦诗文皆据上海古籍出版社1981年版《苏舜钦集》,后不另注。)

在有关材料中,最值得注意的是欧阳修所撰的墓志铭。欧阳修是苏舜钦的好友,他的话应该是可信的。《宋史·苏易简传》云:"父协举蜀进士,归宋,累任州县,以易简居翰林,任开封县兵曹参军,俄迁光禄寺丞。"就是说,苏氏从苏舜钦的曾祖父一代就离开了四川到开封做官。据《苏易简传》,以后易简居翰林八年,历官至参知政事,其间除出知邓州,移陈州一次外,一直充京官,所以说苏氏从易简一代起定居开封是没有问题的。另处,从舜钦所写的《先公墓志铭》看,他父亲苏耆在大中祥符四年出知乌程以前,也一直在开封任职。舜钦生于大中祥符元年,出生地是开封,也应该是不成问题的,所以欧阳修把苏舜钦的籍贯定为开封。这一点我们还可以从苏舜钦自述中找到佐证,《先公墓志铭》云:"扶卫我公之灵舆归上都⋯⋯葬于开封县宰辅乡中书村之先域。"所撰叔父苏叟墓志铭亦谓:"归葬开封县宰辅乡凤池原先祖兆下。"又《亡妻郑氏墓志铭》亦云:"火其榇于万年栖凤原,缄骨归京师,以年月日从于先域。"以上三例,一再用"归"、"归葬"字样,并称开封宰辅乡为"先域""先祖兆下",如果苏舜钦的籍贯不是开封,是不会这样着笔的。问题是欧阳修所说的"其上世居蜀"。从文义推敲,这应该是指苏舜钦的祖籍。可是,他的祖籍究竟在四川什么地方呢?是梓州铜山吗?另外,苏舜钦又自称"武功苏某",这又是怎么回事呢?

《苏舜钦集·先公墓志铭》中有这样一段值得重视的文字:"苏,邺之附城,昆吾受封而姓出焉。其后周司寇忿生徙食河内,汉将军建起杜陵,武葬武功,世遂名其籍。隋、唐之际多伟人,六叶之内,四至大丞相,袭封邳、许。文宪公之曾孙传素,广明乱,以其孥逊蜀,生三子:捡、拯、振。孟还相唐;仲以策擢,官至容管经略使……季留为铜山令,即我先公之高祖也。先公讳耆,字国老。曾祖寓,剑州司马……大父协,中进士甲科,任陵州判官,孟氏朝京师,谪怀州司寇参军,雍熙中召对,授光禄寺丞,知开封府兵曹事,累赠刑部侍郎……皇考易简,太平兴国中,首登进士第,才十年,遂参大政,赠太师、尚书令。"

这段文字告诉了我们四个问题:1. 武功是苏氏的郡望。2. 苏舜钦的祖先在隋、唐之际有四人官至丞相,并袭封邳、许。3. 苏舜钦的祖先是在广明时迁居四川的。4. 苏耆的高祖(即舜钦的五世祖)苏振,曾做过铜山令。

第一、二两个问题是相互关联的,考清楚隋、唐之际的四个丞相是谁,苏氏的郡望也就迎刃而解了。按《旧唐书·苏瓌传》:"苏瓌,字昌容,京兆武功人,隋尚书右仆射威曾孙也。祖夔,隋鸿胪卿。父宣,贞观中台州刺史……景龙三年,转尚书右仆射、同中书门下三品,进封许国公……瓌子颋,少有俊才……袭父爵许国公……开元四年,迁紫微侍郎、同紫微黄门平章事……谥曰文宪。"《新唐书》所记略同。很清楚,苏舜钦《先公墓志铭》中所谓文宪公者,即苏颋。爵许者,颋与其父瓌也。又《周书·苏绰传》:"苏绰,字令绰,武功人,魏侍中则之九世孙也。累世二千石。父协,武功郡守。"绰少好学,博览群书,尤善算术,累官大行台左丞,参典机密,大行台度支尚书,领著作,兼司农卿。隋开皇初,追封邳国公,邑二千户。《北史·苏绰传》亦云:"苏绰字令绰,武功人,魏侍中则之九世孙也。累世二千石。父协,武功郡守……子威嗣。威子夔,字伯尼。"据此,则《先公墓志铭》所谓"封邳者",乃苏绰无疑。从苏绰至颋凡六代,亦与舜钦文"六叶"之说合。武功为苏氏郡望自明。

第三个问题,文宪公之曾孙传素广明时避乱四川。按广明是唐僖宗年号,仅一年(公元880年),距苏颋卒年(开元十五年,公元727年)

一百五十余年,中间相隔几代,墓志没有交代,而且"逊蜀"于何地也未
说明。

值得注意的是"季留为铜山令,即我先公之高祖也"。据墓志所述,
季者,传素之三子振也。按《旧唐书·地理志四》剑南道梓州条:"隋新
城郡。武德元年,改为梓州,领郪、射洪、盐亭、飞乌四县。三年,又以益
州玄武来属……调露元年,置铜山县。"即《宋史·苏易简传》所谓"梓州
铜山"。这样,就存在着三个可能性:(1)苏氏因苏振官铜山,所以从振
这一代起定居铜山,遂为铜山人。(2)传素逊蜀后即居铜山,而其子又
恰恰被任命为铜山令。(3)因苏振曾官铜山且有德政,后人误以铜山
为苏氏之籍贯。

《永乐大典》卷二四〇一"苏"字韵苏易简条下引用的《潼川志》转引
了苏协所作的《祖司马墓碑》和苏舜钦所作《家传》以及《潼川志》作者的
考证,非常明确地叙述了苏氏家世。

《潼川志》云:"苏易简字太简,本绵之盐泉人。《国史》云铜山人。
旧记云:'盐泉旧隶潼川,后易以涪城,今隶绵州。'考《地理志》,唐武德
三年析绵之魏城,置盐泉,大历十二年,以绵之涪城隶潼川。则盐泉未
尝隶潼川也。"《潼川志》的作者在这里明确地指出苏易简是绵州盐泉
人,并引证《地理志》说明盐泉从未隶属于潼川(即梓州),从而否定了苏
是梓州人的说法。考《旧唐书·地理四》剑南道绵州条下云:"隋金山
郡。武德元年改为绵州,领巴西、昌隆、涪城、魏城、金山、万安、神泉七
县。三年,分置显武、龙安、文义、盐泉四县……盐泉,武德三年分魏城
置也。"《宋史·地理五》成都府路绵州条下云:"县五:巴西、彰明、魏
城、罗江、盐泉。"盐泉均属绵州。那么"《国史》云铜山人"又如何解释
呢?《潼川志》的作者指出:"国初贡士土著之令未严,就他郡贡者,谓之
'寄应',盖苏中令之试礼部由梓州贡尔。"按《宋会要·选举》一四之一
四:"开宝五年十一月十四日,诏曰:乡举里选先王之制也,朕之取士率

由旧章,宜用申明俾从遵守,应天下贡举人,自今并于本贯州府取解,不得更称寄应。"可是到了景德二年,"礼部贡院上言,请诸色举人各归本贯取解,不得寄应及权买田产立户。诸州取解发寄应举人,长吏以下请依例科罪,犯者罪亦如之"。① 可见,在宋初,"寄应"是相当普遍的。开宝五年禁过一次,时隔三十三年又再次重申取缔,这就从侧面反映了"寄应"现象之严重。至少,景德二年礼部贡院的上言可以证明,太平兴国五年苏易简寄应梓州铜山取得进士第,是完全可能的。检李焘《续资治通鉴长编》(以下简称《长编》)卷二一太平兴国五年闰三月甲寅条云:"上御讲武殿,复试权知贡举程羽等所奏合格进士,得铜山苏易简以下百一十九人。"这就十分明确地告诉我们,把苏舜钦的祖籍误为梓州铜山,其原因就在于苏易简是由梓州铜山应举的。

为了进一步证实苏易简不是铜山人,《潼川志》的作者还到实地进行了考察,并发现了两件很重要的材料:"今访其遗迹,于铜山皆无之,而其上世坟墓宗族皆在盐泉之苏溪,得中令之父侍郎协所作《祖司马墓碑》及中令孙湖州长史苏舜钦所述《父祖家传》,乃知旧记之误也。"

《祖司马墓碑》云:"上世宦于蜀,乐左绵山水奇秀,挈宗族居焉。"

《家传》云:"司马讳寓,字适之,颐八代孙……父为铜山令,终于官,贫不能归葬长安,负骨旅殡成都,筮仕于蜀……授剑州司马,公杖策之官。剑州刺史贪黩,公数谏,刺史怒。公置手版于城而去。遍游名山,遇胜辄留,至左绵,尤喜其地物爽润,遂葬亲青溪,占数盐泉居焉。后公寝疾将终,谓协曰:'蜀历将谢,必归火运主,汝亦不大耀于此。吾乐兹土,尤好青溪山林,况先茔在焉。我死当葬巨柏荫下'……遂以祔先兆。"

这两段文字与《先公墓志铭》所记是一致的。《家传》还明确地指出

---

① 马端临:《文献通考》卷三〇选举三,文渊阁四库全书本。

寓是颐的八代孙。这两段文字所提供的一个很重要的事实是,苏氏自传素一代入蜀以后,一直游宦,未尝定居,到了苏寓一代,因"乐左绵山水奇秀","遂葬亲青溪,占数盐泉","挈宗族居焉"。由此我们可以推测到,人们之所以误苏氏为铜山人,另一个重要原因恐怕是苏氏在传素、振两代尚未在蜀定居,而振又曾官铜山,且终官于此。

值得指出的是,《永乐大典》还为我们列举了其他证明苏氏乃绵州盐泉人的佐证。同卷苏协条下引《绵州志》云:"协父寓,唐相颐孙,至左绵喜其地物爽润,遂迎父丧葬盐泉之青溪,因家籍焉。子易简、易直。"《成都志》云:"协为陵州推官,子易简生官舍中。易简父子不能归左绵,侨居于此,受业于贡士费禹珪。嘉熙末经兵革以前宅尚存。"

按,盐泉在绵州之东偏南,所以称为"绵左"。

现在,我们可以澄清前人在苏舜钦籍贯问题上的混乱了:苏舜钦,字子美,开封人,祖籍四川绵州盐泉,其郡望为武功。

关于苏舜钦的世系,《家传》告诉我们:苏颐八代孙寓,寓生协,协生易简、易直。

按《宋史·苏易简传》谓"易简三子,曰宿、曰寿、曰耆",无叟。检苏舜钦《江宁府溧阳令苏府君墓志铭并序》称:"季父讳叟,字蟠叟,先大令之少子。免乳而大令薨,既冠犹褐衣。"盖《宋史》失载。

二　仕　履　行　迹

(一) 开封

苏舜钦生于开封,他的幼年和少年时代曾多次随父游宦在外,但主要是在开封度过的。

弱冠以后,舜钦又曾四次到开封居住和任职,现分述如下:

第一次:天圣六年至明道元年。

天圣三年苏耆出知明州,五年十一月郊庆叙阶升朝奉大夫,归朝换度支。舜钦的诗告诉我们,他是随父赴任的。如《重过句章郡》云:"曾随使斾此东归,日日登临到落晖。畴昔侍行犹总角,如今重过合沾衣。"又《师黯以彭甘五子为寄因怀四明园中此果甚多偶成长句以为谢》一诗亦及此,皆可证。这以后,苏耆一直在开封任职,直至明道元年出任河东转运使。

舜钦有没有随父同到河东呢?苏舜钦有两首与太行山有关的诗:《太行道》和《对酒》。《太行道》描绘太行道的险峻和太行山的雄伟,《对酒》则抒发诗人年已壮、志未行而侍官太行巅的满腹怨气。这两首诗说明,苏舜钦曾经去过太行山区。又据舜钦自己说,明道元年夏穆修逝世时,曾有人写信到上党找他,求访穆修遗文①。明道元年十一月十六日又曾为并州新修永济桥作记。所以我们可以肯定,舜钦是随父亲一起到河东去的,时间在明道元年初。

根据以上考证,我们不难推断出:天圣五年后、明道元年前,舜钦是生活在开封的。《宋史·苏舜钦传》云:"初以父任补太庙斋郎,调荥阳县尉。"欧阳修撰墓志亦云:"君少以父荫补太庙斋郎,调荥阳尉,非所好也,已而锁其厅去。"但都未说明具体时间。考《长编》卷一〇八天圣七年六月条,太庙斋郎苏舜钦因玉清昭应宫火,诣登闻鼓院上《火疏》。据此,则苏舜钦补太庙斋郎当在天圣七年以前。具体时间已不可考。而其调荥阳尉当在天圣七年后至景祐元年举进士前的这段时间内。考舜钦明道元年已侍官并州,且作了一首《对酒》诗,流露出怀才不遇的感伤情绪。所以我认为"调荥阳尉,非所好也,已而锁其厅去",很可能发生在明道元年以前。

---

① 《苏舜钦集》卷一五《哀穆先生文》:"初,先生死,梁坚自解以书走上党遗予,欲访其文,俾予集序之。"

天圣八年,他与屯田郎中郑希甫的女儿结了婚。这是苏舜钦的第一个妻子。①

第二次:景祐元年春。

这一次赴开封主要是应试,时间很短。三月发榜,授光禄主簿,知蒙城县。不久即离京归省长安,旋遭父丧。

第三次:监在京店宅务时。

《宋史·苏舜钦传》云:"寻举进士,改光禄寺主簿,知长垣县,迁大理评事,监在京店宅务。"欧志云:"丁父忧,服除,知长垣县,迁大理评事,监在京楼店务。"从这两段记载看,舜钦监在京店宅务当在知长垣以后。按,舜钦丁父忧在景祐二年,四年正月服除,冬自长安至京师,不久即赴长垣任。沈文倬先生云:"《宋史》本传及《先公墓志铭》均以迁大理评事、监在京楼店务列于知长垣县后,但不著年月;而《论宣借宅事》一文,显系监楼店务时事,文末有'康定元年十一月',据以证明迁大理评事监楼店务在此时。"②我同意沈先生的意见,并补充两点如次:1. 舜钦《论宣借宅事》云:"近刘平血战亡躯,家族无托,朝廷方推此惠(指赐刘平宅第),时谓当然。"今按,刘平康定元年正月被元昊所执不屈死,宋廷赠"刘平为忠武节度使兼侍中……仍赐平信陵坊第,封其妻赵氏为南阳郡太夫人,子孙及诸弟皆优迁,未官者录之"③。凡此均与苏文所记合,可证康定元年四月舜钦已罢长垣,迁大理评事监在京楼店务。2. 舜钦《哭曼卿》诗云:"去年春雨开百花,与君相会欢无涯。高歌长吟插花饮,醉倒不去眠君家。今年恸哭来致奠,忍欲出送攀魂车。"按石曼卿于康定二年二月四日卒于京师,诗中所谓去年者,康定元年也。可证

---

① 苏舜钦:《亡妻郑氏墓志铭》云:"荥阳郑氏,其父屯田郎中讳希甫,母天水县君赵氏。生十四年而天水夫人殁,又三年父丧,又三年归于我。"据此推算,苏娶郑氏当在天圣八年。
② 沈文倬:《苏舜钦年谱》,见上海古籍出版社1982年版《苏舜钦集》附录。
③ 李焘:《续资治通鉴长编》卷一二七(康定元年夏四月丁未)条。

舜钦康定元年在开封。

庆历元年五月十六日,舜钦母殁①,舜钦去职居丧,监在京店宅务当终于此时。

第四次:庆历四年监进奏院。

舜钦《上范公参政书》云:"去年天子又采天下之议,召阁下入政府……未及半年,时某自山阳还台。"范仲淹于庆历三年八月参知政事,苏文言"未及半年"还台,则当在庆历四年春。未几,又以仲淹之荐为集贤校理、监进奏院。同年十一月以监主自盗罪除名。庆历五年春离京。从这以后再也没有回过开封。

(二)蒙城和长垣

苏舜钦景祐元年进士及第以后曾知蒙城和长垣两县。关于这个问题,《宋史·苏舜钦传》和欧阳修墓志的记载有些出入。《宋史》云:"寻举进士,改光禄寺主簿,知长垣县。"未及蒙城。欧志则云:"举进士中第,改光禄寺主簿,知蒙城县。丁父忧,服除,知长垣县。"先知蒙城,再知长垣。《隆平集》和《东都事略》均略而不载。

按苏舜钦《上三司副使段公书》云:"偶奏赋上前,得及第,命宰以蒙,才两月,以家难离官。"舜钦及第在景祐元年,同年秋归宁长安,"冬十月,堂帖促之官……才两月,皇天降祸,得先君之凶讣,即日衰绖与之西走……三月十三日至于家"(《亡妻郑氏墓志铭》)。可见舜钦知蒙城在及第后,丧父前,历时仅两月。又韩维《太原县君墓志铭》云:"集贤(按指苏耆)任陕西转运使,逝官下……终丧,诸子俱官畿内县。"②舜钦自己也说,终丧以后做官的地方"职在甸内,去京师不数舍"(《上三司副使段公书》)。今按,蒙城属淮南东路亳州,长垣属京畿路开封府。显然

---

① 韩维《太原县君墓志铭》,见《南阳集》卷三○,浙江图书馆藏文澜阁《四库全书》本。
② 韩维《太原县君墓志铭》,见《南阳集》卷三○。

长垣为舜钦终丧后所知县。对这个问题有明确记载的还有《永乐大典》卷二四〇一所引《潼川志》："舜钦字子美,少以父荫补官,举进士中第,改光禄寺主簿知蒙城县。丁父忧,服除,知长垣。"这件事《宋史》所载不够准确。

(三)长安

苏舜钦曾两赴长安,其间相隔仅两个月。

景祐元年,苏耆移使陕西。同年三月,舜钦进士及第,秋,归宁长安。《长安春日效东野》诗云:"前秋长安春,今春长安秋。节物自荣悴,我有乐与忧。"按诗意乃父丧后所作。"前秋长安春"者,进士及第虽秋犹春也;"今春长安秋"者,突遭父丧视春若秋耳。十月之官(《亡妻郑氏墓志铭》:"甲戌岁,予登第,授光禄主簿,知亳州蒙城,归宁长安。是年冬十月,堂帖促之官。")。明年正月,苏耆卒于任所,舜钦西走奔丧,遂旅居长安直至终丧。

苏舜钦旅居长安的几年,生活是比较清苦的。他自己曾这样说过:"及幽居长安,百口饥饿,遂假贷苑东之田数顷,躬耕其间,故播敛之早晚,塍畔之出入,质契之昏明,豪弱之交侵,讼诉之搆,官司之辨,皆亲尝之。"(《上三司副使段公书》)

(四)苏州

庆历四年十一月,舜钦因进奏院冤狱被革职为民,明年春离京南下,定居苏州,直至去世。这是苏舜钦一生中最大的转折。这一变化对他后期的思想和创作产生了深刻的影响。

舜钦《离京后作》诗云:"春风奈何别,一棹逐惊波。去国丹心折,流年白发多。脱身离网罟,含笑入烟萝。穷达皆常事,难忘对酒歌。"《答和叔春日舟行》诗云:"幽人漂泊兴无穷,弄水寻花处处同。春入水光成嫩碧,日匀花色变鲜红。静中物象知谁见,闲极情怀觉道充。寄语悠悠莫疑我,五湖今作狎鸥翁。"从诗意可知舜钦是在庆历五年春天离开汴京的。《苏州洞庭山水月禅院记》云："予乙酉岁夏四月，来居吴门。"可见到苏州在同年四月。初至吴郡，"假回车院以居之"（《答范资政书》），因"盛夏蒸燠，土居皆褊狭，不能出气，思得高爽虚辟之地以舒所怀"（《沧浪亭记》），遂以钱四万购钱氏近戚孙承祐之池馆筑沧浪亭而居焉。

苏舜钦离开汴京赴吴是迫不得已的。

《答范资政书》云："某昨得罪后，都下沸腾未已，其谤皆出人情之外，而往往信而传之。自念非远引深潜，则不能快仇者之意。又以世居京师，坟墓亲戚所在，四方茫然无所归，始者意亦重去，不得已遂沿南河，且来吴中。"可见获罪后舜钦的政敌们对他的攻击和诽谤还十分激烈，重重的压力使他不得不离开世居的京城，以逃避进一步的迫害。可是到了吴中以后，那里奇秀的山水却使他进入了一种全新的境界："既至则有江山之胜，稻蟹之美。"（《答范资政书》）"虽与兄弟亲戚相远，而伏腊稍充足，居室稍宽，又无终日应接奔走之劳，耳目清旷，不设机关以待人，心安闲而体舒放，三商而眠，高舂而起，静院明窗之下，罗列图史琴尊，以自愉悦，逾月不迹公门，有兴则泛小舟出盘、间，吟啸览古于江山之间。渚茶野酿，足以消忧；莼鲈稻蟹，足以适口。又多高僧隐君子，佛庙胜绝。家有园林，珍花奇石，曲池高台，鱼鸟留连，不觉日暮。"（《答韩持国书》）大自然的美景和闲适恬静的园林生活，使舜钦暂时地忘却了被革职除名的痛苦。所以到了苏州以后，他纵情于山水之游，足迹遍及吴越，写下了大量的山水诗。

据《宋史》《隆平集》《东都事略》舜钦本传及欧阳修墓志，舜钦除名赴吴后曾复官湖州长史。但具体时间却语焉不详，或有抵牾。今考《苏舜钦集》卷九有《上集贤文相书》，其主要内容是要求政府重新审理他的案子，并给他报效朝廷的机会。按书所言文相即文彦博，据《宋史·仁宗纪》，文于庆历八年闰正月因平王则功迁"同中书门下平章事、集贤殿大学士"。则舜钦书必作于庆历八年闰正月以后，而是年十二月舜钦已作古,故其复官只能在庆历八年。

《苏舜钦集》卷一二又有《上执政启》,云:"近者,被中宸之书,叨上佐之命,起于放废,仍获便安,是为异恩,曷胜感惕!"显然,这是为感谢复官之命而写的。启云"起于放废,仍获便安",可见舜钦的复官只是一种象征性的恢复名誉之举。湖州长史完全是个空衔头。《明道杂志》云:"唐询彦猷守湖州,苏舜钦访之。湖有报本长老居简,善相人,唐使相苏,简曰:'试使来院。'苏他日往过,设食具榻留之,至夜间,简登苏榻,若听声息者,苏觉,乃诊其臂,若切脉然。良久曰:'来得也曷。'(原注:吴人谓曷如速。)更无他语。他日唐问之,亦以四言对。苏将行,又过简,问曰:'来得也曷,是何语也?'简从容曰:'若得一州县官肯起否?'苏大不悦,因不复言。明年,蒙恩牵复为湖州别驾,遂不赴官,无几物故。"据欧阳修所撰墓志,舜钦卒于苏州,他复官后并未赴湖州任职,当无疑问。

(五)浙东

《苏舜钦集》中有很多与浙东及其附近地区有关的诗。那么舜钦什么时候去的这些地方?又为什么去?

天圣三年,苏耆转尚书祠部员外郎,知明州。舜钦《重过句章郡》诗云:"曾随使斾此东归,日日登临到落晖。畴昔侍行犹总角,如今重过合沾衣。窥鱼翠碧忘形坐,趁伴蜻蜓照影飞。风物依然皆自得,岁华飘忽赏心违。"这是一首回忆少年时代生活的诗,头两句很明确地告诉我们,他是侍父赴官的,而且时年尚未弱冠。按《通鉴》胡注:"句章县,自汉以来,属会稽郡,今鄞县以东定海、昌国,皆其地也。"[1]《宋史·地理志四》:"庆元府,本明州……县六:鄞、奉化、慈溪、定海、象山、昌国。"据此,舜钦所谓句章当即指明州。又《师黯以彭甘五子为寄因怀四明园中

---

[1] 司马光:《资治通鉴》卷一一一(晋安帝隆安四年冬十一月)条。

此果甚多偶成长句以为谢》,诗题明言"怀四明园中此果甚多",诗云"忆向江东太守园",显然是回忆少年时侍父官明州事。

庆历元年,舜钦曾赴会稽奔母丧。据韩维所撰舜钦母王氏的墓志铭,王氏于庆历元年五月十六日卒于会稽。舜钦因奔丧迎枢到会稽。

舜钦有《吴越大旱》诗,首句云:"吴越龙蛇年,大旱千里赤。"按龙蛇年者,辰年巳年也。查舜钦一生中有辰年、巳年者三:大中祥符九年、天禧元年;天圣六年、七年;康定元年、二年(即庆历元年)。大中祥符和天圣年舜钦年龄尚幼,可以不论。又诗中言"是时西羌贼,凶焰日炽剧",西夏起边衅在景祐元年,所以诗中所谓龙蛇年只能是康定元年、二年。诗非常具体形象地描绘了大旱的情景,记录了所见所闻。这证明诗人是大旱的目击者,他当时正在吴越一带。值得注意的是诗的结尾部分:"安得凉冷云,四散飞霹雳。滂沱消祲疠,甘润起稻稷。江波开旧涨,淮岭发新碧。使我扬孤帆,浩荡入秋色。胡为泥滓中,视此久戚戚。长风卷云阴,倚柂泪横臆。"这告诉我们,诗人正在船上赶路,因天旱水枯而陷在"泥滓中",以致"倚柂泪横臆"。这不正是乘舟回汴时的情景吗?

舜钦又有和舜元合作的《淮上喜雨联句》一首,作于舟中。首句点明时间和地点:"江淮经岁旱,春暮忽然雨。"联系到"吴越龙蛇年,大旱千里赤",可以判断出这是写于庆历二年的春天。诗是联句,且作于舟中。舜元在景祐四年服父丧后知咸平,康定元年迁殿中丞,移知眉州,而舜钦则于康定元年迁大理评事,监在京店宅务,他们在庆历二年同舟而行,是同奔母丧,并一起乘舟扶枢回京,他们的船走得很慢,庆历元年秋从会稽出发,因大旱水枯,一直到次年春天才到达淮水。这时天终于下雨了,于是兄弟二人便欣然联句。

庆历六年,苏舜钦有浙东之行。

舜钦有《秀州城外九里有竹树小桥予十八年前与友人解晦叔饮别

于此今过之景物依然而解生已亡悲叹不足复成小诗》,这里的"十八年"很值得玩味。十八年是一段很长的时间,舜钦一生四十一岁,只能有两个十八年。诗题所说的十八年前,到底是哪一年呢?先假设这十八年是指的他生命的最后十八年,那么十八年前应该是天圣八年。根据上文的考证,这一年舜钦正在开封,不可能到秀州城外去。如再往前推一年,那是天圣七年,这一年舜钦仍在开封,也可排除。再往前推一年,那就是天圣六年,这一年苏耆由明州叙阶升朝奉大夫,归朝换度支,充长宁接伴使。根据我们的考证,舜钦是随父在明州任所的,父亲归朝,他与之同行是理所当然的。所以我们可以初步肯定十八年前正是指的天圣六年。既然"十八年前"是天圣六年,那么舜钦此诗当作于庆历六年。我们从而知道庆历六年舜钦曾经远游浙东。又据前引《明道杂志》,唐询守湖州时,舜钦曾去访问过他,时在庆历七年。

三 亲 属 交 游

苏舜钦的父系亲属除祖父苏易简、父苏耆外,可考者尚有伯父苏寿、兄舜元、弟舜宾。苏寿生年不可考。舜钦《上三司副使段公书》云"及终丧还都下,伯父至自东筦",则其景祐四年还在世。《先公墓志铭》云:"兄寿,终水部郎中。"按墓志作于宝元二年十月,则寿卒年当在景祐四年到宝元二年十月间。舜元,字才翁,旧字叔才,生于景德二年,卒于至和元年。天圣七年赴学士院试,赐进士出身。明道中为开封扶沟县主簿,改大理寺丞。景祐四年知开封咸平县,迁殿中丞,移知眉州。庆历三年改太常博士,出为福州路提点刑狱,迁尚书祠部员外郎,移京西、河东。庆历八年为两浙提点刑狱。皇祐二年,除京西转运使,以三司度支判官卒于官。工草隶,诗章豪丽。舜宾,景祐、宝元间为光禄主簿,知太康县。庆历元年以大理评事出知会稽县,未几以疾卒。苏轼撰舜元妻刘氏墓志铭云舜元"少与弟子美、圣辟皆有盛名",又云"子美、圣辟皆早世"。文中子美、圣辟并举,则圣辟当为舜宾之字。

王旦为舜钦外祖父,据韩维《太原县君墓志铭》:"初,集贤之考中令(按,指苏易简)三荐文正于朝。后文正叹曰:'吾为苏同年所知,不幸今逝矣,无以德之,闻其母河东薛夫人老而子又甚贤,当以吾爱女归而奉之,少见吾心焉。'遂以夫人归苏氏。"①舜钦舅父王雍,字子肃,旦长子。舜钦《两浙路转运使司封郎中王公墓表》云:"予自幼出入公之家,接待公之起居,迄于今逾三十年。"《祭舅氏文》云:"某放废于朝,旅泊胥台,殊乡寡知,动成嫌猜。始未逾月,舅以漕来……拜舅官亭,羁颜一开……处以行署,拔于荆柴,异俗改眼,欢然相陪……不意忽奄,孤心顿乖。"可见他们感情之深。舜钦又有《答仲仪见寄》诗云:"男儿穷困终归道,世路倾危自有天。""寄声吾舅无相念,今作江湖九馆仙。"按仲仪名素,王旦季子。此外,还有外弟王规,字方叔,王旦弟旭之孙。王靖,字瞻叔,素从子。《宋史》有传,字作"詹叔"。

舜钦前妻郑氏之父希甫,字源明。明道二年,舜钦作《屯田郎荥阳郑公墓志》云:"天圣五年夏五月十日,终于西伯里之私第,享年七十二。以明年二月九日葬于汤阴县伯乐原。"沈文倬校勘记云:"黄本、陈本作以明道二年九月某日。"②今按舜钦《亡妻郑氏墓志铭》,郑氏"生十四年而天水夫人殁,又三年父丧,又三年归于我"。而郑希甫墓志亦云:"一女归于舜钦。"据此,则墓志必作于苏娶郑氏之后(即郑希甫卒三年后)。墓志云"明年",显误。明道二年,在天圣五年(郑希甫卒年)之后六年,在天圣八年(舜钦娶郑氏)之后二年,似是。舜钦后娶杜衍女。衍,字世昌,山阴人,仁宗朝官至宰相。《隆平集·苏舜钦传》云:"初,杜衍爱其

---

① 韩维《太原县君墓志铭》,见《南阳集》卷三〇,浙江图书馆藏文澜阁《四库全书》本。
② 《苏舜钦集》卷一四。

才,以女妻之。"按舜钦《上京兆杜公书》言及景祐四年十二月河东地震之灾,并责当时知并州的杜衍"怀忠不发,默默缄口,如常常者所为"。此信已称杜衍为"丈人"。据《北宋经抚年表》,杜衍景祐四年十月知并州,所以舜钦娶杜女不会迟于景祐四年十月。又舜钦前妻郑氏卒于景祐二年三月,其父亡于同年元月。按古制"三年之丧,二十五月而毕"推算,则舜钦娶杜女不会早于景祐四年三月。考欧阳修所撰杜衍墓志:"拜枢密直学士,知永兴军,徙知并州,迁龙图阁学士,复知永兴军。"①据此,则杜景祐四年十月徙并州前在长安。该年正月舜钦终丧,冬自长安至京师,所以舜钦娶杜女当在景祐四年夏秋之间,地点在长安。舜钦有《送杜密学赴并州》诗,也当作于此年十月杜由长安赴任并州之时。衍次子诉,字和叔,与舜钦唱和甚多,舜钦并为诉妻张氏埋铭。

舜钦与韩亿及其子综、绛、维过从甚密,交谊很深。亿娶王旦女,与苏耆为姻亲。其子维娶耆次女,其三女适苏舜宾。故舜钦称韩氏兄弟为"外兄弟"(《答韩持国书》)。韩维《对雨思子美诗》记他们与舜钦少年时代充满欢乐的生活情景,俨然同胞手足,亲密无间。

苏舜钦交游可考者八十八人,今略举其交往较密者:

1. 欧阳修。欧阳修是苏舜钦最亲密的朋友,共同的政治立场和文学观点把他们紧紧地联系在一起。《苏舜钦集》中与欧阳修唱和的诗作及书信共八篇(实际当不止此)。欧阳修是北宋前期公认的文坛领袖,可是他对年龄比自己小、地位比自己低的苏舜钦有很高的评价:"思予尝爱其文而不及者,梅圣俞、苏子美也。"②他把舜钦比作"凤鸟"和"蛟龙",把他的诗文喻为"金石",并预言他的作品即便"弃掷埋没粪土,不能销蚀,其见遗于一时,必有收而宝之于后世者"。③ 苏舜钦对欧阳修

---

① 《欧阳永叔集·居士集》卷三一《太子太师致仕杜祁公墓志铭》。
② 《欧阳永叔集·居士外集》卷三《石篆诗序》。
③ 《欧阳永叔集·居士集》卷四一《苏氏文集序》。

也充满着敬慕与知己的感情,在《和韩三谒欧阳九之作》中,他是这样形容自己与欧阳修的谈话的:"永叔闻我来,解榻颜色喜。殷勤排清樽,甘酸钉果饵。图书堆满床,指论极根柢。伊余昏迷中,忽若出梦寐。划然毛骨开,精神四边至。既归尚泠然,数日饱滋味。""永叔经术深,烂漫不可既。虽得终日谈,百未出一二。"从现存的苏诗和欧诗看,他们之间最早的唱和在景祐三年,可是他们的交往却要比这早得多。考舜钦《哭师鲁》诗云:"忆初定交时,后前穆与欧。君颜白如霜,君语清如流。予年又甚少,学古众所羞。君欲举拔萃,声耦日抉搜。不鄙吾学异,推尊谓前修。今逾二十年,迹远心甚稠。"按尹洙卒于庆历七年(苏诗也作于此年),二十年前当在天圣五、六年间。又考欧阳修《苏氏文集序》云,欧天圣年间举进士见苏与穆作古文。今按欧阳修天圣六年冬到开封,七年试国子监为第一,秋赴国学解试又第一。而天圣六年,苏耆叙阶升朝奉大夫,携舜钦由明州归开封,所以欧与苏的最初交往当在天圣六、七年间。

2. 范仲淹。范仲淹是庆历新政的主要策动者,革新派的领袖。如果说苏舜钦与欧阳修的关系主要表现在文学上,那么,苏与范的交往则主要基于政治观点的相近。舜钦在《上范公参政书》中说:"某尝静思,阁下功业未及天下,而天下之人爱而美之。非人之尽受惠也,由阁下蕴至诚,以康济斯民为己任,故诚之感人,如四时之气,鼓动万物,远近无不被也。"他把范仲淹看作革新派的首领。舜钦与仲淹的交往始于何时,已不可考。从现存的舜钦诗文看,最早提及范的是景祐三年的《闻京尹范希文谪鄱阳尹十二师鲁以党人贬郢中欧阳九永叔移书责谏官不论救而谪夷陵令因成此诗以寄且慰其远迈也》这首诗。诗中讲到范时说"伊人秉直节,许国有深谋。大议摇岩石,危言犯采旒"。表现了诗人对范的崇敬,颇有分量。同年舜钦又作《乞讷谏书》,为范的被谪鸣不平,毫不隐讳地表达了自己对他的支持和同情。

庆历三年六月,范仲淹出任参知政事,两次推荐苏舜钦。四年三、四月间,舜钦授集贤校理,监进奏院。舜钦上任以后即上书仲淹,提出了七条改革朝政的意见。仲淹对这些建议的态度如何,不得而知,但从他上台以后所实行的(或提出的)主张看,他们至少在很大程度上是不谋而合的。舜钦被革职为民以后,他们仍有书信来往。

3. 梅尧臣。按梅《宛陵集》有《咏苏子美庭中千叶菊树子》《苏子美竹轩和王胜之》《偶书寄苏子美》《送苏子美》《寄题苏子美沧浪亭》等诗,可见他们交往之频。舜钦被废为民后,梅尧臣还有《杂兴》诗一首云:"主人有十客,共食一鼎珍。一客不得食,覆鼎伤众宾。"①又有《送逐客王胜之不及遂至屠儿原》《邺中行》等诗,抨击朝政的黑暗,对舜钦的蒙冤表示同情。

4. 秘演。欧阳修《释秘演诗集序》:"浮屠秘演者与曼卿交最久,亦能遗外世俗,以气节相高,二人欢然无所间。曼卿隐于酒,秘演隐于浮屠,皆奇男子也。然喜为歌诗以自娱,当其极饮大醉,歌吟笑呼,以适天下之乐,何其壮也。一时贤士皆愿从其游,予亦时至其室。"②《皇朝类苑》卷六四:"苏子美有《赠秘演》诗,中有'垂颐孤坐若痴虎,眼吻开合犹光精'之句,人谓与演写真。演额额方厚,顾视徐缓,喉中含其声,常若鼾睡然。其始云'眼吻开合无光精',演以浓笔涂去'无'字,自改为'犹'。子美诟之,演曰:'吾尚活,岂当曰无光精邪?'又有一联云'卖药得钱祇沽酒,一饮数斗犹惺惺',又都抹去。苏曰:'吾之作谁敢点窜邪!'演曰:'君之诗出则传四海,吾不能断荤酒,为浮屠罪人,何堪更为君诗所暴?'子美亦笑而从之。"按《宋史·艺文志七》有《僧秘演集》二卷。

---

① 朱东润:《梅尧臣集编年校注》卷一四,上海古籍出版社,1980年。
② 《欧阳永叔集·居士集》卷四一。

5. 宋敏修。《诗话总龟》前集卷四〇:"宋中道有俊才而身短小,人多戏之。苏子美与中道年相悬,然甚爱其才调,中道亦倾心,作诗论交。子美长大魁伟,与中道并立,下视曰:'交不着。'此京师市井语也。号中道为宋锥,为其颖利而么么云。赠之诗曰:'譬如利锥末,所到物已破。'后中道通判洺州,洺州本赵地,有毛遂墓,圣俞作诗送行,举锥处囊事,亦所以戏之也。"按诗话中所言苏诗,即《答宋太祝见赠》。梅诗即《送宋中道太祝倅广平》,诗云:"行役无冬春,车马无南北。急若机上梭,离别肠自织。其间走声利,昼夜不能息。晚得二友生,胸蜕吐五色。各思强禄仕,安肯坐仰食。一之毛遂乡,一之太伯国。岂无颖脱才,可迈古风力。明当隔大河,去路指斗极,谁念平原君,能于众中识。"原注:"裴如晦时亦宰吴江。"[1]《宋史·地理志二》河北西路:"洺州,望,广平郡。"广平即洺州,则宋太祝为宋中道无误。苏颂作《宋敏求神道碑》云:敏求"早与仲弟都官君敏修文章学问,互相开发"[2]。并有《宋中道都官》诗二首,可证"都官君敏修"即宋中道。梅尧臣集中凡言次道、中道常以兄弟称,足证中道乃次道之弟。今按,次道名敏求,则中道当为敏修之字。

6. 陆经。《宣和书谱》云:"文臣陆经,字子履,越人也。官至集贤殿修撰,作郡以儒术饰吏事,而所至以能称。善真行书。当时与苏舜钦为流辈,而笔法亦仅同一律。前辈高文必求经为之书,故经之石刻殆遍天下。"[3]苏与陆唱和甚多,交往颇密。

检朱东润先生《梅尧臣传》引梅《醉中留别永叔子履》诗"逡巡陈子果亦至"句注云:"诸本皆作陈,当作陆,陆经字子履。"朱先生《梅尧臣集编年校注》卷一一同诗校陈作陆,并引夏敬观注云:"诗称陈子,则此子履为陈姓,非陆经也。欧阳修有《和子履游泗上雍家园》诗,题下小注

---

① 《梅尧臣集编年校注》卷二六。
② 《苏魏公文集》卷五一、浙江图书馆藏文澜阁《四库全书》本。
③ 《宣和书谱》卷六,《津逮秘书》本。

云:'子履姓陈。'又有《送陈子履赴绛州翼城序》。"朱先生补注云:"陆经字子履,时以大理评事为馆阁校勘。"卷一五《陈经秘校之信州幕》注引《宋史·贾黯传》及欧阳修《送陈经秀才序》,以证陈经非陆经。今按,陈经即为陆经。《长编》卷一三四:庆历元年十二月"庚寅……刁约……欧阳修……大理评事陆经并为集贤校理管勾三馆、秘阁。"小注云:"陈经本姓陆,其母再嫁陈见素,因冒陈姓。见素卒,经服丧既除,乃还本姓。"前引《宣和书谱》谓陆为越人,然《送陈子履赴绛州翼城序》云"自河南贡于京师",似当为河南人。考《长编》卷一三四庆历元年十二月庚寅条注,陆经继父陈见素乃河南人,景祐二年卒。而陆贡于京师时,陈见素尚在世,故陆由陈见素乡籍河南应举。陈死后,陆复为先父籍越州。

7. 关咏。咏字永言,官屯田郎中,曾知湖州。庆历八年知通州,嘉祐八年以太常少卿知泉州。改光禄卿,秘书监。按沈文倬先生点校本《苏舜钦集·送闵永言赴彭门》"闵"字下校记曰:"黄本、陈本、《宋诗钞》作关。"检《游山》诗以陆子履、关永言并称,可证作"闵"误。《送关永言赴彭门》云:"玺书趣赴治,候吏拥舳舻。秋风卷大旆,喧喧指东徐。"彭门乃徐州之别称,即诗中所言之"东徐"。《游山》作于庆历六年,据诗意,时关在吴中,关知通州在庆历八年,则赴彭门当在庆历六年或七年的秋天。

舜钦交游颇广,他如穆修、石延年、蔡襄、李绚、段少连、尹源、尹洙、富弼、唐询、叶清臣、赵槩、滕宗谅、胡宿等,《宋史》皆有传。而见于他书者尚有高怿、陈汉卿、范仲温、司马旦、张群等,不备举。

1984 年 6 月发表于《文史》第二十二辑

苏舜钦籍贯及世系考

苏舜钦，字子美，宋代著名的诗人，与梅尧臣齐名，是北宋诗文革新运动的主将之一。

关于苏舜钦的籍贯，颇多歧说。归纳起来有如下几种：

一、梓州铜山说。

这一说可以《宋史》为代表。《宋史》卷四四二《苏舜钦传》："苏舜钦，字子美，参知政事易简之孙。"卷二六六《苏易简传》："苏易简，字太简，梓州铜山人。"采取这一说的还有《隆平集》和《东都事略》。

二、开封人，其先世居蜀说。

持这一说的，以欧阳修为代表。他所撰的《苏舜钦墓志铭》云："其上世居蜀，后徙开封，为开封人。"清人编撰的《四库全书总目提要》也持此说，曰："其先梓州人，家开封。"现代的学者如钱钟书、游国恩等先生对此也都无异议。①

三、武功说。

宋王得臣《麈史》卷中苏泌条："武功苏泌进之，子美子也。"苏舜钦自己也曾以武功人自称：《苏舜钦集》（上海古籍出版社一九八一年一

---

① 钱钟书：《宋诗选注》苏舜钦条题解："苏舜钦（1008—1048），字子美，开封人。"游国恩等主编《中国文学史》第三册第二十八页："苏舜钦（1008—1048），字子美，原籍梓州铜山（四川中江），实生开封。"中国科学院文学研究所主编《中国文学史》第二册第五五八页："与梅尧臣齐名的苏舜钦（1008—1048），字子美，梓州铜山人（今四川中江县），生于开封（今河南开封）。"

月沈文倬先生校点本,下同)卷一五《祭滕子京文》云:"维庆历七年丁亥二月丙午朔二日丁未,武功苏某等,谨以清酌庶羞之奠,恭致祭于知府待制学士之灵……"

以上诸说,最值得注意的是欧阳修所撰的墓志铭。他是苏舜钦的同时代人,又是苏的好友,他的话应该是比较可信的。按照他的说法,苏舜钦的籍贯是开封。《宋史·苏易简传》云:"父协举蜀进士,归宋,累任州县,以易简居翰林,任开封县兵曹参军,俄迁光禄寺丞。"就是说,苏氏从苏舜钦的曾祖父一代就离开了四川到开封做官。据《苏易简传》,苏易简居翰林八年,历官至参知政事,其间除了出知邓州,移陈州一次外,一直充京官。所以,苏氏从苏易简一代起定居开封是没有问题的。另外,从苏舜钦所写的《先公墓志铭》看,他的父亲苏耆,在大中祥符四年出知乌程以前,也一直在开封任职。苏舜钦生于大中祥符元年,他出生在开封,也是毫无疑问的。所以,欧阳修把苏舜钦的籍贯定为开封,应该说是有道理的。这一点我们还可以从《苏舜钦集》中找到佐证:卷一四《先公墓志铭》云:"扶卫我公之灵舆归上都……葬于开封县宰辅乡中书村之先域。"同卷叔父苏叟墓志铭亦谓:"归葬开封县宰辅乡凤池原先祖兆下。"又《亡妻郑氏墓志铭》亦云:"火其椟于万年栖凤原,缄骨归京师,以年月日从于先域。"以上三例,一再用"归"、"归葬"字样,并称开封宰辅乡为"先域"、"先祖兆下"。如果苏舜钦的籍贯不是开封,是不会这样着笔。这虽然是间接的材料,但作为欧志"为开封人"的旁证,还是颇为有力的。问题是欧阳修所说的"其上世居蜀"。从文义推敲,这应该是指苏舜钦的祖籍。可是他的祖籍究竟在四川什么地方呢?是梓州铜山吗?另外,还有一个武功,这又是怎么回事呢?

下面,就让我们来解答这些疑问。

《苏舜钦集》中有这样一段值得重视的文字:"苏,邺之附城,昆吾受封而姓出焉。其后周司寇忿生徙食河内，汉将军建起杜陵，武葬武功，世遂名其籍。隋、唐之际多伟人，六叶之内，四至大丞相，袭封邳、许。文宪公之曾孙传素，广明乱，以其孥逊蜀，生三子，捡、拯、振。孟还相唐；仲以策擢，官至容管经略使……季留为铜山令，即我先公之高祖也。先公讳耆，字国老，曾祖寓，剑州司马……大父协，中进士甲科，任陵州判官，孟氏朝京师，谪怀州司寇参军，雍熙中召对，授光禄寺丞，知开封府兵曹事，累赠刑部侍郎……皇考易简，太平兴国中，首登进士第，才十年，遂参大改，赠太师尚书令。"①

这段文字告诉了我们四个问题：

1. 武功是苏氏的郡望。

2. 苏舜钦的祖先在隋、唐之际有四人官至丞相，并袭封邳、许。

3. 苏舜钦的祖先是在广明时迁居四川的。

4. 苏耆的高祖（即苏舜钦的五世祖）苏振，曾做过铜山令。

下面我们对这四个问题逐一加以考证。

第一、二两个问题是相互关联的，考清楚隋、唐之际的四个丞相是谁，苏氏的郡望也就迎刃而解了。按《旧唐书》卷八八《苏瑰传》："苏瑰，字昌容，京兆武功人，隋尚书右仆射威曾孙也。祖夔，隋鸿胪卿。父宣，贞观中台州刺史……景龙三年，转尚书右仆射、同中书门下三品，进封许国公……瑰子颋，少有俊才……袭父爵许国公……开元四年，迁紫微侍郎、同紫微黄门平章事……谥曰文宪。"《新唐书》所记略同。很清楚，苏舜钦《先公墓志铭》中所谓文宪公者，即苏颋，爵许者，颋与其父瑰也。又《周书》卷二三《苏绰传》："苏绰，字令绰，武功人，魏侍中则之九世孙。累世二千石，父协，武功郡守。"绰少好学，博览群书，尤善算术，累官大行台左丞，参典机密，大行台度支尚书，领著作，兼司农卿。隋开皇初，

---

① 《苏舜钦集》卷一四《先公墓志铭》。

追封邠国公,邑二千户。《北史》卷六三《苏绰传》亦云:"苏绰字令绰,武功人,魏侍中则之九世孙,累世二千石。父协,武功郡守。"子威嗣。威子夔,字伯尼。所述与《周书》合。据此,则苏舜钦《先公墓志铭》所谓"封邠者",乃苏绰无疑。从苏绰至颋凡六代,与苏文"六叶"之说合。武功为苏氏郡望亦无须深考矣。

第三个问题:文宪公之曾孙传素广明时避乱四川。按广明是唐僖宗年号,仅一年(公元880年),距苏颋卒年(开元十五年,公元727年)一百五十余年,中间相隔几代,墓志没有交代,而且"逊蜀"于何地也未说明。

值得注意的是第四个问题:"季留为铜山令,即我先公之高祖也。"据墓志所述,季者,传素之三子振也。按《旧唐书》卷四一《地理四》剑南道梓州条:"隋新城郡。武德元年,改为梓州,领郪、射洪、盐亭、飞乌四县。三年,又以益州玄武来属……调露元年,置铜山县。"即《宋史·苏易简传》所谓"梓州铜山"。这样就存在着三种可能性:(1)苏氏因苏振官铜山,所以从这一代起定居铜山,遂为铜山人。(2)传素逊蜀后即居铜山,而其子又恰恰被任命为铜山令。(3)因苏振曾官铜山,且有德政,后人误以铜山为苏氏之籍贯。

显然,要解决前面所说的第三、四两个问题,需要有新的材料。《永乐大典》为我们提供了极其可贵的资料。

《永乐大典》卷二四○一"苏"字韵苏易简条下引用的《潼川志》转引了苏协所作《祖司马墓碑》和苏舜钦所作《家传》,以及《潼川志》作者的考证,非常明确地叙述了苏氏家世,为我们解决苏舜钦的籍贯和世系提供了第一手的材料。

《潼川志》云:"苏易简字太简,本绵之盐泉人。《国史》云铜山人。《旧记》云:'盐泉旧隶潼川,后易以涪城,今隶绵州'。考《地理志》,唐武德三年析绵之魏城置盐泉。大历十二年,以绵之涪城隶潼川。则盐泉未尝隶潼川也。"《潼川志》的作者在这里明确地指出苏易简是绵州盐泉人,并引证《地理志》说明盐泉从未隶属于潼川(即梓州),从而否定了苏是梓州人的说法。考《旧唐书》卷四一《地理四》剑南道绵州条下云:"隋金山郡。武德元年改为绵州,领巴西、昌隆、涪城、魏城、金山、万安、神泉七县。三年,分置显武、龙安、文义、盐泉四县……盐泉,武德三年分魏城置也。"《宋史》卷八九《地理五》成都府路绵州条下云:"县五:巴西、彰明、魏城、罗江、盐泉。"盐泉均属绵州。那么,"《国史》云铜山人"又如何解释呢?按《旧唐书》卷四一《地理四》剑南道梓州条、《宋史》卷八九《地理五》潼川府路潼川府条,铜山属梓州无误。可是,《潼川志》的作者指出:"国初贡士土著之令未严,就他郡贡者谓之寄应,盖苏中令(按指苏易简)之试礼部由梓州贡尔。"按《宋会要》选举一四之一四:"开宝五年十一月十四日,诏曰:乡举里选先王之制也,朕之取士率由旧章,宜用申明俾从遵守,应天下贡举人,自今并于本贯州府取解,不得更称寄应。"可是到了景德二年,"礼部贡院上言,请诸色举人各归本贯取解,不得寄应及权买田产立户,诸州取解发寄应举人,长吏以下请依例科罪,犯者罪亦如之"。① 可见,在宋初,"寄应"是相当普遍的,开宝五年禁过一次,时隔三十三年又再次重申取缔,这正从侧面反映了"寄应"现象之严重。至少,景德二年礼部贡院的上言可以证明,太平兴国五年,苏易简寄应梓州铜山取得进士第,是完全可能的。(为什么苏易简要到梓州寄应?这有几种可能:(1) 苏易简的曾祖做过铜山令,可能有些旧关系;(2) 盐泉属成都府路绵州,是州一级行政单位,铜山属梓州路梓州(潼川)府,是路、府一级的行政单位,在梓州应举也许比较有利;(3) 苏易简的父亲协在四川做过多年地方长官,很可能在铜山或梓州有一些有势力的亲朋好友。)检李焘《续资治通鉴长编》卷二一太平兴

---

① 《文献通考》卷三〇选举三。

国五年闰三月甲寅条:"上御讲武殿,覆试权知贡举程羽等所奏合格进士,得铜山苏易简以下百一十九人。"这就十分明确地告诉我们,把苏舜钦的祖籍误为梓州铜山,其根本原因就在于:苏易简是由梓州铜山应举的。

为了进一步证实苏易简不是铜山人,《潼川志》的作者还到实地进行了考察,并发现了两件很重要的材料:"今访其遗迹于铜山皆无之,而其上世坟墓宗族,皆在盐泉之苏溪,得中令之父侍郎协所作《祖司马墓碑》及中令孙湖州长史苏舜钦所述父祖《家传》,乃知《旧记》之误也。"①

《祖司马墓碑》云:"上世宦于蜀,乐左绵山水奇秀,挈宗族居焉。"②

《家传》云:"司马讳寓,字适之,颋八代孙……父为铜山令,终于官,贫不能归葬长安,负骨旅殡成都,筮仕于蜀……授剑州司马。公扶策之官,剑州刺史贪黩,公数谏,刺史怒,公置手版于城而去。偏游名山,遇胜辄留,至左绵,尤喜其地物爽润,遂葬亲青溪,占数盐泉居焉。后公寝疾将终,谓协曰:'蜀历将谢,必归火运主,汝亦不大耀于此。吾乐滋土,尤好青溪山林,况先茔在焉,我死当葬巨柏荫下。'亦尝占,且王乃后。遂以祔先兆。"③

仔细考辨这两段文字,可以发现它们与苏舜钦的《先公墓志铭》是一致的。《家传》还明确地指出寓是颋的八代孙,这就证实了上文对文宪公苏颋的考证。《家传》又称:寓父死后,"贫不能归葬长安",似与《墓志》所载郡望武功不合。考《宋史》卷八七《地理三》永兴军路条下云:"京兆府,京兆郡,永兴军节度……县十三:长安、樊川、鄠、兰田、咸阳、泾阳、栎阳、高阳、兴平、临潼、醴泉、武功、乾祐。"武功属长安郡领

① 《永乐大典》卷二四四〇"苏"字韵。
② 同治《直隶绵州志》卷四九,清同治十二年刻本。
③ 同治《直隶绵州志》卷四九,清同治十二年刻本。

辖,说"归葬长安"与说"归葬武功"是不矛盾的。这两段文字所提出的一个很重要的事实是,苏氏自传素一代入蜀以后,一直游宦未尝定居,到了苏寓一代,因"乐左绵山水奇秀","遂葬亲青溪,占数盐泉","挈宗族居焉"。由此我们可以推测到,人们之所以误苏氏为铜山人,一个重要的原因恐怕还在于:苏氏在传素、振两代尚未在蜀定居,而振又曾官铜山,且终于官。

值得指出的是,《永乐大典》还为我们列举了其他证明苏氏乃绵州盐泉人的佐证。同卷苏协条下引《绵州志》云:"协父寓,唐相颋孙,至左绵喜其地物爽润,遂迎父丧葬盐泉之青溪,因家籍焉。子易简、易直。"《成都志》云:"协为陵州推官,子易简生官舍中。易简父子不能归左绵,侨居于此,受业于贡士费禹珪。嘉熙末,经兵革以前宅尚存。"

按,盐泉在绵州之东偏南,所谓绵左也。

现在我们可以澄清前人在苏舜钦籍贯问题上的混乱了:苏舜钦,字子美,开封人,祖籍四川绵州盐泉,其郡望为武功。

关于苏舜钦的世系,《家传》告诉我们:苏颋八代孙寓,寓生协,协生易简、易直。

综合前文的考证,我们可以列一张苏舜钦的世系表如下:

则(魏侍中)——(八世孙)协(武功郡守)——(子)绰(隋开皇初追封邳国公)——(子)威(隋相)——(子)夔(隋鸿胪卿)——(子)亶(唐台州刺史)——(子)瓌(唐相,许国公)——(子)颋(唐相,文宪公)——(五世孙)传素——(子)振(蜀铜山令)——(子)寓(蜀剑州司马)——(子)协(入宋,知开封府

兵曹事)——(子)易简(宋相)、易直——寿、耆、宿、叟——耆(子)舜元、舜钦、舜宾——舜钦(子)泌、液、激

按《宋史》卷二六六《苏易简传》谓"易简三子曰宿、曰寿、曰耆",无叟。检《苏舜钦集》卷一四《江宁府溧阳令苏府君墓志铭并序》称:"季父讳叟,字蟠叟,先大令之少子。"盖《宋史》失载也。

1981 年

宋代的昭君诗

　　王昭君,是中国历史上一位具有传奇色彩的人物。作为一个弱女子,她是统治者的玩物和工具,被无情地抛向异域塞漠;作为一个国家和民族的象征,她又是和解与亲善的使节,换得了西汉与匈奴之间五十余年的太平。她是一个悲剧人物,却又体现了一种完美的崇高与伟大。正是这种矛盾的统一,使王昭君成为民间传说与墨客骚人们津津乐道的话题。她的面貌也因时代、作者的变化而不停地变幻,时而悲戚凄楚,时而慷慨有力;时而怒目横眉,时而娇媚温情。人们依照自己的想象与愿望塑造着王昭君的形象,通过她寄托自己的思想感情,至于历史上的王昭君究竟是什么样子,反而成了次要问题。昭君,这个在西汉掖庭中默默无闻的宫女,不仅仅成为民族和睦的象征,而且成为千百年来文学和艺术创造的主角。

　　在所有关于昭君的文学、艺术创作中,诗歌是最发达最繁荣的。从伪托王昭君的《怨旷思惟歌》起,历代《昭君诗》《明妃曲》层出不穷,诗歌的形式和内容也不断翻新。唐以前的昭君诗主要集中于对昭君"悲剧"故事的复述,诗人表现的主题是一个"哀"字。唐代的昭君诗开始从单纯的故事复述向有所寓意转变,诗人在对昭君表示同情之余开始寻觅昭君"悲剧"产生的根源,隐隐地把矛头指向了最高统治者。这时的主题是一个"怨"字。到了宋代,昭君诗发生急剧变化,诗人们不仅以全新的目光重新审视"昭君出塞"的历史意义,而且大胆重塑昭君形象,在诗中寄寓的是诗人们强烈的主观情感和大胆向传统挑战的思辨精神。从中我们不仅看到了宋代时代风气的变化,也看到了宋代诗风变革的轨迹。昭君诗就是宋诗变革的见证。

一

在讨论宋代的昭君诗之前,有必要回顾一下昭君诗发生、发展的历史。

值得注意的是,昭君诗的内容及其变化,无一不和记载这个历史故事的几段文字有关。

昭君故事最早出现在《汉书·匈奴传》:

> 单于自言愿婿汉氏以自亲。元帝以后宫良家子王牆字昭君赐单于。单于欢喜,上书愿保塞上谷以西至敦煌,传之无穷,请罢边备塞吏卒,以休天子人民。

这一记载非常简单。

西晋石崇作《王昭君辞》,其序曰:

> 王明君者,本是王昭君,以触文帝讳改焉。匈奴盛,请婚于汉。元帝以后宫良家子昭君配焉。昔公主嫁乌孙,令琵琶马上作乐,以慰其道路之思。其送明君,亦必尔也。其造新曲,多哀怨之声,故叙之于纸云尔。(《文选》卷二七)

这一记载,可以清楚地看出本于《汉书》,只是作者以主观想象昭君远离故土必有"道路之思"而造"哀怨之声"。于是他写了这样一首诗:

我本汉家子，	将适单于庭。
辞诀未及终，	前驱已抗旌。
仆御涕流离，	辕马悲且鸣。
哀郁伤五内，	泣泪湿朱缨。
行行日已远，	遂造匈奴城。
延我于穹庐，	加我阏氏名。
殊类非所安，	虽贵非所荣。
父子见陵辱，	对之惭且惊。
杀身良不易，	默默以苟生。
苟生亦何聊，	积思常愤盈。
愿假飞鸿翼，	乘之以遐征。
飞鸿不我顾，	伫立以屏营。
昔为匣中玉，	今为粪上英。
朝华不足欢，	甘与秋草并。
传语后世人，	远嫁难为情。

这首诗的主题是"哀郁"——叹道路之遥远，哀塞漠之荒僻，悲异族之难安，泣有生而无还。昭君成为一个可怜的悲剧人物，石崇此作实乃滥觞。

这种调子一直唱到唐代：

崔国辅《王昭君》："汉使南还尽，胡中妾独存。紫台绵望绝，秋草不堪论。"（《乐府诗集》卷二九）张祜《昭君怨》："万里边城远，千山行路难，举头唯见月，何处是长安？"（《乐府诗集》卷五九）

到明清，这一主题仍在为诗人们所歌唱。

昭君诗中之所以出现这样一种"永恒"的主题，有两方面的原因。一则古时交通不便，塞漠遥远，出塞确实是一件艰苦、危险的事，何况这又是女子远嫁异族,诗人们由此产生出一种怜悯之情是可以理解的。再则,古代诗人由于受时代与阶级的局限,看不到或不愿看到"昭君出塞"这一历史事件的重大意义,把这一民族和解与融合的盛事看成了一场灾难。事实上,昭君和亲在汉与匈奴的关系史上产生了积极的作用。

关于昭君故事,到了晋代发生了一些重大变化,这主要是反映在《西京杂记》中:

> 元帝后宫既多,不得常见,乃使画工图形,案图召幸之。诸宫人皆赂画工,多者十万,少者亦不减五万。独王嫱不肯,遂不得见。匈奴入朝,求美人为阏氏,于是上案图,以昭君行。及去,召见,貌为后宫第一,善应对,举止闲雅。帝悔之,而名籍已定。帝重信于外国,故不复更人。乃穷案其事,画工皆弃市,籍其家,资皆巨万。画工有杜陵毛延寿,为人形,丑好老少,必得其真……同日弃市。
>
> (《西京杂记》卷二)

故事中出现了受赂的画工,及不肯行贿的王昭君。故事编得更动人,有些细节十分生动。由此,启发了诗人们的新灵感——由对画工的谴责进而对帝王的谴责,由对昭君貌冠后宫却无由见幸的不平,进而对自己怀才不遇的愤懑。于是"怨"便成了这一类新作的主题。

唐崔国辅《王昭君》:"一回望月一回悲,望月月移人不移。何时得见汉朝使,为妾传书斩画师。"(《乐府诗集》卷二九)沈佺期:"非君惜鸾殿,非妾妒娥眉,薄命由骄虏,无情是画师。嫁来胡地恶,不并汉宫时,心苦无聊赖,何堪上马辞。"(同上)

这是对画工的切齿之恨。

白居易《王昭君》二首其二:

汉使却回凭寄语， 黄金何日赎蛾眉？

君王若问妾颜色， 莫道不如宫里时。

（《白居易集》卷一四）

如果说这仅仅是对汉元帝微讽的话，那么下面这首则是严厉的谴责了：

明妃风貌最娉婷， 合在椒房应四星。

只得当年备宫掖， 何曾专夜奉帏屏？

见疏从道迷图画， 知屈那教配虏庭？

自是君恩薄如纸， 不须一向恨丹青。

（《昭君怨》《白居易集》卷一六）

另一些诗则透露出诗人内心的不平。

唐胡曾《青冢》："玉貌元期汉帝招，谁知西嫁怨天骄。至今青冢愁云起，疑是佳人恨未销。"（《全唐诗》卷六四七）"元期"与现实的矛盾是造成"恨未销"的原因。

李商隐《王昭君》曰：

毛延寿画欲通神， 忍为黄金不顾人。

马上琵琶行万里， 汉宫长有隔生春。

何焯评曰："义山亦万里明妃也"。（《李义山诗集笺注》卷中）真是一语中的。

而杜甫的《咏怀古迹》之三，则是此类诗中的绝唱：

群山万壑赴荆门,生长明妃尚有村。

一去紫台连朔漠,独留青冢向黄昏。

画图省识春风面,环珮空归夜月魂。

千载琵琶作胡语,分明怨恨曲中论。

浦起龙评曰:"结语'怨恨'二字,乃一诗归宿处……'一去','怨恨'之始也。'独留','怨恨所结也。'画图识面',生前失宠之'怨恨'可知;'环珮归魂',死后无依之'怨恨'何极!"(《读杜心解》卷四之二)杜诗写尽"失宠"者的心态,却又"风流摇曳","极有韵致"(《杜诗详解》卷一七引陶开虞语),确实是不可多得的好诗。

使昭君诗出现了全新面貌的是宋代诗人。

二

一个哭哭啼啼的昭君,一个软弱无力任人宰割的昭君,一个可怜可悲的昭君,这几乎是宋以前所有昭君诗呈现给我们的昭君形象。虽然六朝时期的昭君传说已经出现了一些变化,但唐以前的诗人一概视而不见。昭君和昭君故事依然被看作一个女子的悲剧与一个民族的耻辱。但是到了宋代,诗人的眼光发生了变化,他们从一个新的视角审视昭君与昭君故事,终于发现了这个不起眼的女子及其经历的重大历史意义。

北宋诗人郭祥正《昭君上马图》:

飘飘秀色夺仙春,　　只恐丹青画不真。

能为君王罢征戍,　　甘心玉骨葬胡尘。

(《青山集》卷二八)

这首诗中的昭君已一洗愁容,成为一个以身许国的英雄。

刘次庄的《王昭君》则用对照手法写出了昭君的历史功绩:"敛袂出明光,琵琶道路长。初闻胡骑语,未解汉宫妆。薄命随尘土,元功属庙堂。娥媚如有用,惭愧羽林郎。"(《瀛奎律髓汇评》卷三八)

是什么使诗人的眼光发生如此深刻的变化?是宋代边患不断的社会现实。宋自建国起,一直受到外族的强大压力,在与北方强敌辽、金的对峙中,宋政权始终处于劣势。在与稍弱小的西夏政权的战争中,宋廷也常遭败绩,有时甚至全军覆没。朝廷对外患的无能,边境战争给人民带来的深重苦难,不能不使人联想起那个消弥了两个敌对国宿怨的女子。诗人纷纷为昭君唱赞歌,一方面固然出于对昭君历史地位的肯定,另一方面也是对朝廷昏庸,将帅无能的讽刺——"汉家眉斧息边尘,功压貔貅百万人。好把香闺旧脂粉,艳妆颜色上麒麟。"(许棐《明妃》见《宋诗纪事》卷六五)——几百万大军还不如一个女子,真正有资格上功臣阁的究竟应该是谁呢?

诗人们的这种忧患意识,诗人们对最高统治者在外族压迫下软弱无力的愤慨之情,由于北宋的灭亡、国土的沦丧而表现得格外突出。南宋的诗人们是在一种十分复杂的心态下歌唱昭君的。一方面他们惊叹一个女子竟然能给国家带来半个世纪之久的边境安宁,从而不得不承认她的历史功绩。

李纲《明妃曲》:

> 昭君自恃颜如花,　　肯赂画史丹青加。
> 十年望幸不得见,　　一日远嫁来天涯。
> 辞官脉脉洒红泪,　　出塞漠漠惊黄沙。
> 宁辞玉质配胡虏,　　但恨拙谋羞汉家。
> 穹庐腥膻厌酥酪,　　长调幽怨传琵琶。

汉宫美女不知数，骨委黄土纷如麻。

当时失意虽可恨，犹得诗人千古夸。

（《梁溪集》卷一二）

另一方面，却又感到把国家的安危寄托在一个女子的身上，这是一种耻辱："秦人强盛时，百战无逡巡。汉氏失中策，清边烽燧频。丈夫不任事，女子去和亲。"（吕本中《明妃》见《东莱诗集》卷二）这是一种无可奈何的语调。"此时汉无策，聊塞呼韩愿。非无霍嫖姚，西国虑涂炭。"（葛长庚《明妃曲》）这是一种自我嘲解。

更多的则是对朝政腐败的不满："塞外将军且罢兵，一身万里自经营。将军歌舞升平日，却调琵琶寄怨声。"（叶芮《昭君怨》见《顺适堂吟稿》）高似孙《琵琶引》是宋代诗人这种复杂心理状态形象写生：

人生聚散难为别，　　何况恩恩作胡越。

梅梢带雪下昭阳，　　明朝便隔关山月。

长城不战四夷平，　　臣妾一死鸿毛轻。

回凭汉使报天子，　　为妾奏此琵琶声。

长安城中百万户，　　家家竞学琵琶谱。

酸声苦调少人知，　　食雪天山忆苏武。

西风吹霜雁飞飞，　　汉宫月照秋砧衣。

嫖姚已死甲兵老，　　公主公主何时归。

（《宋诗纪事》卷五五）

"长城不战四夷平"与"食雪天山忆苏武"是一种对照，也是诗人内心世界不平衡的真实流露，而"嫖姚已死甲兵老，公主公主何时归"则已充满着悲慨与愤怒了。

　　嘉祐四年,北宋诗坛上发生了一件轰动一时的事件:王安石发表了《明妃曲》二首。这两首诗以其不同凡响的内容与形式立即引起了人们的注意,唱和不绝,议论纷纷。诗是这样的:

其一:

明妃初出汉宫时,　　泪湿春风鬓脚垂。

低回顾影无颜色,　　尚得君王不自持。

归来却怪丹青手,　　入眼平生未曾有。

意态由来画不成,　　当时枉杀毛延寿。

一去心知更不归,　　可怜着尽汉宫衣。

寄声欲问塞南事,　　只有年年鸿雁飞。

家人万里传消息,　　好在毡城莫相忆。

君不见咫尺长门闭阿娇,　　人生失意无南北。

其二:

明妃初嫁与胡儿,　　毡车百辆皆胡姬。

含情欲说独无处,　　传与琵琶心自知。

黄金捍拨春风手,　　弹看飞鸿劝胡酒。

汉宫侍女暗垂泪,　　沙上行人却回首。

汉恩自浅胡自深,　　人生乐在相知心。

可怜青冢已芜没,　　尚有哀弦留至今。

(《王文公文集》卷四一)

　　对于这两首诗,历来褒贬不一,各种议论针锋相对。有人甚至把它说成是"坏天下人心术"的"禽兽"之言。(李璧《王荆文公诗笺注》卷六引范冲语)也有人为之辩解,"以为词意深尽"。(《诗林广记》后集卷一引黄庭坚语)这种争论持续了几百年,直到今天还有人愤愤不平地要为王安石鸣冤。王安石的诗,从字面上看确实容易造成误解,甚至授人以攻讦之柄。但人们在讨论这一问题时却忘记了一个很重要的事实:对这两首诗的攻击,主要发生在后代,当嘉祐年间发表这两首诗时,人们并不认为他是"禽兽"之言。相反,像欧阳修、司马光、刘敞、梅尧臣、曾巩等巨儒、大臣都纷纷唱和。这说明,在当时人们并不认为王安石的话有什么"出格",不存在误解。

暂且撇开关于王安石诗政治是非不谈,就诗论诗,人们不得不承认,这两首诗在艺术上取得了相当高的成就。胡仔说其"辞格超逸"(《诗林广记》后集卷一引)是一点也不过分的。但是胡仔却没有看到,这两首诗在转变宋代诗风中的关键作用。

宋代的诗歌,经历了曲折、艰难的发展旅程。宋初,承五代之余,诗人们宗白居易,诗风浅俗而缺乏文采,在内容上则以唱和应酬为主,缺乏深刻的思想内容。这时虽有王禹偁独步一时,唱出了与众不同的声调,但毕竟势单力薄,成不了气候。真宗朝,随着社会政治的稳定与经济的发展,士人们的文化素养大大提高,审美情趣也发生很大变化,开始追求艺术技巧,追求艺术的形式美。于是出现了以效仿李商隐为主的西昆派。西昆派诗人的出现虽然在诗歌的形式与技巧上大大推进了宋代诗歌的发展,但却走向了忽视内容的另一个极端。仁宗朝,欧阳修、梅尧臣、苏舜钦出,领导了一场有声有色的诗文革新运动,别开生面,终于始宋诗出现了一种新的健康向上的局面。在欧、梅、苏三人的诗中,宋诗的特点已初露端倪。整个诗坛的风气也发生了重大的转变,但是,由于欧阳修主要着力于散文;苏舜钦才华横溢却由于在政治上受到打击,不幸早逝;梅尧臣虽然取得了很高的成就,但由于他是个处于转变时期的诗人,主要的功绩在开风气,所以,宋诗到了欧、梅后期,虽已从根本上扭转了西昆之弊，但尚未取得最后的胜利，关键是缺少一位强有力的领军人物。王安石正是顺应了时代需要而出现的这样一个风云人物。而他的《明妃曲》二首，则成为宋诗独特风格最后完成的关捩。

严羽在《沧浪诗话》中批评宋诗曰："近代诸公乃作奇特解会，遂以文字为诗，以才学为诗，以议论为诗。夫岂不工，终非古人之诗也。"我们姑且不讨论严羽的批评是否正确，但他确实指出了宋诗的特点。这些特点，在欧、梅、苏的诗中都已出现，而王安石的《明妃曲》二首，则是这些特点高度完美与和谐的统一。

"家人万里传消息，好在毡城莫相忆。君不见咫尺长门闭阿娇，人生失意无南北。"这是典型的以散文的句式入诗。《明妃曲》其一以"明妃初出汉宫时"领起全诗，尚是规范的七言诗节律。但其二首句"明妃初嫁与胡儿"，则故意打破了这种正常的节奏，以散化语言与第一首形成对照。

《明妃曲》二首以其不同流俗的思想内容引起争议，而诗人的思想，则是通过在诗中直接议论表现出来的。"意态由来画不成，当时枉杀毛延寿"，这是翻案，却在说理中使人感受到了昭君之美，美不胜"画"，从而给人留下了宽广无穷的想象余地。"君不见咫尺长门闭阿娇，人生失意无南北"，"汉恩自浅胡自深，人生乐在相知心"。这种评论，简直是惊世骇俗！但王安石敢言敢发。事实上，这并不仅仅是对昭君的同情，它实质上寄托着自己的感情。王安石"慨然有矫世变俗之志"（《宋史·王安石传》），但庆历二年进士中第后却屡次推辞朝廷大臣及皇帝的荐举与提拔。《宋史》王安石本传中有这样一段记载："先是，馆阁之命屡下，安石屡辞；士大夫谓其无意于世，恨不识其面，朝廷屡欲畀以美官，惟患其不就也。明年，同修起居注，辞之累日。阁门吏赍敕就付之，拒不受；吏随而拜之，则避于厕；吏置敕于案而去，又追还之；上章至八九，乃受。"为什么王安石屡屡拒绝升迁的机会呢？很多史学家就此作出过解释,虽不无道理,但却忽略他的《明妃曲》。其实,这两首诗非常明确地表明了对君臣关系的态度:一个大臣要想有所作为,要想把自己的政治主张施诸实践,最重要的是取得君主的信任与支持——所谓"相知"也。仁宗和英宗并不具备这种与他有共同改革理想,而可以同舟共济的品格。事实上,他给仁宗皇帝上万言书,就是一种试探,结果则是失望。神宗皇帝即位以后,他又上《本朝百年无事劄子》,立即受到神宗的重视,情投意合,终于引发了中国历史上著名的变法运动。所以,王安石的《明妃曲》是有感而发,是有所兴寄,而绝非就史论史,就昭君论昭君。宋初诗文革新运动的一个目标就是要扭转西昆派脱离现实的倾向,注重诗歌的思想内容,反映社会政治与诗人的真实感情。《明妃曲》可说是体现了这一目标的一个典范。《石林诗话》卷中云:"王荆公少以意气自许,故诗语惟其所向,不复更为涵蓄。""后为群牧判官,从宋次道尽假唐人诗集,博观而约取,晚年始尽深婉不迫之趣。"作于博观唐人诗集之后的《明妃曲》标志着王安石诗艺已走向成熟,并开始形成自己独特的风格。

王安石的《明妃曲》用其娴熟的艺术手法与深刻的思想内容完美地体现了宋初诗文革新理论所追求的艺术境界。所以,诗一出马上引起了轰动。欧阳修立即写诗唱和:

《明妃曲和王介甫作》:

胡人以鞍马为家,	射猎为俗。
泉甘草美无常处,	鸟惊兽骇争驰逐。
谁将汉女嫁胡儿?	风沙无情面如玉。
身行不遇中国人,	马上自作思归曲。
推手为琵却手琶,	胡人共听亦咨嗟。
玉颜流落死天涯,	琵琶却传来汉家。
汉宫争按新声谱,	遗恨已深声更苦。

纤纤女手生洞房,学得琵琶不下堂。

不认黄云出塞路,岂知此声能断肠。

《再和明妃曲》:

> 汉宫有佳人, 天子初未识。
>
> 一朝随汉使, 远嫁单于国。
>
> 绝色天下无, 一失难再得。
>
> 虽能杀画工, 于事竟何益?
>
> 耳目所及尚如此,万里安能制夷狄?
>
> 汉计诚已拙, 女色难自夸。
>
> 明妃去时泪, 洒向枝上花。
>
> 狂风日暮起, 飘泊落谁家。
>
> 红颜胜人多薄命,莫怨春风当自嗟。

据说,欧阳修对自己的这两首诗十分得意,认为,"《明妃曲》后篇,太白不能为,惟杜子美能之,至于前篇,则子美亦不能为,惟吾能之也。"(《石林诗话》卷中)此话也许有点过分,但欧阳修自己对这两首诗很看重则是肯定的。欧阳修之所以如此重视自己的这两首诗,正是因为这两首诗完全突破了唐调、宋初的白体调以及其后的西昆调,而呈现出一种全新的韵律:诗句破空而来,大胆运用散文句式入诗,突兀而高妙;叙事、抒情、议论、描写,间出杂入,转折跌宕,却自然流畅。可谓气格奇高! 这不正是他自己所孜孜以求的那种美学境界吗? 而这种境界也正是宋代诗歌最主要的美学特征。

当时与王安石《明妃曲》唱和的诗人还有梅尧臣、司马光、曾巩、刘敞等。梅尧臣是王安石的前辈诗人,写作和诗时已是暮年。他是宋代革新诗风的主将，一向受到王安石的敬重。他的诗凡三首，一首和王安石，两首和刘敞。和刘的两首呈现出浓厚的散文倾向，而和王的那两首则表现出梅诗平淡的本色，有如水墨画，色彩平淡，却鲜明真切。欧阳修说“梅翁事清切，石齿漱寒濑”，“文辞愈精新，心意虽老大。有如妖韶女，老自有余态。近诗尤古硬，咀嚼苦难嘬。又如食橄榄，真味久愈在”。(《六一诗话》)这三首昭君诗，确实能体现出这样一种奇特的风格。司马光与曾巩都不以诗闻，但他们二人的和作都力图追王安石之步，写出一点新意。曾诗的特点是议论开阖自如，平实深邃：“延寿尔能私好恶，令人不自保妍媸，丹青有迹尚如此，何况无形论是非。穷通岂不各有命，南北由来非尔为。”(《曾巩集》卷四)有些思想则有独到之处：“汉姬尚自有妬色，胡女岂能无忌心？直欲论情通汉地，独能将恨寄胡琴。但取当时能托意，不论何代有知音。长安美人夸富贵，未映宫殿竞光阴。岂知泯泯沈烟雾，独有明妃传至今。”而司马光的诗则借明妃之口传达了自己对政事与君主的一种深深忧虑：“妾身生死知不归，妾意终期寤人主。目前美丑良易知，咫尺掖庭犹可欺。君不见白头萧太傅，被馋仰药更无疑。”(《温国文正司马公文集》卷三)

王安石的《明妃曲》在宋代的诗坛上决不是孤立的两首诗，它所引起的轰动效应正是宋代诗人们对经过长期斗争、实践、创造而获得的一种新的诗风与诗体的认同之举。可以说，只有在这时，我们才能说“宋诗”的独特风格算是真正在诗坛上站住了脚，真正被宋代的士大夫阶层所普遍接受了。宋代的昭君诗之所以值得重视，这是一个很重要的原因。

1993 年发表于《上海师范大学学报》

北宋诗人梅尧臣和
苏舜钦的比较研究

　　梅尧臣和苏舜钦是北宋中期著名的诗人。在北宋一代诗坛上,他们享有很高的声誉,并以"苏梅"齐名。当时的文坛领袖欧阳修是他们的好友,他称梅为"诗老",赞扬他"作诗三十年,视我犹后辈"。(《水谷夜行寄子美圣俞》)对苏则称其"名重天下","天下之士闻其名而慕,见其所传而喜,往揖其貌而竦,听其论而惊以服,久与其居而不能舍以去也。"(《湖州长史苏君墓志铭》)南宋的刘克庄则称梅尧臣为宋诗的"开山祖师"。(《后村大全集》卷一七四)清人叶燮也认为:"开宋诗一代之面目者,始于梅尧臣、苏舜钦二人。"(《原诗·外篇下》)但是人们也注意到,这两位诗人在艺术上却呈现出绝然不同的风格,他们在诗歌创作上所取得的成就也有高下之异。那么,如何来理解他们的齐名呢? 他们在创作上究竟表现出哪些异同呢? 在宋诗发展的历史上,他们各占有何等样的地位,产生过什么样的影响呢? 本文试图对梅、苏两人的诗歌理论、诗歌创作及其艺术风格等作一番比较研究,希望能对这两位齐名的产生过重大影响的诗人取得比较科学的认识。

一

　　北宋初期到中期,统治文坛的是形式主义和唯美主义的文风。柳开、王禹偁等虽然抱有"革弊复古"的愿望,意欲改变五代以来"秉笔多艳冶"(王禹偁《高锡》诗)的风气,但他们由于理论上的缺陷,或创作才能的不足等主客观原因,未能扭转文坛上以西昆体为代表的颓靡文风。西昆体出现在真宗大中祥符年间,它的流弊却一直延续到仁宗朝。其间诗歌创作进入了重形式技巧、轻思想内容的死胡同。在这种形势下,一场酝酿已久的诗文革新运动发生了。这场运动同时在散文和诗歌两条战线上展开。如果说欧阳修是这场运动的主帅,那么,梅、苏则是在诗歌这一方面军中的主将。

梅、苏出身、经历各不相同,但他们都走了一条坎坷艰难的人生之路。尤其是仕途的多舛,使他们有较多的机会接触社会现实,接近下层劳动群众,这就不能不对他们的诗歌创作产生影响。在西昆体一派歌舞升平的唱和声中,他们独具慧眼,看到社会的矛盾和危机,勇敢地举起革新诗风的旗帜,要求恢复诗歌面向现实生活的优良传统。他们提出了自己的诗歌理论,这在沉闷的文坛上不啻具有震聋发聩的作用。

北宋诗文革新运动,是唐代古文运动的继续和发展,斗争的焦点仍集中在"道"(内容)与"文"(形式)的关系问题上。从内容上说,革新者主张文要传道,强调文学作品要有充实的思想内容和积极的社会功用。认为文章的作用在于"正一时之得失","写下民之愤叹","述国家之安危"。(孙复《答张洞书》)在形式上他们反对片面追求声律之巧和过分的雕琢。柳开说:"女恶容之厚于德,不恶德之厚于容也。文恶辞之华于理,不恶理之华于辞也。"(《上王学士第三书》)在内容和形式的关系上,他们主张道先而文后。苏舜钦认为,道是一切文学作品中起决定性作用的东西,道是文的根本,而文是用来表现道的。只要有充实、丰富的内容,就能达到完美的形式。(见《上孙冲谏议书》)这种观点,当然有偏颇之处,但他的着眼点在改变当时重形式轻内容、重技巧轻思想的时弊,有一定积极意义。从这种观点出发,他强调文学的社会功用,把它提高到国家治乱兴亡的高度来认识：

> 古之有天下者,欲知风教之感,气俗之变,乃设官采掇而监听之。由是弛张其务,以足其所思,故能长治久安,弊乱无由而生。厥后官废诗不传,在上者不复知民志之所向,故政化烦悖,治道亡矣。(《石曼卿诗集序》)

梅尧臣又是如何认识这一问题的呢？在《答裴送序意》诗中他这样写道：

> 我于诗言岂徒尔,因事激风成小篇,辞虽浅陋颇克苦,未到二《雅》未忍捐。安取唐季二三子,区区物象磨穷年。

主张"因事"而作诗,不能囿于"区区物象"而消磨岁月。在《答韩三子华韩五持国韩六玉汝见赠述诗》中他力主学习《诗经》《离骚》以来的因事因物而发的美刺传统,把诗作为政治斗争的武器,反对弄"烟云"咏"葩卉"而"有作皆言空"。

很显然,他们的这种主张是和韩愈、柳宗元、白居易的理论一脉相承的,这是梅、苏的共同点。但是我们不能不看到他们的差异点,正是这种差异,造成了他们创造上的高下之别。

如上所述,在"文"与"道"的关系上,苏舜钦缺乏辨证的眼光,他过分地强调"道"的作用,而忽视了"文"。这种片面的观点对文学的创作和发展都是有害的。事实上,它已经对苏舜钦的诗歌创作产生了不可挽回的消极影响。梅尧臣在这一问题上则有较清醒的认识。他认为："诗句义理虽通,语涉浅俗而可笑者,亦其病也。"(《六一诗话》)主张"文""道"并重。为了反对"语涉浅俗",他还提出了一个具有很高美学价值的诗歌创作艺术标准。他说:"诗家虽率(一本作'主')意而造语亦难。若意新语工,得前人所未道者,斯为善也,必能状难写之景。如在目前,含不尽之意见于言外,然后为至矣。"(《六一诗话》)这是一个很高的标准,这充分说明"文"在梅的创作思想中占有重要地位。他并不主张"文""道"有所偏废。正是在这种正确理论指导下,梅诗达到了相当的高度,得以侧身大家之列。遗憾的是,才气横溢、感情激越的苏舜钦对这个问题觉悟得晚了一点。直到入吴以后,他才开始注意较多地在艺术上锤锻自己的作品,写出了一些艺术上比较成熟的诗作。可惜还没有来得及走上更高的阶梯,他就去世了。苏舜钦重道轻文的主张,为后来的理学家所继承,他们进而把文与道看成互相对立、互相排斥的。断言文要害道,习文是"玩物丧志"。(《二程遗书》卷一八)他们创作的诗像枯燥的哲学讲义,味同嚼蜡,是宋代诗歌发展中的一股逆流。

二

在积极进取的诗歌理论指导下,梅尧臣和苏舜钦用自己的创作实践对诗歌的内容进行了改革。他们的诗内容充实,题材广泛,感情真挚,充满对国事的关心和愿为国效力的热烈感情。他们创作了大量政治色彩很浓的作品,触及时事,切中时弊。当时政治舞台上发生的所有重大事件,都可以在他们的诗中得到反映。

从天圣到庆历年间,北宋王朝与西夏的战争是当时国家的一件大事。有关这场战争的形势、胜负及其对国家政治和人民生活的影响,是梅、苏这一时期创作中常见的主题。景祐元年七月,西夏元昊率十万之众寇庆州,设伏聚歼宋兵,生擒主将。消息传来,朝野震惊。苏舜钦写下了《庆州败》一诗,详尽地描述了这场惨败的经过。诗写道:"无战王者师,有备军之志,天下承平数十年,此语虽存人所弃。"揭示出统治者

佚而忘忧,战备松懈是给西夏以侵扰之机的重要原因。接着诗云:

> 国家防塞今有谁?官为承制乳臭儿,酣觞大嚼乃事业,何尝识会兵之机。符移火急蒐卒乘,意谓就戮如缚尸,未成一军已出战,驱逐急使缘嶮峨。马肥甲重士饱喘,虽有弓剑何所施。连颠自欲堕深谷,虏骑笑指声嘻嘻。一麾发伏雁行出,山下掩截成重围。我军免胄乞死所,承制面缚交涕洟……守者沮气陷者苦,尽由主将之所为。

一针见血地指出,边患深重的另一个原因是将帅无能。康定二年,宋军在好水川又遭败绩,环庆路副总管任福战死。梅尧臣写了《故原战》和《故原有战卒死而复苏来说当时事》二诗,对战事表示关切。《宛陵集》中有很多与西夏战争有关的诗,有对战争的描述的,有对友人从军进行勉励的,有对形势进行分析的,也有为边事出谋略的。这些诗充分表现了诗人对国家命运的关心。

难能可贵的是,他们并不以旁观者的身份来评说这场战争,而是怀着为国捐躯的热烈感情。这一点在他们的诗中也得到了有力的反映。苏舜钦《吾闻》云:

> 吾闻壮士怀,耻与岁时没,出必凿凶门,死必填塞窟。风生玉帐上,令下厚地裂,百万呼吸间,胜势一言决。马跃践胡肠,士渴饮胡血,腥膻屏除尽,定不存种孽。予生虽儒家,气欲吞逆羯,斯时不见用,感叹肠胃热。昼卧书册中,梦过玉关北。

梅尧臣也在《闻尹师鲁赴泾州幕》《依韵和李君读余注孙子》《寄永兴招讨夏太尉》等诗中抒写了自己急于从军而请缨无路的心情。钱钟书先生说:"陆游诗的一个主题——愤慨国势削弱、异族侵凌而愿'破敌立功'那种英雄抱负——在宋诗里恐怕最早见于苏舜钦的作品。"(《宋诗选注》)不同的是,在梅诗中这种情怀表现得比较平和内含,而苏则直率激烈罢了。

梅、苏生活的时代,宋王朝民族矛盾、阶级矛盾日趋尖锐,各种自然灾害的频繁发生更把广大人民推向了苦难的深渊。在苏梅的诗中有一些反映战争和自然灾害给人民造成极大痛苦的诗,充满了对人民的同情和关怀。

梅尧臣著名的《汝坟贫女》云:

> 汝坟贫家女,行哭音悽怆。自言有老父,孤独无丁壮。郡吏来何暴,县官不敢抗。督遣勿稽留,龙钟去携杖。勤勤嘱四邻,幸愿相依傍。适闻间里归,问讯疑犹强。果然寒雨中,僵死壤河上。弱质无以托,横尸无以葬。生女不如男,虽存何所当!拊膺呼苍天,生死将奈何?

请注意此诗的小序:"时再点弓手,老幼俱集。大雨甚寒,道死者百余人,自壤河至昆阳老牛陂,僵尸相继。"把序和诗联系起来一起读,呈现在我们眼前的竟是一场如此目不忍睹的惨剧! 他的《田家语》《陶者》《岸贫》《小村》等诗,则用质朴的语言、白描的笔法,真实地写出了农村荒凉破败的景象、广大农民的困苦和贫富阶级的尖锐对立。

这两位诗人在揭露广大人民苦难境遇时并不是纯客观地描述,而把对人民深切同情的笔触伸入到悲剧的帷幕之后,努力揭示出造成这种种苦难的原因所在。诚然,由于时代和阶级局限,他们的认识只能是肤浅的,但却是十分可贵的。苏舜钦在《城南感怀呈永叔》诗中描绘了一场旱灾给人民带来的深重苦难:"老稚满田野,斸掘寻凫茈。""十有七八死,当路横其尸。"诗人并不就此为止,笔锋一转:"高位厌粱肉,坐论挽云霓,岂无富人术,使之长熙熙。"批判的锋芒直指那些饱食终日无所事事的统治者。在《大水后城中坏庐舍千余作诗自咎》诗中,梅尧臣这样写道:"不如无道国,而水冒城郭,岂敢问天灾,但惩为政恶。"这虽是自咎之词,但他指出了天灾与"政恶"的关系,正如苏舜钦揭露的那样,官府的横征暴敛是造成苍生"性命委草莽"(《淮上喜雨联句》)的真正原因。

在这一类反映民间疾苦,揭露社会黑暗的诗中,苏舜钦往往表现得比较激烈大胆,而梅尧臣却显得蕴藉含蓄。这也许和他们的不同出身、经历有关,但他们在艺术上的不同追求,显然是造成这种差异的主要原因。

梅、苏这两位诗人有着丰富的生活经历和深广的艺术素养。除了上文分析的那些政治色彩较浓的诗作外,他们也创作了大量典雅优美的山水诗、写景抒情诗以及咏物诗、咏史诗等。这些诗大多数意境新颖,饶有情趣。

梅尧臣《鲁山山行》云:

> 适与野兴惬,千山高复低。好峰随处改,幽径独行迷。霜落熊升树,林空鹿饮溪。人家在何许?云外一声鸡。

这是一首脍炙人口的好诗。诗描写晚秋时节诗人在一派萧瑟景色的山中独行的情景,细致生动,清新可爱。颔联写山和路,信手写来,却十分传神;颈联写山中所见,景物别致,充满了"野趣";尾联则独具匠心,在一幅色彩斑斓的图画中,用画外音相点缀,使人在如见其景的同时,如闻其声,就像看彩色电影一样,令人陶醉。

再如《东溪》:

行到东溪看水时,坐临孤屿发船迟。

野凫眠岸有闲意,老树着花无丑枝。

短短蒲茸齐似剪,平平沙石净于筛。

情虽不厌住不得,薄暮归来车马疲。

抓住事物最动人的瞬间和最富于特征的形态,以简练的语句,勾画出事物的形象,情趣盎然。此外如"五更千里梦,残月一城鸡。"(《梦后寄欧阳永叔》)"鸠鸣桑叶吐,村暗杏花残。"(《春阴》)"迴堤遡清风,淡月生古柳。"(《吴松江晚泊》)等都写得形象鲜明,浑朴秀美。这类诗继承唐诗的传统,又糅进自己特有的闲淡、工巧、舒缓、和谐的特色,读来娓娓动听,就像是在欣赏黑管演奏恬静的田园曲。

苏舜钦的山水、风景诗则别具风格。庆历四年进奏院冤狱后他被削职为民,这一变化直接影响了他的诗作。移居苏州后,他纵情于山水,创作了大量的山水、风景诗。这些诗表面上充满了闲情逸致,骨子里却隐含着诗人的愤懑不平之气,虽则也很豪爽、飘逸,但较以前含蓄得多了。

《和淮上遇便风》:

浩荡清淮天共流,长风万里送归舟。

应愁晚泊喧卑地,吹入沧溟始自由。

写得意境开阔,形象鲜明,却又蕴含着愤怨。

《淮中晚泊犊头》:

春阴垂野草青青,时有幽花一树明。

晚泊孤舟古祠下,满川风雨看潮生。

诗人描绘了一幅闲适优美的图画：青草、幽花、孤舟、古祠，充满了诗情画意。但在这宁静之中却隐藏着不平静——"满川风雨"。

另一些诗则写得清新活泼，平夷妥帖。

《夏意》：

> 别院深深夏簟清，石榴开遍透帘明。
> 树阴满地日当午，梦觉流莺时一声。

《初晴游沧浪亭》：

> 夜雨连明春水生，娇云浓暖弄阴晴。
> 帘虚日薄花竹静，时有乳鸠相对鸣。

这些诗以精巧的构思，鲜明的形象，刻画出自然的妙趣和澹淡的情怀，确是不可多得的佳作。

三

梅、苏是齐名的诗人，但苏舜钦本人却曾如此自叹："平生作诗被人比梅尧臣，写字比周越，良可笑也"。(《诗人玉屑》卷一七)是苏舜钦轻视梅尧臣吗？否。《诗人玉屑》在引述苏的这句话之前，还有这样的议论："苏子美以诗得名，书亦飘逸，然其诗以奔放豪健为主。梅尧臣诗虽乏高致，而平淡有工，世谓之苏梅，其实正相反也。"显然，苏是由于自己的风格与梅"正相反"，世人不了解这一点而自叹。确实，在艺术风格上，梅、苏这两位齐名的诗人却显出迥然不同的意趣。关于这一点，欧阳修在《水谷夜行》诗中这样写道：

> 子美气尤雄,万窍号一噫,有时肆颠狂,醉墨洒滂霈,譬如千里马,已发不可杀,盈前尽珠玑,一一难拣汰。梅翁事清切,石齿漱寒濑,作诗三十年,视我犹后辈,文词愈清新,心意虽老大,有如妖韶女,老自有余态,近诗尤古硬,咀嚼苦难嘬,又如食橄榄,真味久愈在。苏豪以气轹,举世徒惊骇,梅穷独我知,古货今难卖。

欧阳修对梅、苏的诗进行了对比,强调他们艺术风格的不同。如果用简要的语言来概括,我们可以这样说:梅诗深远闲淡,苏诗超迈豪隽。

梅、苏不同风格的形成不是偶然的。这除了和他们的出身、经历、师承关系、个人气质等因素有关外,一个重要的原因是:他们都力图矫正当时在西昆体影响下,诗歌追求错彩镂金、雕琢浮艳而骨力孱弱的弊病。《石林诗话》卷上云:"欧阳文忠诗,始矫昆体,专以气格为主,故言多平易疏畅。"这里讲的是欧阳修,但适用于梅、苏。他们都看到,要矫西昆之弊,必须强调"气格"。但同是"以气格为主",梅、苏却走了两条不同的路。有一次欧阳修与梅尧臣论诗,当欧阳修要求梅对"必能状难写之景如在目前,含不尽之意见于言外"加以说明时,梅也认为很"难指陈为言",但可以举一些例子来说明。(《六一诗话》)我们分析一下梅尧臣的例子,可以发现,他的用意在于:不用绚丽华美的词藻,舍弃故意雕琢的句法,而用平淡、自然的语句表达出鲜明深邃的意境。张舜民云:"梅圣俞之诗,如深山道人,草衣葛履,王公见之,不觉屈膝。"(《苕溪渔隐丛话后集》卷三三)深山道人,其外表质朴无华,但其精神高雅,足以使王公贵人生畏。这就是钱钟书先生所说:"梅诗时于浑朴中出苕秀。"(《谈艺录》)这正是梅诗的妙处。比如《送门人欧阳秀才游江西》云:"客心如萌芽,忽与春风动,又随落花飞,去作西江梦。"写客心,比喻巧妙而用语质朴。《郭之美忽过云往河北谒欧阳永叔沈子山》云:"春风无行迹,似与草木期,高低新萌芽,闭户我未知。"写春风,形象生动,但

用语朴素平易,绝无斧凿之痕。就是那些饱含着热烈情感的诗,他也不喜欢用色彩强烈的语言来表达。如《陶者》:

陶尽门前土,屋上无片瓦,十指不沾泥,鳞鳞居大厦。

作者把奔涌的不平之气巧妙地蕴蓄在淡如口语的对比之中,纯用白描。这种诗看似朴拙,却产生了强烈的艺术效果。可谓大文弥朴。

苏舜钦则另辟蹊径。他用直率、奔放的艺术手段来对抗靡丽藻饰和隐晦做作。宋人称苏诗"词气俊伟,飘然有超世之格"(《渑水燕谈录》)。"以奔放为宜"(《临汉隐居诗话》)。"喜为健句"(《扪虱新话》)。

苏诗的豪迈风格表现在内容和形式两个方面,是二者的有机结合。在内容上,他敢于直言不讳,敢道人之所不能言、不敢言,从不转弯抹角,所以处处显得明快、豪爽、不拖泥带水,不扭捏作态。比如,他抒发自己的感情,则不加掩饰,直泻胸臆;他揭露社会的黑暗,则尽情肆放,不留余地;他批判统治者的无能,则针针见血淋漓尽致。这就产生了一种豪迈、奔放、雄健、明快的艺术效果。在形式上,苏诗的这种风格主要表现在构思注意从大处着眼,用词造句讲究从雄健入手。比如写豪壮的情怀云:"安得此身有两翅,飒然远举随风飙。"(《奉酬公素学士见招之作》)写诗文之气势云:"便将决渤澥,出手洗乾坤。"(《夏热昼寝感咏》)写水势曰:"修水崩腾落云端,倾入群山自萦转。"(《黄雍于西安修水之侧起俟老亭以奉亲》)写游山所见曰:"凌晨过横山,蹴蹋云霞低,身如插翅翼,渐觉鸿鹄卑。却视众蟊林,密若荞麦齐。"(《游山》)这些句子都体现了苏诗在构思与遣词造句上的特点。

梅、苏两人除了在艺术上所展示的不同风格外,在艺术手法上,他们却有很多共同之处。这主要表现在他们敢于突破唐人诗歌的窠臼,大胆地把散文的句法引入诗歌,把议论引入诗歌。这就是人们常说的

"以文为诗"和"以议论为诗"。

后人评论宋诗的散文化和议论化,以为违背了诗歌的规律。其实,"以文为诗"和"以议论为诗"并不起源于宋,杜甫和韩愈的诗中已经出现。只不过唐人是偶一为之,而宋人则形成了风气而已。为什么宋人会形成这样的诗风呢?这是一个很复杂的问题,不在本文讨论的范围之内。本文要探讨的是,梅、苏诗中出现这一现象的原因。

任何一种文学现象的出现,都不是偶然的,它有着自身发展的规律性。刘勰在《文心雕龙》中曾经很精辟地论述过这个问题。他指出:"时运交移,质文代变","歌谣文理,与世推移","文变染乎世情,兴废系乎时序。"(《文心雕龙·时序》)这就是说,各个时期文学的发展演变是社会的发展变化引起的。北宋的诗文革新运动在庆历前后进入高潮,这和庆历革新直接有关。事实上,前者正是后者深入到文学领域的表现。革新派为了制造舆论,要求诗文为宣传自己的革新主张服务,而所谓的"时文"不仅不能满足这一点,反而成了束缚他们揭露矛盾和发表政见的障碍。所以革新派人物如石介、范仲淹等都提出过改革文风的要求。天圣三年,范仲淹上《奏上时务书》,把"救文"列于诸事之首。他认为"文章应于风化,风化厚薄见乎文章,"希望借助最高统治者的力量,"兴古复道","以救斯文之薄而厚其风化"。他们要求改革文体和诗体。所谓文体改革,就是要变偶四骊六的骈体文为自然、平易的古体散文。这是为了打破严格的语言束缚,以便于畅达地表现自己的思想。所谓诗体改革,就是"一方面保存唐人定下来的形式,一方面使这些形式具有弹性,可以比较地畅所欲言而不致于削足适履似的牺牲了内容,希望诗歌不丧失整齐的体裁而能接近散文那样流动萧洒的风格"。(钱钟书《宋诗选注》)

梅、苏是这一改革运动的倡导者和实践者。他们积极入世的创作思想,他们对诗歌内容的革新,要求诗歌能反映更广阔的社会问题,包蕴更深刻的内容。为了克服内容的不断扩大与形式相对静止所引起的矛盾,他们从唐人诗歌的武库中借来了"以文为诗"和"以议论为诗"两件武器。

我们来看梅尧臣的《陶者》(前文已引,略)和《田家》:

> 南山尝种豆,碎荚落风雨;空收一束萁,无物充煎釜。

这是诗,但用的是散文的句法。又如《来梦》:

> 忽来梦我,于水之左,不语而坐。忽来梦余,于山之隅,不语而居。水果水乎,不见其逝。山果山乎,不见其途。尔果尔乎,不见其徂。觉而无物,泣涕涟如,是欤非欤。

更是典型的以散文入诗。

梅尧臣有一首五言古诗《书窜》,说来也巧,苏舜钦亦有一首五古《感兴三首》之三,这两首诗都很长,前者写殿中侍御史里行唐介"忠义愤激,虽鼎镬不避","劾宰相文彦博专权任私,挟邪为党"(《续资治通鉴长编》卷一七一)的事;后者则写书生林献可犯颜直谏"抗言请皇太后还政"。为了表现这两位烈士不避权贵,敢于直谏的义举,诗中都采用了唐、林二人措词激烈的奏章,诗人大段引用唐介和林献可用散文写成的章奏,予以诗化,直接入诗,把两位忠心耿耿、敢说敢为的直臣形象栩栩如生地表现了出来。

又如苏舜钦的《夜中》,这是一首颇奇特的诗。这首诗表现诗人不受外物干扰,不因失败而失望,坚守素志,相信正义总会战胜邪恶的思想感情。诗写得豪壮而晦涩,完全是用比喻来写某一瞬间诗人的思绪和心理活动。为了准确地反映出诗人感情的波澜起伏,作者采用长短参差的散文化语言,使诗歌的节奏随着思绪和心理活动的轨迹而搏动。该长就长,应短即短。这就恰到好处地把作者丰富的感情和复杂的心理表现了出来。全诗虽然采用散文化的句法,失去了整齐的美,但由于作者注意到句子内在的节奏,又通篇用形象的比喻来描述人的抽象情感,因而读来仍不失诗歌的韵味。

在以议论入诗时,这两位诗人都能注意把议论同形象的描写结合起来,以避免整体上的枯燥乏味,如苏的《己卯冬大寒有感》、梅的《冬雷》。以议论入诗是一种颇不易掌握的方法,弄得不好就会使诗歌失去形象的美感。在这一问题上,梅、苏都有失败的记录,但分析一下那些成功的作品,又可以找到他们各自的特点。梅尧臣善于通过巧妙的比喻来议论,避免了议论的概念化。比如他的《咏秤》:"圣人防争心,权衡为之设,后世失其平,有星徒尔列。物物尚可欺,铢铢不须别,将淳天下民,安得必毁折。"设喻巧妙,引论自然。他还善于以典故入论,既加强了议论的说服力,也增添了议论的形象性,并给读者开拓了联想的余地。如《金陵怀古》:"秦莫恃栈阁,吴莫恃堑江,不能恃以德,二国竟亦降。迩来屡兴废,由险轻万邦,谁知荒凉城,空存如刳腔。我今经其下,吊古语愧脘,嗟哉石头潮,助怒常舂撞。"用了一连串三国典故,读来兴味很浓。苏舜钦则注意在议论中表现热烈的感情,使议论产生感动人的力量,艺术效果也很显著。

正如任何拓荒者在取得成功的同时,难免要遇到挫折甚至失败一样,作为宋诗的革新者和"开山"者,梅、苏在开创了宋诗一代风气的同时,也付出了沉重的代价。他们的探索是有成效的,但不免粗糙;他们的创新是可喜的,却很难求全。比如过分的散文化使诗失去了整齐和韵律的美,不适宜的议论使诗的形象干瘪无味。钱钟书先生在论梅诗时说:"不过他'平'得常常没有劲,'淡'得往往没有味。他要矫正华而不实、大而无当的习气,就每每一本正经地用些笨重干燥不很像诗的词句来写琐碎丑恶不大入诗的事，例如聚餐后害霍乱、上茅房看见粪蛆、喝了茶肚子里打咕噜之类。可以说是从坑里跳出来，不小心又恰恰掉进井里去了。"(《宋诗选注》)这是中肯的批评。苏舜钦则由于过分强调"道"而忽视了"文"，致使他的诗比较粗糙生硬，缺乏较深的韵味，观察力也不够细密。欧阳修论苏诗："盈前尽珠玑，一一难拣汰，"正是对他含蓄的批评。

一代齐名的"苏梅"，是两位艺术风格迥异的诗人，但他们以自己的艺术理论和创作实践，在北宋诗人革新运动中作出了特殊的贡献，他们对诗歌内容和诗体进行了大胆的革新，使宋诗发生了深刻的变化，走上了健康和别开生面的道路。人们正是从这一点上来估量和认识他们在宋诗乃至整个中国文学发展史上的地位和影响的。也正是从这一点着眼，我们不得不承认他们无愧是开创了一代诗风的齐名诗人。

1985 年发表于《上海师范大学学报》

宋史杂考三则

陈洪进卒年考

陈洪进字济川,泉州仙游(今福建仙游)人。陈初为漳泉留从效部将,从效卒,推张汉思为留后。宋乾德元年,陈洪进以计废汉思,请命于南唐李煜及宋。二年,宋改清源军为平海军,以陈洪进为节度使。太平兴国三年四月,陈上表献所管漳、泉二州,凡十四县。在北宋统一中国的过程中,兵不血刃,以和平手段被削平的地方割据势力除钱俶的吴越外,只此陈洪进一方。故此,他颇受到北宋统治者的优赐,被授以节度使、同平章事的高官,封为杞、岐两国公,富贵且极,寿终正寝。

陈生年已不可考,其卒年则有歧说。

《宋史》卷四八三《陈洪进传》:"雍熙元年,进封岐国公……二年,以疾卒,年七十二。"

宋彭百川《太平治迹统类》卷二《太祖太宗收复漳泉二州》门所述与《宋史》同。

乾隆三十六年修《仙游县志》人物门陈洪进条,近人梁廷灿《历代名人生卒年表》,姜亮夫《历代人物年里碑传综表》,吴海林、李延沛《中国历史人物生卒年表》以及台湾《宋代人物传记资料索引》均以陈洪进卒于雍熙二年。

然细检《宋史》却有别说:卷五《太宗纪二》雍熙三年三月条下明

言:"庚寅,武宁军节度使、同平章事、岐国公陈洪进卒。"显然,《宋史》一书而有二说,其中必有一误。今考诸群籍可知三年是,而二年误。

其证如下:

一、宋杨仲良《续资治通鉴长编纪事本末》卷一二云:"雍熙三年三月庚寅,武宁节度使、同平章事陈洪进卒,赠中书令、岐忠顺公(原注:案《长编》脱此条)。"所记与《宋史·太宗纪二》全合。今按,《长编》记陈洪进纳土事甚详,然不记其卒年,似与编撰体例相乖。据杨仲良《纪事本末》可知,此乃《长编》原书失载。千虑一失,此殆李焘一时失检所致。

二、《宋会要辑稿》礼四一之四九辍朝门下使相条云:"武胜节度使同中书门下平章事陈洪进雍熙三年三月,辍朝二日。"按宋制,大臣丧葬有辍朝之礼,《会要》本节即记历朝使相卒后,行辍朝礼之时日。陈洪进为雍熙三年三月,显系丧日。

三、《宋会要辑稿》仪制一一之二使相追赠条:"武宁节度使、同中书门下平章事、岐国公陈洪进,雍熙三年三月"。按宋例,追赠一般在大臣卒时进行。现以几个归顺宋朝的地方割据势力的首领为例:乾德三年六月庚戌"孟昶卒。上为辍朝五日,赠尚书令,追封楚王,谥恭孝"。(《长编》卷六)高继冲"开宝六年卒,年三十一,废朝二日,赠侍中"。(《宋史》卷四八三)太平兴国三年七月"壬辰,右千牛卫上将军李煜卒,追封吴王"。(《宋史》卷四)端拱元年八月"戊寅,武胜节度使、太师、尚书令、兼中书令邓王钱俶卒。上为辍视朝七日,追封秦国王,谥忠懿"。(《长编》卷二九)余如刘铱、刘继元、周保权悉如此。可见《宋会要辑稿》所记雍熙三年三月乃指陈洪进卒之年月无误。

四、明人陈邦瞻《宋史纪事本末》、清人毕沅《续资治通鉴》也以陈洪进卒年系于雍熙三年三月。

以上四例,可证陈洪进卒于雍熙三年为是,二年者显误。追根溯源,《仙游县志》、梁、姜诸先生并台湾诸贤之误均当本诸《宋史·陈洪进传》,而《陈洪进传》与《太平治迹统类》则源出旧《国史》。究竟是《国史》本传已误抑或为刊刻传抄之误,就不得而知了。但后来者有失详考,遂致一误再误以至于今。治史当以此为鉴。

平 晋 军 考

北宋初年,在平定北汉地方割据势力的战争中,曾设置过"平晋军"。可是详检宋代史籍,却发现关于平晋军的沿革及置废情况有几种不同的说法,其间出入颇大。

一种说法为:建隆四年,以乐平县建为平晋军。《宋史》卷四八二世家五北汉刘氏:建隆"四年八月,邢州王全赟率师攻乐平,(刘)钧拱卫指挥使王超、散指挥使元威侯霸荣率所部千八百人降全赟。未几,钧侍卫都指挥使蔚进、马军都指挥使郝贵超与契丹悉兵来救乐平,三战皆败之,遂下其城,诏建为平晋军"。

《太平治迹统类》卷二《太祖太宗亲征北汉》门:乾德元年(即建隆四年)"八月丁亥,王全斌复与郭进、曹彬等帅师攻北汉乐平县,降其拱卫指挥使王超等及所部兵一千八百人。北汉侍卫都指挥使蔚进、马军都指挥使郝贵超等悉番汉兵来救,三战皆败之,遂下乐平,即建为平晋军"。

另一种说法为:建隆四年,以晋阳县为平晋军,太平兴国四年废为平晋县。

《元丰九域志》卷四:"建隆四年以晋阳县为平晋军,太平兴国四年废军为县"。

李攸《宋朝事实》卷一八:"建隆四年以晋阳县为平晋军,太平兴国四年废为平晋县。"

《宋会要辑稿》方域六之四:"平晋县,隋晋阳县,刘崇改乐崇,建隆四年来降，以为平晋军，太平兴国四年改为县。"

这样就出现了一个问题：平晋军究竟是由乐平还是由晋阳改建？

要回答这个问题，首先须弄清乐平与晋阳的地理位置。按《宋史·地理二》乐平属河东路平定军，北接镇州，南邻辽州，西比太原府，其中以距太原最遥。晋阳乃古名，《汉书·地理志八上》太原郡条下二十一属县中首列晋阳，曰："晋阳，故《诗》唐国，周成王灭唐，封弟叔虞。龙山在西北。"《隋书》卷三十《地理中》："晋阳，后齐置，曰龙山，带太原郡。开皇初郡废，十年，改县曰晋阳。"这说明太原郡治所在晋阳县内，所以人们又往往以晋阳指代太原。《隋书》同卷太原县条云"太原，旧曰晋阳，带郡"，证明太原原来就叫晋阳，只是到了隋开皇时才把龙山改为晋阳，而把晋阳改为太原。但是习惯上人们还是把太原称作晋阳。宋人尤以为然。如《长编》卷一〇记宋太祖开宝二年亲征太原久攻不下，太常博士李光赞劝太祖退兵云："蕞尔晋阳，岂须亲讨！"卷二〇记太平兴国四年太宗亲征，欲亲临太原城下劳士卒，李汉琼劝阻道："晋阳孤垒，危若累卵……陛下奈何以万乘之尊亲往临之"。

乐平、晋阳之方位既明，我们就可以用建隆四年这一把钥匙来解"平晋军"之锁了。《元丰九域志》《宋朝事实》均言，建隆四年以晋阳县建为平晋军。可是，建隆四年北宋立国伊始，其军事力量还没有深入过北汉腹地，更不待言北汉的首府太原及其周围地区。据《长编》记载，宋太祖曾笑谓北汉谍者曰："'为我语刘钧，开尔一路以为生。'故终孝和之世，不以大军北伐"。（《长编》卷九、《太平治迹统类》卷二、《宋史》卷四八二）北宋大军第一次兵临太原城下，是在刘钧死后的开宝二年，所以决不可能在七年前的建隆四年就把北汉辖下的晋阳建为平晋军。又，《会要》的记载说：晋阳"建隆四年来降，以为平晋军"，这就更证明了以晋阳为平晋军的无稽。但是，"来降"二字却给我们以启示。据前文所引《宋史》《太平治迹统类》，建隆四年确实有一个乐平县来降，并被建为平晋军。这就从反面证实了《宋史》和《太平治迹统类》的记载是可靠的。不仅如此,有关的史料还可继续为我们证明乐平确曾被改建为平晋军。《宋史》卷二五八《曹彬传》:彬"与王全斌、郭进领骑兵攻河东乐平县,降其将王超、侯霸荣等千八百人,俘获千余人。既而贼将考进率兵来援,三战皆败之。遂建乐平为平晋军"。卷一《太祖纪一》:乾德元年八月丁亥"王全斌攻北汉乐平县,降之。辛卯,以乐平县为平晋军"。这些记录,时间、地点、人物、事件全部吻合,无可怀疑。史料还告诉我们,建隆四年后,人们曾使用过平晋军这个名称:《太平治迹统类》卷二《太祖经略幽燕》门云,乾德二年,"敌又侵平晋军"。《宋朝事实》卷二〇所记全同。

可见,建隆四年乐平来降,以建为平晋军确有其事,《宋史》《太平治迹统类》所记不误。

可是为什么《会要》等书会失误呢? 细细追究起来,这是事出有因的。

第一、因为晋阳(太原)确曾在北汉灭亡后被改为平晋县。《通考》卷三一六《舆地二》:"平晋隋晋阳县,太平兴国中改。"《太平寰宇记》卷四〇:"皇朝平伪汉,其太原城中晋阳、太原二县并废为平晋县"。《长编》卷二〇、《太平治迹统类》卷二均云太平兴国四年五月"毁太原旧城,改为平晋县"。这些文字与上文所引《会要》《宋朝事实》等书的说法后半段相合。

第二、《会要》《宋朝事实》等书致误的另一个原因是:乐平县被改为平晋军时间很短。《读史方舆纪要》卷四〇乐平县条云:"宋乾德初,伐北汉取之,升为平晋军,旋复故,改属平定军。"清乾隆四十五年雅德辑《山西志辑要》卷八直隶平定州乐平县条云:"宋乾德初为平晋军,寻复为乐平县,属平定军。"平晋军究竟废于何时已不可考,但据《宋史·地理二》可知,太平兴国四年时乐平已不称为平晋军。

　　根据以上考证,可得如下结论:建隆四年曾以乐平县为平晋军,然不久即废。太平兴国四年又以晋阳(太原)为平晋县。由于平晋军早废于前,平晋县晚建于后,时间相隔过久,而后人又失于详考,误认为平晋县即由平晋军演变而来,遂出现建隆四年以晋阳来降,建为平晋军之误。

　　值得一提的是《长编》的一段记载:乾德元年八月"丁亥,王全斌言,复与郭进、曹彬等师师攻北汉乐平县,降其拱卫指挥使王超等及所部兵一千八百人……遂下乐平,即建为乐平军"。(卷四)此说与《宋史》等相牴牾,不知李焘何据。

关于《太平治迹统类》的一段缺文

　　《太平治迹统类》三十卷,宋彭百川撰。四库馆臣称此书"于朝廷大政及诸臣事迹,条分缕析,多可与史传相参考","固与李心传《建炎以来朝野杂记》均一代记载之林矣"。(《四库全书总目提要》卷五一)同时也指出,该书"中间讹不胜乙","卷帙次第为装钉者所乱,佣书人不知勘正,别用格纸钞录,以致接处文理不属"。有清一代的大学者如朱彝尊、钱大昕等在校定此书时,也因其舛讹衍脱之多,而不知如何下手。

　　诚如前贤所言,最近我们在整理这本书的时候发现,该书问题确实很多。例如卷二《太祖经略幽燕》门,竟有大段缺文。原文如下:

　　　　太祖一日内出取幽州图以示宰相赵普,谓曰:"卿意此图孰能为者?"普详观叹曰:"他人不能为,惟曹翰能为之。"帝问:"何以知之?"对曰:"群臣材谋无出于翰者,陛下若使翰往,必克。但不知陛下遣何人代翰?"帝默然良久,曰"卿可谓熟虑矣。"

　　　　十一月,群臣上尊号曰应天广运大圣神武明道至德仁孝皇帝日令(缺)可乎却而不受帝痛恨(缺)自初即位专务节俭乘(缺)贮供御羡余之物谓左右(缺)北狄用赎晋朝陷没百姓然(缺)者其意在我不在彼也。

七年十一月,琮以书遗知雄州孙全兴曰……

《治迹统类》一书,与《长编》关系密切,其绝大多数内容均系从《长编》中录出。然遍检《长编》并《长编纪事本末》,却不见足以补全此段的有关文字。详绎残文,可以找出几条线索:一、与宋太祖经略幽燕有关;二、与上皇帝尊号而被拒绝有关;三、与宋太祖尚俭有关;四、与宋初设封桩库用赎燕云十六州有关。可是根据这些线索所提供的时间、事件、人物等遍查《宋史》(《治迹统类》也有采自旧国史者,限于篇幅本文不拟多加叙述)也毫无结果。最后,在李攸的《宋朝事实》卷二〇《经略幽燕》门中找到了有关的记载。

现逐录如下(着重号为引者所加):

太祖一日内出取幽州图以示宰相赵普,谓曰:"卿意此图,孰能为者?"普详观,叹曰:"他人不能为,惟曹翰能为之。"帝问:"何以知之?"对曰:"方今将帅材谋无出于翰者,陛下若使翰往,必得幽州。既得之后但不知陛下遣何人代翰?"帝默然。先是,开宝九年正月,群臣上尊号曰应天广运一统太平圣文神武明道至德仁孝皇帝,帝曰:"今汾晋未平,燕蓟未复,谓之一统可乎?"却而不受。帝痛恨开运之祸,华人百万,皆没于契丹。自即位,专务节俭,乘舆服用一皆简素,别作私藏,以贮供御羡余之物,谓左右曰:"俟及三百万贯,我当移书契丹,用赎晋朝陷没百姓。"然则帝欲大一统而复幽燕者,其意在此不在彼也。七年十一月,其涿州刺史耶律琮以书遗知雄州孙全兴曰……

这两段文字,除个别地方有出入外(按这些出入,显系转抄或刊刻之误。有些如"契丹"改"北狄",则为后人追改)完全一致。无庸赘言,二者必有血缘关系。但他们究竟谁是"母本",谁是"子本"呢?李攸其人,《宋史》无传。考《宋朝事实》卷末《江阳谱》(中华书局 1955 年 6 月版):攸"字好德,政和初编辑《西山图经》《九域志》等书,泸帅孙羲叟招(原注:下有阙文)书上,转一官。张公浚入朝,约与俱,以家事辞"。据此,攸当为北宋末南宋初人。《江阳谱》又云:"手编《皇朝事实》,起建隆迄宣和,凡六十卷,其三十卷先闻于时,有旨制司上。太常少卿何麒言请命以宫观,居家终其书。后以余三十卷上之,缄封副本,并赍启秦相桧。启云:'方今虽为中兴,其实创业。作事成于果断,亦贵听言……更愿无忘在莒,居宠思危'。秦怒,寝其书不报。今藏于家。"按秦桧卒于绍兴二十五年,则此书当成于绍兴年间。再考彭百川说,《直斋书录解题》《四库全书总目提要》,但称其字叔融,眉山人,事迹不详。据魏了翁说,嘉定二年彭百川曾请他为其父墓志铭写跋(《鹤山大全集》卷五〇《跋丹棱彭君墓志铭》)可知彭与魏乃同时人,亦即光、宁、理宗朝人。他们生活的时代,距《宋朝事实》成书之时,至少也有四十年。且《宋朝事实》一书前三十卷撰成后已"先闻于时",彭百川完全有可能看到此书。在编撰《治迹统类》的《经略幽燕》门时,由于《长编》对此事的始末所记并不完备,彭百川借助于李攸的《宋朝事实》,而补《长编》之不足,是完全可能的。退一步说,《治迹统类》的此段文字不是采自《宋朝事实》,也必与之同出一源。这说明,彭百川编撰《治迹统类》时,在主要依据《长编》加以"条分缕析""分门隶事"外,也还参考并采录了一些别的史料。虽然这在《治迹统类》一书中仅占极小的比重,但毕竟有拾遗补阙的作用。

1983 年

《唐宋诗词 100 首》序

中国具有五千余年的文明史，在这历史长河中，唐（618—907）、宋（960—1279）两代是最具有特殊文化意蕴并为后人津津乐道的时代。

我所谓的特殊文化意蕴，主要是指唐诗和宋词。

以严格的文学范畴来划分，唐诗和宋词都是诗，只不过唐诗是一般意义上的诗，而宋词则是特殊意义上的诗。

唐是诗的时代。

清康熙年间编修了一部唐代诗歌的总集《全唐诗》，号称全部唐诗的总汇。它总共收录了四万八千九百余首诗，诗人两千二百余人。但这绝不是一个准确的数字。清以后，不断有人在做《全唐诗》的补遗工作，《全唐诗外编》收录了八百余首。但是，这依然不是一个准确的数字——由于时代的久远、文献的遗佚，大量的唐代诗歌已经失传了，大批的唐代诗人也被历史的尘埃所淹没了。以后的出土文献也许还会不断地给我们带来新发现的唐诗和唐代诗人的惊喜，但是，其数量和已经遗佚的相比，只是微乎其微的。这是历史给我们留下的遗憾。

唐是中国诗歌走到成熟的时代。

唐代的诗歌，走过了一条从初唐——盛唐——中唐——晚唐的发展路径。诗歌也在唐代诗人的创作实践中一步步走向成熟。从形式来说，唐诗从古体诗向格律诗发展，格律诗在唐代完成并定型。唐代的格律诗讲究音韵、节奏与平仄的协调。它把中国字单音节和具有四声的特点所可能组合成的文字和语言的韵律之美发挥到了极致。所以唐诗读起来,抑扬顿挫、朗朗上口,给人以天籁般的美感。

唐代的诗人是最具有个人风格的,所以唐诗呈现出绚丽多姿的色彩。

李白,这是一位浪漫主义者,他的诗充满了大自然梦幻般的美丽。他有奇特的想象和出人意表的比喻。比如,他喜欢与月亮和神仙对话;比如,他说头发之长有三千丈;又比如,他说月光就像是地上的霜。他被人们誉为"诗仙"。

杜甫,这是一位现实主义者,他的诗饱含着对人民的深情和对社会黑暗的抨击。他的诗语言典雅精工、深沉凝重、格律严整。他卓越地掌握了中国语言的声韵,所以他的诗不仅具有形象的美,更具有音乐的美。比如他笔下的江湖风涛,让人荡气回肠;比如他笔下的妇孺悲情,使人侧耳可闻;再比如他笔下的山河花鸟,则如在目前。他被人们敬为"诗圣"。

李商隐则是一位象征派的诗人,他的诗歌语言美丽动人,色彩斑斓,但是在这美丽和斑斓背后却隐含着深不可测的内涵。他的语言具有可以令人无限遐想的象征意蕴。比如他有一首以古琴的琴弦作比喻的诗,就像"谜"一样令人眩目。

唐,使中国古代诗歌达到了鼎盛。有人说过这样一句话:"好诗都给唐代人写光了。"确实,唐以后,中国的诗歌虽然也经历过宋诗和清诗的辉煌,但是比起唐诗来,那只能是一种回光返照了。

不过,宋朝人还是有他们的过人之处。他们知道好诗都被唐人写光了,所以他们不和唐人比诗,他们把满腹的诗情和诗才倾注到另一种诗体中,那就是"词"。

词也是诗,只不过它是一种受到歌曲曲调严格规范的诗。它必须依照曲调的韵律和长短来创作,所以作词又被称作"填词"。由于不像唐代的格律诗那样,每句的字数都是相同的,所以它又被称作"长短句"。

宋词的兴起,是和宋代经济的发达和都市的繁华分不开的。都市的繁华,催生了流行音乐和流行歌曲的繁荣,一大批以卖唱和卖艺为生的歌女们需要大量的歌曲来为客人服务。相比较而言,歌词的创作要比曲调的创作容易,一旦有了一首好的曲子,人们不愿意把它轻易地丢弃,又不愿意老是唱同样的词,于是就请人依曲调再写一首词,这就是"词"。所以,最早的词,实际上就是流行歌曲,它和乐曲密不可分,都是可以唱的。但是,渐渐地,"词"引起了文人的注意,他们发现这是一种比格律诗更能发挥语言的魅力和自己感情的诗歌形式,于是也纷纷地加入到词的创作队伍中来。这一现象的结果是,词逐渐地和音乐分离,而只留下了代表它们语言特征的节奏、韵和平仄。我们看现在流传下来的词都有一个"词牌",如"清平乐""蝶恋花""水调歌头"等。这些词牌,都代表着一首已经失去音乐的歌曲的存在。其实,词在唐代就已经有了,李白就填过词。只是唐代人是偶尔为止,而到了宋代却形成了一代风气。

宋代的词人也很多,近人唐圭璋编《全宋词》,录入词作两万余首,词人一千三百三十余人。与《全唐诗》一样,后人也不断在做《全宋词》的补编。但可以肯定的是,能够找回来的宋词,一定比已经丢失的少得多。

宋词传统上有婉约与豪放两个流派。

婉约,大概应该是词的本来面貌。词原本就是歌榭舞厅的产物,谈情说爱与抒写衷情应该就是它的主要题材。而对于这样的题材,婉约就是最适宜的表现手法了。婉约,就是词情蕴藉,就是清新俊秀而典丽精工。

柳永和李清照是婉约词的代表。

宋代流行着一句这样的话："有水井处就有柳词。"柳永是宋代的情歌圣手，也是第一位专力写词的作家。他同情歌妓们，他是这些女孩子们最好的朋友和知音。他为她们写歌作曲，供她们谋生，为她们书写内心的冤屈与隐情。所以当他去世的时候，成百上千的妓女为他送葬。他的词，以白描见长，情景交融，缠绵悱恻，流传极广。

李清照是一位受过良好教育的女词人。她一生经历过国破家亡和失去丈夫的苦难，这样的经历使她写出了非常动人和哀婉的词章。她的词明白如话，流转如珠，富有音律之美。

此外，欧阳修、秦观、周邦彦等也是著名的婉约派词人。

大文豪苏东坡是豪放词的开山之祖，也是豪放词的领袖。他一改传统词风的精巧婉约，而以意境开阔、气势磅礴的构思入词，以粗犷豪迈、坦率开朗的语言构词，就像是大江东去，浩浩荡荡，一泻千里，充满着浪漫的气息。苏东坡是一位语言艺术的大师，他驾驭语言的超凡能力使他的词呈现出极高的艺术性。

另一位以豪放著称的大师是辛弃疾。由于他生活在南宋朝廷被北方少数民族政权不断压迫和侵扰的时代，所以他的词多表现出满腔忠愤的慷慨悲歌。在艺术上，他的词意境雄奇阔大，想象突兀而夸张，他的语言笔酣墨饱，气势飞扬。此外，他还喜欢用典故入词，这使他的词具有了很强的历史张力和更深的意蕴。不过，这也造成了一般读者的阅读困难。

必须说明的是，婉约与豪放，并不是截然对立的，其实，婉约派的词人也有一些很出色的豪放词，而豪放词人则也经常写一些婉约词。你中有我，我中有你。这就是宋词有趣的地方。

唐诗和宋词是中国文学皇冠上的珍珠，它的魅力和价值是不懂中文者无论如何体会不到的。但是家有瑰宝岂能独享？所以我们一直想把它们介绍给西方的读者。但是，把唐诗、宋词翻译成英语谈何容易？

感谢裘小龙先生,他有"舍己入地狱"的勇气,于是我们就有了这样一本书。裘先生的英译如何,恐怕要由以英语为母语的读者来评判。可是从来不知道唐诗、宋词的西方读者他们的评判标准是什么呢?是英诗?恐怕只能是英诗。于是问题又出来了,他们本就不懂唐诗、宋词,使得该评判产生了悖论。这就是我们的困惑。不过,我们相信裘先生的英译,他有着非常扎实的英文功力,他的翻译可以把更多的西方读者引进中国诗歌的大门,进而引进汉语的大门。其实不必具备多高的汉语水平,他就可以欣赏唐诗和宋词了。也许,这正是唐诗和宋词的魅力所在吧。

曾敏行《独醒杂志》提要

《独醒杂志》十卷,南宋曾敏行撰。敏行字达臣,自号浮云居士,又号独醒道人、归愚老人。吉水(今属江西)人。敏行自幼"志气不群",刻意学问,慨然有志于当世。但在他二十岁的时候,因病不能参加举子考试,从此绝意仕进,以"治生不求富,读书不求官"自勉,发愤治学,上自朝廷典章,下至稗官杂史、里谈巷议,无不记览,对于书画和医学也有较高造诣。《独醒杂志》是他所写的一本随笔性质的著作,记录了他在读书、交友、旅行及各种社会活动中的所见所闻,身后由其子三聘整理成书。

《独醒杂志》所记,主要是宋代的遗闻逸事,上自五代末,下迄绍兴中。内容所及,大致可归纳为以下几个方面。

一、朝廷政事及典章沿革。这方面的内容虽然只是零星片段的记录,但不无参考价值。如卷一"祖宗时堂吏官止朝请郎"条、"王荆公欲抑甲科三名前恩例"条,卷二"祖宗官制同是一官迁转凡等"条,卷三"祖宗时知开封府多以翰林学士为之"条等,为我们研究宋代的官制沿革提供了有用的材料。又如卷一"仁宗殿试拔萃科问题十通"条,详细记载了天圣八年书判拔萃科试题,是研究北宋科举制度的珍贵资料。关于宋代的经济,书中也有所涉及。如卷二"国初江西亦用铁钱"条,卷五"宣和六年免夫钱扰民"条,卷九"北苑茶"条、"崇宁二年铸折十钱"条等,从不同的角度反映了有关的情况和作者自己的见解。

二、各类著名人物的逸事。曾敏行见闻很广,他在《独醒杂志》中记录了宋代各阶层的许多著名人物的遗闻逸事,可补史传之不足。如书中对苏东坡及一些著名文人的事迹的记载颇多,不仅有他们交往的种种趣闻,还有一些他们创作诗文的背景材料或体会,这些无疑是研究宋代文学的珍贵资料。又如邹浩是哲、徽两朝的著名大臣,《独醒杂志》用较长的篇幅记他在宫廷内部政治斗争中的言行,较之《宋史》和《续资治通鉴长编》的有关记载,显得别具特色。卷二记王安石宴请亲友事迹,则表现了这位政治家生活和性格中很可贵的一面。本书对蔡京父子的记载颇详,特别是对其弄权误国的罪行揭露较深。关于童贯、朱勔的劣迹,更是读来令人发指。

三、曾敏行一生经历了宋代历史中最动乱、最苦难、最耻辱的时期,是赵宋王朝由北宋的衰败到南宋的丧权辱国的目击者。在《独醒杂志》中,他对这一段历史的记载十分详实丰富。如卷八"欧阳珣以乐府寄内"条,曲折地反映了靖康初朝廷内部主战与主和两派的激烈斗争;"种师道以计解京师围"条,则是当时战况的实录。绍兴九年,刘锜大败金师,这是宋代著名的战役,《独醒杂志》详细地叙述了这场战役的始末,可补正史之不足。

四、曾敏行世居江西,对自己的家乡怀有深厚的感情。他在《独醒杂志》中用较多的篇幅记述了江西的风土人情、山水名胜、历史遗迹,尤其是描写江西士大夫阶层的各种人物动态,占全书将近一半。凡当时江西的著名人物如欧阳修、王安石、黄庭坚、曾氏兄弟、孔氏兄弟等,都在书中有所涉及。特别值得提出的是,作者的笔触所及,不仅在显赫一时的名人,而且也包括了一般的士人。例如卷二中,作者详细地介绍了江西的科学家曾民瞻的生平及其在天文学上的贡献。曾民瞻的名字能够不被湮没在历史的长河中,《独醒杂志》起了重要的作用。

《独醒杂志》现在通行的版本有《知不足斋丛书》本、《笔记小说大观》本、《丛书集成》本。《丛书集成》本系据《知不足斋丛书》本排印。经对校,《笔记小说大观》本亦与《知不足斋丛书》本出于同一来源。《知不足斋丛书》本的《独醒杂志》本身却也有两种不同的版本:一为民国十年上海古籍流通处影印乾隆四十年鲍氏初刻本;一为在原版上作了个别挖改的修订本。其中以修订本为佳。《全宋笔记》整理时,列入第四编,以《知不足斋丛书》修订本为底本,以北京图书馆藏明穴研斋抄本对校。

《默记》提要

　　《默记》三卷,宋王铚撰。王铚,字性之,汝阴人。绍兴初,官迪功郎,权枢密院编修官。因纂集《祖宗兵制》,受到高宗赵构的赏识,诏改京官,后罢为右承事郎、主管台州崇道观。晚年,遭受秦桧的摈斥,避地剡溪山中,日以觞咏自娱。有《补侍儿小名录》《四六话》《雪溪集》等书传世,人称雪溪先生。

　　王铚出生于世代书香之家,是宋初著名学者王昭素的后裔。父亲王萃(字乐道)是欧阳修的学生。家中藏书甚富,王铚的儿子王明清在《挥麈录》中写道:"先祖早岁登科,游宦四方,留心典籍,经营收拾,所藏书逮数万卷,皆手自校雠,贮之于乡里。汝阴士大夫,多从而借传。"到王铚一代,因战乱,藏书已丧失大半,但他在"南渡后,所至穷力抄录,亦有书几万卷。"王铚少而博学,擅持论,强记闻。据说他读书能五行俱下,别人才三、四行,他已尽一纸。南宋的大诗人陆游很推崇王铚,在《老学庵笔记》中写道:"王性之记问该洽,尤长于国朝故事,莫不能记,对客指书诵说,动数百千言。退而质之,无一语缪。予自少至老,惟见一人。"王铚对北宋一代的历史有着很深的造诣。据《建炎以来系年要录》《宋会要》等书的记载,他曾经编修过《祖宗兵制》《七朝国史》《哲宗皇帝元祐八年补录》《太玄经义解》《国老谈苑》等书。很明显,如果没有对北宋政治、经济、军事、文化等方面的深刻研究,要编撰数量这样多、分量这样大的历史著作是断然不可能的。可惜的是这些书都没有保存下来。

《默记》是王铚所写的一本笔记,主要记载了北宋时期的朝野遗闻。由于王铚"尤长于国朝故事",所以在他的《默记》中保存了很多北宋时期的遗闻轶事,可以补正史之不足,对于研究宋代的历史有一定的参考价值。《四库全书总目提要》说:"铚熟于掌故,所言可据者居多。"并非过誉。但《提要》也指出:"惟所记王朴引周世宗夜至五丈河旁见火轮小儿,知宋将代周一事,涉于语怪,颇近小说家言,不可据为实录耳。"其实《默记》中像这种"语怪"的东西,不时可见,这不能不说是一个很大的缺憾。

此书《宋史·艺文志》失载,晁公武《郡斋读书志》、陈振孙《直斋书录解题》都不见著录。现在我们见到的刊本主要有:《学海类编》本、《知不足斋丛书》本、《古今说海》本(不全)、《说库》本(不全)、《说郛》本(不全)。解放前,商务印书馆以汪季青古香楼本为主,由夏敬观校以《知不足斋丛书》本及汪切菴飞鸿堂、汪鱼亭振绮堂两抄本,印入涵芬楼《宋元人说部书》中。这是一个较好的本子。

本次整理时,即以涵芬楼本为底本,除了与《知不足斋丛书》本覆校一遍外,还用《学海类编》本,浙江图书馆所藏文澜阁本对校,并参考了《说郛》本、《说库》本及北京图书馆所藏明嘉靖二十三年云山书院刻本和清张载华、瞿熙邦两抄本。

《韦斋集》点校说明

　　《韦斋集》十二卷,宋朱松(1097—1143)撰。松字乔年,号韦斋,婺源(今江西婺源)人。政和八年(1118)进士,除秘书省正字、校书郎、著作郎。累官度支员外郎,兼史馆校勘,历司勋、吏部郎。秦桧决策议和,松与同列上章,极言不可。桧怒,使御史论松怀异自贤,出知饶州,未上,卒。时绍兴十三年(1143),四十七岁。

　　朱松是朱熹的父亲,朱松去世时,朱熹只有十四岁。朱松病重时将家事托付给刘子羽,并命朱熹师事武夷三先生:"籍溪胡原仲(宪)、白水刘致中(勉)、屏山刘彦冲(子翚),此三人者,吾友也,其学皆有渊源,吾所敬畏。吾即死,汝往父事之,而惟其言之听,则吾死不恨矣。"(朱子:《屏山先生刘公墓表》)。父亲的临终安排,为朱熹身心与学业的成长铺平了道路,也为他日后事业的发展奠定了基础。

　　朱松是一位饱学之士,又是一个坚定的爱国者。在朱子七十年的生命历程中,十四年虽然只是非常短的瞬间,但是朱松对他的启蒙教育,依然留下了深深的印记。朱子的童年、少年时代是在国土沦丧、战祸频仍中度过的。朱松慷慨的爱国情怀和反对和议的坚定立场使幼年的朱熹就已感到了一种不容推脱的历史责任感。绍兴九年(1139),赵构定都临安,元旦,布诏天下,与金议和。朱松闻言,对朱熹感慨叹息久之。晚年朱子在追忆这一段往事时说:"尝记年十岁时,先君慨然顾语熹曰:'太祖受命,至今百八十年矣!'叹息久之。铭佩先训,于今甲子又复一周,而衰病零落,终无以少塞臣子之责。"(朱子:《蒙恩许遂休致陈昭远丈以诗见贺已和答之复赋一首附记》)绍兴十年(1140),刘锜以五千精兵大破十万金兵。朱松闻讯鼓舞,为朱熹诵读《后汉书·光武纪》,讲解刘秀何以能以三千精兵破王寻包围昆阳之四十二万大军,并为朱熹大书苏轼《昆阳赋》,"为说古今成败兴亡大致,慨然久之。"(朱子:《跋韦斋书昆阳赋》)。正是父辈执著的爱国情怀,浸染了朱熹年幼的心灵,使他从小就立下了以身许国的大志。

据文献记载,朱熹五岁开始上学,读的第一本经书是《孝经》。朱熹颖悟早慧,阅读一过即了其大意,书八字于其上:"若不如此,便不成人。"尝指日问松:"日何所附?"朱松曰:"附于天。"又问:"天何所附?"朱松奇之。又有在沙洲上画八卦的传说。总之,朱熹幼年就显露出不凡的秉赋。朱松因势而利导之,教以《四书》等儒家经典。据朱子《延平先生李公(侗)行状》:"熹先君子吏部府君亦从罗公(从彦)问学,与先生为同门友,雅敬重焉。""逾官中第,更折节读书,慕为贾谊、陆贽之学。久之,又从龟山杨氏门人问道授业,践修愈笃。"(朱子:《与陈君举》)其《皇考吏部府君迁墓记》又云:"承事公(朱森)卒……而游官往来闽中,始从龟山杨氏门人为《大学》《中庸》之学。"可见,朱松所受的教育与其学问的价值指向是以二程为代表的理学。他的这一学术渊源与其同二程弟子们的亲密交往,对朱熹的学术思想的成型与成熟所起的作用是不言而喻的。由此,我们就可以对朱熹在沉湎于佛学既久,却在一见李侗后即幡然悔悟,而逃佛归儒的事实有了一个合乎逻辑的解释。

《韦斋集》,《宋史》《直斋书录解题》均有著录。《宋史·艺文志》曰:"朱松《韦斋集》十二卷,又《小集》一卷。"《直斋书录解题》卷一八"别集类下"曰:"《韦斋小集》十二卷,吏部员外郎新安朱松乔年撰。侍讲文公之父也。文公尝言,韦斋先生自为儿童时,出语已惊人,及去场屋,始致意为诗文。其诗初亦不事雕饰,而天然秀发,格律闲暇,超然有出尘寰之趣。"卷二〇"诗集类下"曰:"《韦斋小集》一卷,朱松乔年撰。"朱子自撰其父行状,有关于《韦斋集》成书的说明:"所为文有《韦斋集》十二卷行于世,外集十卷藏于家。始时吏部侍郎徐公度欲为之序,略言少日多见前辈,而自得从公及张定夫游,使得为文之法。会病革,不及脱稿。而今序则直秘阁傅公自得之文也。"(《皇考吏部朱公行状》)傅自得《韦斋集序》则曰:淳熙七年(1180)四月"一旦走介二千里书抵予曰:'熹先人遗文江西遂将刊行,而未有序引冠篇首。先友尽矣,不孤之惠,诚有望于门下,敢以为请。'"可见,《韦斋集》确为朱松死后由朱熹编集而成,为十二卷,时在淳熙七年。

据刘性的序我们可以知道,《韦斋集》早在元代就已经"四方罕见"。后由朱子的远孙朱勋献给婺源太守干文传,干得知刘性四处求购欲刊印之,又将书转赠刘性。至元三年(1266)五月,刘性刻《韦斋集》于旌德学宫。这就是元刻本。此本现藏台北"中研院"史语所傅斯年图书馆善本书库,六册,卷首有宋淳熙七年傅自得序、元至元三年刘性序,卷末有宋淳熙辛丑(1181)尤袤跋、民国癸亥(1923)邓邦述题记。遗憾的是海峡睽违,大陆学人不得而见。

明弘治癸亥(1503)年,又有邝璠刻本。据其题识称,所据刊本乃出于新安(即婺源)。《四部丛刊续编》本即据此本影印。其题解曰:"新安朱松乔年撰。朱子尝刻于江西,有淳熙七年河阳傅自得序。至元中,吴郡干文传守婺源,得其本,与旌德令刘性重刻之。此从刘本再刻者。"

清康熙庚寅(1710)朱子二十世孙朱昌辰据邝璠本重刻。雍正戊申(1728),朱子十七世孙朱玉又据宋本重刻。

按,朱玉刻本,是一个经过重新编排的本子,除正文外,卷首尚有以下内容:

傅自得序

刘性序

朱玉序

朱韦斋先生像

宋史本传

韦斋记(罗从彦撰)

韦斋铭、记后(石𡉕撰)、后跋(朱子撰)

韦斋公年谱

陈傅良行词

元顺帝追谥朱献靖公诰敕

行状(朱子撰)

宋史馆吏部赠通议大夫朱公松墓碑(周必大撰)

朱韦斋先生祠

环溪精舍记

卷一二后附朱子《与外父祝公书》并附注。

本次整理,以《四部丛刊续编》本为底本,以朱昌辰刻本、朱玉刻本为对校本,以文澜阁《四库全书》本参校。

为保持朱子原刊之面貌,整理者将朱玉刻本附加的内容全部作为附录放在全书之末。

《玉澜集》亦据原刊予以保留。

嘉惠学林，功在千秋

——《四库全书》的历史价值

《四库全书》是中国古代体系最庞大的一部官修丛书，自诞生起，就成为众多学者专家笔舌所及的对象，至今，已经发展为成体系、有系统的专门之学——"四库学"。可以说，对关乎中国古代绝大多数方面的研究，都很难绕得开《四库全书》，因为它几乎将整个中国古代典籍全部囊括，构成了一个宏大而严谨的学问系统。毋庸置疑，《四库全书》在整个中华文化乃至人类文明进程中，均有不可忽视的价值。

一　《四库全书》的修纂及体例

乾隆三十七年(1772)正月，清高宗下令采访遗书。三十八年二月，安徽学政朱筠上书，建言从《永乐大典》中缀辑散篇成帙，高宗允可，下旨遵行。此当为纂修《四库全书》之肇始，朱筠实具倡导之首功。二月底，四库馆正式开馆。[①]"四库馆的机构分为两大系统：其一为翰林院系统，专司《四库全书》的校阅与编修；其二为武英殿系统，专司《四库全书》的缮写、校对与装印。两者互不统属，但又互相配合，统

---

① 　张升：《四库馆开、闭馆时间考》，《图书馆杂志》，2011 年第 12 期，第 74—78 页。

归于总裁官掌控。"①命刘统勋、于敏中、王际华、裘曰修任总裁官,纪昀、陆锡熊任总纂官,并诏邵晋涵、周永年、余集、戴震、杨昌霖同司校勘。

《四库全书》纂修过程可分为四步:征集图书、整理图书、抄写底本、校订底本。图书来源有四:内府本、《永乐大典》辑佚本、地方进呈本以及当时通行本。其中,内府本和通行本较易得到,大典本的辑佚工作如期进行,地方进呈本则在行政命令加以表彰鼓励(包括赐书、题咏、记名,如各赐鲍士恭、范懋柱、汪启淑、马裕《古今图书集成》一部,各赐吴玉墀、孙仰曾、纪昀等《佩文韵府》一部)之下顺利获得。书得,则别为应钞、应刻、应存、禁毁四项,精择善本,选出应钞 3 503 种,应存 6 793 种,条其部次,汇为总目,并各撰提要,是为《四库全书总目提要》。应钞书目底本定,则命人(后期多增有各地落第生员)抄写。钞成,为免过多错讹,则一审于分校,再审于总校,最后由总裁阅定。分校发现讹误,或作批于书上,或粘校签作批,总校和总裁复核,确认则据改。

至乾隆四十六年(1781)十二月,《四库全书》第一部告成,贮于皇宫之文渊阁;下年十一月,第二部抄成,贮于盛京之文溯阁;乾隆四十八年冬,第三部抄成,贮于圆明园之文源阁;乾隆四十九年十一月,第四部抄成,贮于承德避暑山庄之文津阁。至乾隆五十二年(1787)四月,续缮三份全书告成,分别庋藏于扬州之文汇阁、镇江之文宗阁、杭州之文澜阁。② 然而,至清后期,文源阁《四库全书》毁于第二次鸦片战争中的英法联军,文宗、文汇二阁《四库全书》毁于太平军,文澜阁《四库全书》亦遭太平军毁坏,幸得丁申、丁丙二兄弟奋力抢救,尚有存余,后经抄配,

① 张升:《〈四库全书〉馆的机构与运作——以〈四库全书〉职名表为中心的考察》,《北京师范大学学报》(社会科学版),2003 年第 3 期,第 87 页。
② 黄爱平:《〈四库全书〉纂修研究》,北京:中国人民大学出版社,1989 年,第 151—153 页。

稍近完整,现藏于浙江图书馆。文溯阁、文渊阁《四库全书》几经迁移,前者现藏于甘肃图书馆,后者现藏于台北故宫博物院。文津阁《四库全书》为七阁《四库》中保存最好的一部,对其他诸部之抄补工作起了重要作用,现藏于中国国家图书馆。目前,文渊阁《四库全书》影印版和电子版已较为普及,文津阁、文澜阁《四库全书》亦全部影印,而关于文溯阁《四库全书》,甘肃图书馆之前于四部中各选一书加以影印,合称《影印文溯阁四库全书四种》。四阁《四库全书》的全部或部分影印,无疑为四库学的研究提供了极大的便利和新的路径。可以预见,文溯阁《四库全书》的全部影印工作势在必行。

　　至于《四库全书》的体例,其《凡例》交代道:"是书以经、史、子、集提纲列目。经部分十类,史部分十五类,子部分十四类,集部分五类。或流别繁碎者又各析子目,使条理分明。所录诸书,各以时代为次。其历代帝王著作,从《隋书·经籍志》例,冠各代之首。"①凡四大部四十四小类六十六属。四部各有一篇总叙,每一小类各有一篇小序,每部著作皆撰有提要,形成总叙——小序——提要三级叙录形式。总目中各小类以时间和尊卑(帝王之作冠各代之首)为次,先录应钞书目,后列应存书目,均撰提要,称为总目提要。所钞典籍依总目编排,书前亦有提要,称为书前提要。一书的两种提要多相同,却也有存异的情况。如明代王樵《尚书日记》总目提要为:

　　《尚书日记》十六卷,明王樵撰,樵有《周易私录》,已著录。兹编不载经文,惟按诸篇原第,以次诠释,大旨仍以蔡《传》为宗,制度名物,蔡《传》所未详者,则采旧说补之;又取金履祥《通鉴前编》所载,凡有关当时事迹者,悉为采入,如微子抱器、箕子受封、周公居

---

① 　永瑢等:《四库全书总目》卷首,北京:中华书局,1965年,第16页。

东复辟诸条，皆引据详明。前有李维桢序，称"《书》有古文、今文，今之解《书》者又有古义、时义，《书传会选》以下数十家是为古义，而经生科举之文不尽用；《书经大全》以下主蔡氏而为之说者，坊肆所盛行亦数十家，是为时义"。其言足括明一代之经术。又称樵是书"于经旨多所发明，而亦可用于科举"，尤适得是书之分量，皆确论云。①

书前提要则为：

《尚书日记》十六卷，明王樵撰。樵，字明逸，金坛人，嘉靖丁未进士，官至南京右都御史，谥恭简。是编不载经文，惟按诸篇原第，以次诠释，大旨仍以《蔡传》为宗，制度名物，《蔡传》有所未详者，则采旧说补之；又取金氏《通鉴前编》一书有关于当时事迹者，悉为采入，如微子抱器、箕子受封、周公居东致辟诸条，皆考据详明，折衷精当。其书乃樵自山东乞归时所作，又有《书帷日记》一书互相参证。晚年复手自增删，以《别记》附入，合为一书。明代以《蔡传》立学官，著于令甲，于是解《书》者遂有古义、时义之分。自《书传会选》以下数十家是为古义，而经生科举之文不尽用；《书经大全》以下，主蔡氏而为之说者，坊肆所盛行，是为时义。樵是书虽为举业而设，而于经旨实多所发明，可谓斟酌于古今之间而得其通者，固非剽剟疏浅诸家所能及也。②

总地来看，该书书前提要较总目提要多作者和《日记》成书情况的

---

① 《四库全书总目》卷一二，第99—100页。
② 王樵：《尚书日记》卷首，影印文渊阁《四库全书》第64册，第21—22页。

介绍,并化用李维桢序。二者差别明显。就书前提要与总目提要的区别,陈垣先生认为"现行《总目》,本撷取各书提要而成,后经文达笔削以归一贯,其间排列次第,与阁中所庋,出入固多,而尤以提要原文相差太甚"①,则可知总目提要当是纪昀根据书前提要修改整理而成,是以存在不同之处。

二 《四库全书》的学术价值

中国古代历朝有盛世修典之传统,如唐之《艺文类聚》、宋之《太平广记》《太平御览》《册府元龟》、明之《永乐大典》、清康熙之《古今图书集成》等。政治经济之发展为修大型典籍提供了安定的环境及丰厚的物质基础,同时盛世需要总结前代文化以彰其时文盛,并以此为强化统治秩序之辅弼。乾隆朝修《四库全书》,"卷帙浩博,为亘古所无"②,就其编纂活动本身便意义重大,又得益于当时一大批学力深湛的纂修人员的精心熔铸,《四库全书》的学术及文化价值更为彰显。具体来说,则包括:作为大型古籍资料库的价值,作为古典文献整理的价值,作为古典文献研究的价值,作为宏观学术史耙梳的价值。

(一) 作为大型古籍资料库的价值

《四库全书》的纂修实是中国古代规模最宏大的文化工程,充分吸收了前代官方和私人修书的宝贵经验。与私人修书相比,它无疑规模更大,典籍涵括更多;与前代官方修书相比,清帝的要求更高,获得的成果更多。《四库全书》的纂修实具有自先秦至清初典籍综合及学术总结的意义。这是古代史上任何一次修书运动都无可比拟的。

---

① 陈垣等:《景印〈四库全书〉原本提要缘起》,《中华图书馆协会会报》,1927 年第 3 卷第 3 期,第 20—21 页。
② 《四库全书总目》卷首《凡例》,第 16 页。

　　据黄爱平《〈四库全书〉纂修研究》所言,"《四库全书》开馆前后,清政府运用政权的力量,在全国各地大规模地搜访图书。短短的几年时间,征集图书总数达一万三千五百零一种(内二百七十二种重本),其中包括不少举世罕见或海内仅存的珍本秘籍",①可见这次修书规模之大。更为珍贵的是,在修纂《四库全书》时,对《永乐大典》进行了校勘辑佚,顾力仁先生谓"四库辑大典本著录都三百九十种,凡近五千卷,故在部数上,大典逾四库总数十分之一;在卷数上,大典亦占四库总数十五分之一,其比重不可谓不大"②。如《旧五代史》《续资治通鉴长编》正是借助这一次丛书编修才有可能流传至今。后世虽有非议四库馆臣所录大典辑本有罅漏者,然"当时清查《大典》之结果,翰林院所储之嘉隆副本,原书含目录本位二万二千九百三十七卷,装潢成一万一千零九十五册(内含目录六十册),至是只有二万五百一十五卷,九千余册"③,而今日《大典》只剩残篇断简,《四库》于保存珍贵资料可谓居功至伟。当时的民间藏书家们进献了不少举世鲜见之珍贵善本,如马裕进献685种、鲍士恭进献626种、范懋柱进献602种等。这些珍典因《四库》就由一人所执而变为世所遍观,于弘扬文化意义深远。流散民间的图书,由于种种原因往往散佚,《四库》集散为整,辅以官方权威,极有利于文化保存。此外,广集典籍于四库全书馆不仅是对民间藏书和官方藏书之整合,更是满汉两种文化载体大范围上的合流和融合,有助益于思想上的统一。当然,不可否认,在修纂丛书时,不少书籍也遭到禁毁,有的甚至可能从此亡佚,但就《四库全书》所收录的三千余种与存目的六千余种而言,其保存之功实大于禁毁之过。

　　而且,就当时来看,《四库全书》的修纂有不少附带产品,如乾隆皇

① 黄爱平:《〈四库全书〉纂修研究》,第35、36页。
② 顾力仁:《〈永乐大典〉及其辑佚书研究》,台北:文史哲出版社,1985年,第312页。
③ 顾力仁:《〈永乐大典〉及其辑佚书研究》,第292页。

帝命于敏中、王际华等提前编纂完成的《四库全书荟要》二部(一部藏于皇宫之摛藻堂,今存;一部藏于圆明园之味腴书屋,毁于英法联军之手),又如以木活字刊刻的《武英殿聚珍本丛书》,之后各处官书局照式翻雕,又刻成外聚珍本行于世。甚至到现当代,《四库存目丛书》和《续修四库全书》的整理亦可以说是承编纂《四库全书》的工作而来。没有《四库全书》,"存目"和"续修"就无从谈起。

《四库全书》包含了清乾隆时期存世的绝大多数古代典籍。《四库全书》的修纂及置书七阁的举措,对中国古代典籍的保存和流传起了重要作用。第一部于乾隆四十六年底(1781)编成后陆续抄成六部,藏于南北大都会之七阁,纵不幸疏失,亦有多部副本可观。乾隆又定阅读规则,"北四阁"之书大臣可阅,而翰林院所存底本及"南三阁"之书,则士子皆可览,又令"赴阁观览,第不得携取出外,致有损失"①,可最大程度上避免了意外毁书。清末兵灾相续,文源阁本、文汇阁本及文宗阁本尽毁,文澜阁则去其四分之三,仅文渊阁、文溯阁和文津阁三部幸以全存。正是因多部分藏,《四库》方赖以留存于世,始终发挥其嘉惠艺林、启牖后学之功用。作为文化瑰宝,其存毁于华夏文明文化,乃至人类文化都有重大意义。

《四库》之修纂是中华文明史上之大事,亦是人类文明进程的一部分。于其时而言,政治因素之外,清朝中期正值乾嘉考据学兴盛,类书"因类取裁,势不能悉载原文,使阅者沿流溯源,一一征其处"②,已然不合于当时之学风,丛书修纂顺时而成,此为朝廷顺文势而治之表现。《四库》之修纂作为举世无双的官方文化工程,是对中华文化最大范围且最为有力之总结。

---

① 《四库全书总目》卷首,第3页。
② 《四库全书总目》卷首,第1页。

现如今，随着科技的日益发达，《四库全书》作为一个大型的资料数据库，在学术研究中给众多学者提供了无可代替的便利。

（二）作为古典文献整理的价值

《四库全书》的纂修绝不止于对古代典籍的收集与抄录。毫不夸张地说，作为四库馆臣对古典文献整理主要成果的展现，《四库全书总目提要》是中国学术史上成果最丰硕、意义最重大的一部著作，论对后世学术的影响，几乎无可出其右。司马朝军在《〈四库全书总目〉研究》一书中即从分类学、目录学、版本学、辨伪学、辑佚学等多个方面探讨《总目》的学术内涵，至于校勘学方面，则云"《总目》中有关校勘学的内容比较庞杂，且需与《四库全书》结合起来研究才能说明问题"，① 则可见仅仅通过《总目》来窥观《四库全书》古籍整理的价值都有可能有所遗漏。此外，众多纂修官如邵晋涵、翁方纲、姚鼐、余集等人的分纂稿以及较简略的校勘记——《四库全书考证》等材料亦均可视作《四库全书》编纂过程中古典文献整理的成果。

目录应包括两方面：目次及叙录。因此，所谓分类或许也可以归入目录学中。《四库全书》在目次分类上既有承前，如"诏令从《唐志》例入史部、奏议从《汉志》例亦入史部"、"《东都事略》之属，不可入'正史'而亦不可入'杂史'者，从《宋史》例立'别史'一门"、"《香谱》《鹰谱》之属，旧志无所附丽，强入'农家'。今从尤袤《遂初堂书目》例立'谱录'一门"等。② 亦有独创，如"兼诂群经者，《唐志》题曰'经解'，则不见其为群经。朱彝尊《经义考》题曰'群经'，又不见其为经解。徐乾学《通志堂》所刻改名曰'总经解'，何焯又讥其杜撰。今取《隋志》之文，名之曰

---

① 司马朝军：《〈四库全书总目〉研究》，北京：社会科学文献出版社，2004年，"引言"第6页。
② 《四库全书总目》卷首，第17页。

'五经总义'"。① 在叙录上,上承刘向"每篇书已,辄条其篇目,撮其旨意,录而奏之"之式,又取《遂初堂书目》"兼言版本"之法,一篇提要中往往涉及多项内容,而四部总序、四十四类小序之撰作又受《汉志》之影响,总之,在充分吸取前人经验的前提下,《四库全书》形成了总序——小序——提要三层模式。

图书获得后,常常出现一部书版本不明或拥有多个版本的情况,这个时候,自然就需要加以鉴定以及选择其中的善本作为四库底本。四库馆臣在鉴定版本时,多能借助序跋、牌记、避讳、字体、纸张、藏书印等。如《资暇集》:"此本前有虞山钱遵王氏藏书印,盖也是园旧物……中间贞字、徵字、完字皆阙笔,盖南宋所刊。殷字亦尚阙笔,则犹刻于理宗以前、宣祖未祧之时,较近本为善。"②《桐江续集》:"此本犹元时旧刻,有玉兰堂印,又有季沧苇藏书印,盖文征明所藏,复归泰兴季振宜者。"③在选择善本时,又必然要涉及到版本之间的校勘以及文本的考证价值。如《江文通集》:

> 今旧本散佚,行于世者惟歙县汪士贤、太仓张溥二本。此本乃乾隆戊寅淹乡人梁宾以汪本、张本参核异同,又益以睢州汤斌家抄本,参互成编。汪本阙《知己赋》一篇,《井赋》四语,《铜剑赞》一篇,《咏美人春游》一篇,《征怨》一篇。张本阙《为萧让太傅扬州牧表》一篇。此皆补完。他如《待罪江南思北归赋》,张本无题首四字。《尚书符》张本题下阙夹注'起都官车军局兰台'八字。《为萧重让扬州表》中'任钧符负图之重'句,张本误脱'符'字。《为萧让太傅相国十郡九锡表》首张本无'备九锡之礼'五字。《上建平王书》末

---

① 《四库全书总目》卷首,第 17 页。
② 《四库全书总目》卷一一八,第 1016 页。
③ 《四库全书总目》卷一六六,第 1423 页。

汪本脱'此心既照,死且不朽'八字。亦均校正。其余字句,皆备录异同。若《杂拟诗序》中'芳草宁共气'句,此本讹'气'为'弃'之类,小小疏舛,间或不免,然终较他本为善也。①

关于辨伪,《四库全书总目·凡例》第十八条云:

> 《七略》所著古书,即多依托。班固《汉书·艺文志》注可覆按也。迁流洎于明季,讹妄弥增、鱼目混珠,猝难究诘。今一一详核,并斥而存目,兼辨证其非。其有本属伪书,流传已久,或掇拾残剩,真赝相参,历代词人已引为故实,未可慨为捐弃,则姑录存而辨别之。大抵灼为原帙者,则题曰某代某人撰;灼为赝造者,则题曰旧本题某代某人撰。其踳误传讹如吕本中《春秋传》旧本称吕祖谦之类,其例亦同。至于其书虽历代著录而实一无可取,如《燕丹子》、陶潜《圣贤群辅录》之类,经圣鉴洞烛其妄者,则亦斥而存目,不使滥登。②

从"一一详核"可知《四库全书》对古书辨伪之重视,从"斥而存目,不使滥登"可知其对伪书之批判。如《太清神鉴》:

> 旧本题后周王朴撰。乃专论相法之书也。考朴事周世宗为枢密使。世宗用兵,所向克捷,朴之筹划为多,欧阳修《新五代史》称朴为人明敏,多材质,非独当世之务,至于阴阳律法,莫不通焉。薛居正《旧五代史》亦谓朴多所该综,星纬声律,莫不毕殚。然皆不言

---

① 《四库全书总目》卷一四八,第1275页。
② 《四库全书总目》卷首,第19页。

其善于相法。且此书前有自序,称离林屋洞下山三载,编搜古今,集成此书。考朴家世东平,入仕中朝,游迹未尝一至江左,安得有隐居林屋山事? 其为依托无疑。盖朴以精通术数知名,故世所传奇异诡怪之事,往往皆归之于朴。

通过对史书记载和生平耙梳考证出《太清神鉴》为伪书,本只应存目,"然其间所引各书篇目,大都皆宋以前本。其综核数理,剖晰义蕴、亦多微中,疑亦出自宋人,非后来术士之妄谈也",所以仍抄入四库,只是将王朴之名"削而不题,以祛其伪焉"。①

总的来看,《四库全书》的编纂实是一次古籍的整理工作,具体包含了古籍的版本校勘、鉴定和文本的辨伪与辑佚,进而汇集这些整理成果,编排目录,撰写提要。这还只是具体实践的一个层面。另外,在实践的过程中,四库馆臣结合前人经验,创造性地提出和集大成地总结出许多古籍整理方法。因此,如果说前者为古籍更完整、更准确的呈现与流传提供了坚实的根据,那么后者则为之后古典文献学的发展与进益提供了完善的方法论和丰富的学术案例。这两点,也许是《四库全书》的编纂作为古籍文献整理的最大价值。

(三) 作为古典文献研究的价值

《四库全书总目提要》包含了纂修《四库全书》之成就的精华。它不仅体现了四库馆臣整理古籍的功绩,同时也蕴含了四库馆臣对四库所收古籍学术价值的认识,换言之,《总目提要》其实也涵盖了四库馆臣对四库所收古籍的研究成果。这一点最主要反映在馆臣对同类书的学术价值比较和评判结论里。以下从四部各择几例以作说明。

经部如宋严粲《诗缉》:

① 《四库全书总目》卷一〇九,第929页。

　　是书以吕祖谦《读诗记》为主,而杂采诸说以发明之。旧说有未安者,则断以己意。如论《大》《小雅》之别,特以其体不同,较《诗序》"政有大小"之说,于理为近。又如《邶》之《柏舟》,旧谓贤人自比,粲则以"柏舟"为喻国,以"泛泛"为喻无维持之人。《干旄》之"良马四之"、"良马五之",旧以为良马之数,粲则以为乘良马者四五辈,见好善者之多。《中谷有蓷》,旧以蓷之暵干喻夫妇相弃,粲则以岁旱草枯,由此而致离散。凡若此类,皆深得诗人本意。至于音训疑似,名物异同,考证尤为精核。宋代说《诗》之家,与吕祖谦书并称善本。其余莫得而鼎立,良不诬矣。①

该提要点出严粲论《诗》高于时人之四五条,认为宋代研究《诗经》的只有《诗缉》与《读诗记》为善本。这种评论自然可以看作是文献研究的结果。再如《钦定仪礼义疏》:"《仪礼》至为难读,郑《注》文句古奥,亦不易解。又全为名物度数之学,不可空言骋辩。故宋儒多避之不讲,即偶有论述,亦多不传。惟元敖继公《仪礼集说》疏通郑《注》而纠正其失,号为善本。"②认为敖继公《仪礼集说》为宋元以来说《仪礼》之善本。

　　史部如元代于钦《齐乘》:

　　是书专记三齐舆地,凡分八类,曰《沿革》、曰《分野》、曰《山川》、曰《郡邑》、曰《古迹》、曰《亭馆》、曰《风土》、曰《人物》。叙述简核而淹贯,在元代地志之中最有古法。其中间有舛误者,如宋建隆三年改潍州置北海军,以昌邑县隶之;乾德三年复升潍州,又增昌乐隶之,均见《宋地理志》,而是书独遗。又寿光为古纪国,亦不详及。

---

① 《四库全书总目》卷一五,第125页。
② 《四库全书总目》卷二〇,第162页。

> 其他如以华不注为靡笄山、以台城为在济南东北十三里,顾炎武《山
> 东考古录》皆尝辨之。然钦本齐人,援据经史,考证见闻,较他地志
> 之但据舆图、凭空言以论断者,所得究多,故向来推为善本。①

分别指出《齐乘》的优缺点,并强调地理著作实地考察的重要性。子部
如《农桑辑要》:"盖有元一代,以是书为经国要务也。书凡分典训、耕
垦、播种、栽桑、养蚕、瓜菜、果实、竹木、药草、孳畜十门,大致以《齐民要
术》为蓝本,芟除其浮文琐事,而杂采他书以附益之,详而不芜,简而有
要,于农家之中,最为善本。当时著为功令,亦非漫然矣。"②集部如《古
诗镜》:"采摭精审,评释详核,凡运会升降,一一皆可考见其源流,在明
末诸选之中,固不可不谓之善本矣。"③《沧海遗珠》:"此编去取颇精审,
所录多斐然可观。自古以来,武人能诗者代代有之,以武人司选录,而
其书不愧善本者,惟此一集而已,是固不可不传也。"④如此之类,皆能
见馆臣读书之精深,评书之切当。

显而易见,以上诸例中之"善本"并非指版本意义上的"善本",而为
文本意义上的"善本"。换言之,这里关注的不是一部书不同版本的优
劣比较,而是一部书在某一学科或学问中的价值。它更强调文本的意
涵而非物质状态。四库馆臣通过对所收书目的审读,发觉各书中的意
涵及其学术价值。《四库全书总目提要》对这些内容的揭橥,即是纂修
《四库全书》作为古典文献研究的价值。

(四)作为宏观学术史耙梳的价值

自刘向、刘歆整理典籍、纂成《别录》《七略》始,图书分类涉及对知

---

① 《四库全书总目》卷六八,第601页。
② 《四库全书总目》卷一〇二,第853页。
③ 《四库全书总目》卷一八九,第1723页。
④ 《四库全书总目》卷一八九,第1715页。

识门类的根本认识，传统通行的四部分类法源于西晋荀勖《中经新簿》，《四库》承前代以经、史、子、集为大类，而各类所系小目则据实损益，如《文献通考·经籍考》以诏令、奏议属集部，《四库》因其关乎国政而诏令从《唐志》、奏议从《隋志》，均入史部；旧志以香谱、竹谱等附于农家，《四库》从《遂初堂书目》新立"谱录"一门；历代著录纵横家、名家、墨家之作少而难以成帙，《四库》并其为"杂家"；兼诂群经之书，《汉志》名为"五经杂议"附"孝经类"下，《隋志》称"五经杂议"附"论语类"下，《唐志》称"经解"而不见群经，《经义考》题为"群经"而不见经解，《四库》遂损益而立"五经总义"等。由此纲举目张，学人谓其"斟酌去取之际，信为周备"①，实为确论。《四库》用四部分类法既是文化传承，同时因其修改完善，四部分类法至此可谓集大成，后之编排书目者，鲜有跃出此范例者，《四库全书》及其《总目》作为对中国传统典籍一次集大成的梳理与总结，具有重要学术意义。且不少目录学家因以之为楷模并加以仿效，如《天一阁书目》《爱日精庐藏书志》《铁琴铜剑楼藏书目录》《皕宋楼藏书志》《善本书室藏书志》等皆为此类。《四库》承续遗规，复又有所弘扬，实有继往开来之功，且《四库》之目录编排于后之目录学研究产生了重要影响。

《四库全书总目》承类别传统并有出新者，即著录总序、小序及专书提要以附于部首或书前，以"第其高下，评其得失，而归于辨章学术、考镜源流"②。《四库全书总目》附总序于部首并小序于小类之前，对各部及其小类作总括性说明，所谓"撮述其源流正变以挈纲领"③。四库馆臣在序中往往以敏锐的卓识，或高屋建瓴地"溯其起源，考其正变"，以

---

① 张舜徽：《四库提要叙讲疏》，台北：台湾学生书局，2002 年，第 121 页。
② 张舜徽：《四库提要叙讲疏》，第 2 页。
③ 《四库全书总目》卷首，第 18 页。

揭示"道术精微，群言得失"，①并言简意赅地作评，如《经部》总叙俯瞰经学千年以来之流变，品评历代治经得失，归结为"要其归宿，则不过汉学、宋学两家，互为胜负"，简明扼要地点明经学发展之内在脉络；而"拘""杂""悍""党""肆"五字，②则直指汉以降之治经流弊，如"拘"指汉代经学守师法家法的拘隘之弊，"杂"写魏晋至唐宋经学穿凿琐碎的泛杂之弊，"党"指朱子之后学界一以朱子之学为准的，曲为维护；集部总叙则点明别集自六朝齐张融自编其文为《玉海集》始，及其发展至于唐末印刷便宜而导致驳杂等。或挈其要者论之以观其发展得失，如史部总叙篇首即援《春秋》及《左传》为例说明史书之经、传互为表里，以深斥唐宋以来经生空言说经之非，又采司马光《资治通鉴》经《长编》《考异》而成，为著史卓越者之惯例等；集部总叙谓"冷斋曲附乎豫章，石林隐排乎元祐，党人余衅，报及文章"，③论其时为文之门户，以观一代文苑之得失。

又陈划分小类或去取图书之标准，如经部"消融门户之见，而各取所长"④，史部分类以正史为大纲，传记、史钞等参考纪传而分等；"经史乃学问根柢，儒家固可与经史旁参，其他诸家亦各有攸长，不能尽废"，⑤故子部博收而慎取诸家著述以录之，力求使"其上者悉登编录，罔致遗珠；其次者亦长短兼胪，见瑕瑜之不掩⑥；集部则"扫除畛域，一准至公"，扬其长而不避其短，以作淑世之用。概言之，四库馆臣以深邃锐利的眼光，以总序和小序为纵向坐标，简明扼要地阐明了经、史、子、集四部及其下各小类之学术递嬗，此亦文明演进之方向所在，囊括古往

---

① 章学诚著，王重民通解：《校雠通义通解》，上海：上海古籍出版社，2009年，第1页。
② 《四库全书总目》卷一，第1页。
③ 《四库全书总目》卷一四八，第1267页。
④ 《四库全书总目》卷一，第1页。
⑤ 张舜徽：《四库提要叙讲疏》，第123页。
⑥ 《四库全书总目》卷首，第17页。

典籍之中华文化大框架由此形成。

如果我们认真审阅《总目》中各类小序，会发现它们其实就是各类的一部袖珍学术史。如以经部《书》类为例：

> 《书》以道政事，儒者不能异说也。《小序》之依托，《五行传》之附会，久论定矣。然诸家聚讼犹有四端：曰今文、古文，曰错简，曰《禹贡》山水，曰《洪范》畴数。夫古文之辨，至阎若璩始明。朱彝尊谓是书久颁于学官，其言多缀辑逸经成文，无悖于理。汾阴汉鼎，良亦善喻。吴澄举而删之，非可行之道也。禹迹大抵在中原，而论者多当南渡。昔疏今密，其势则然。然尺短寸长，互相补苴，固宜兼收并蓄，以证异同。若夫刘向记《酒诰》《召诰》脱简仅三，而诸儒动称数十。班固牵《洪范》于《洛书》，诸儒并及《河图》，支离缪辕，淆经义矣。故王柏《书疑》、蔡沈《皇极数》之类，非解经之正轨者，咸无取焉。①

小序先说明《书》之主旨，然后精炼概括学术史上《尚书》研究最核心的四个问题，并给出自己的价值判断。学史总结和观点陈述均见功力，亦颇允当，学术价值显而易见。

若从更加宏观的学术视野来看，其《总目》的四部总叙，更可见历史各时期的学术脉络。尤其是经部总叙，以极简练的语言概括整个学术史的发展概貌、代表人物及其优缺点，虽然或有武断之嫌，却是大醇小疵：

> 自汉京以后垂二千年，儒者沿波，学凡六变。其初专门授受，

---

① 《四库全书总目》卷一一，第89页。

递禀师承,非惟诂训相传,莫敢同异,即篇章字句,亦恪守所闻,其学笃实谨严,及其弊也拘。王弼、王肃稍持异议,流风所扇,或信或疑,越孔、贾、啖、赵以及北宋孙复、刘敞等,各自论说,不相统摄,及其弊也杂。洛、闽继起,道学大昌,摆落汉、唐,独研义理,凡经师旧说,俱排斥以为不足信,其学务别是非,及其弊也悍。如王柏、吴澄攻驳经文,动辄删改之类。学脉旁分,攀缘日众,驱除异己,务定一尊,自宋末以迄明初,其学见异不迁,及其弊也党。如《论语集注》误引包咸夏瑚商琏之说,张存中《四书通证》即阙此一条以讳其误。又如王柏删《国风》三十二篇,许谦疑之,吴师道反以为非之类。主持太过,势有所偏,才辨聪明,激而横决,自明正德、嘉靖以后,其学各抒心得,及其弊也肆。如王守仁之末派皆以狂禅解经之类。空谈臆断,考证必疏,于是博雅之儒引古义以抵其隙,国初诸家,其学征实不诬,及其弊也琐。如一字音训动辨数百言之类。要其归宿,则不过汉学、宋学两家互为胜负。夫汉学具有根柢,讲学者以浅陋轻之,不足服汉儒也。宋学具有精微,读书者以空疏薄之,亦不足服宋儒也。①

经部总叙将汉代以来之经学史分为六段:汉代,魏晋至宋初,宋中期至宋末,宋末至明初,明中期至明末,清初。并精简概括各时期经学研究之利弊,创造性地提出汉、宋学分野的问题,极具慧眼地洞察出了中国经学发展的根本脉络及基本特征。这一深刻的总结,直至今日,仍然被学界广为引述,实在影响深远。此外,如果稍微了解清中后期的经学乃至整个学术史时,它们依然在汉、宋之学的角逐中曲折发展。由此来看,如果说《四库全书》的纂修、《四库总目》的编撰是一次对前代学术的大梳理大总结,那么由于参与操作的学者们自身对

---

① 《四库全书总目》卷一,第1页。

传统学问的深刻体会与精明洞见,它又成为深刻揭示中国传统学术内在理路和发展规律的一次学术实验,以至于包囊进了之后时间内学术发展的基本脉络。从这一点说,《四库全书》通过政治权力的推动和当时一批顶尖的学术精英的努力,几乎将整个中国古代学术史材料与案例尽收眼底,视野之广阔较前代之修书运动远甚,见识之精醇较前贤亦远甚,于是宏观的学术史遂被成功绅绎出来,并直接作用于之后的学术发展。

(五)民族自身学术体系建构的价值

自《别录》《七略》纂修以来以至四部分类法的定型,图书分类就成为对知识系统建构的重要工作,是一个民族对已有文明成果的系统化认知。当西学逐渐成为主导,我们固有的知识系统已不再为人所知,以至于有的学问无法纳入现有的分类体系,比如作为主流文化的经学没有现行的知识门类可以摄入,在中西文化碰撞的今天,需要我们重新审视自己固有的文明成果。《四库总目》以经、史、子、集四部为总纲,经部分十类,史部分十五类,子部分十四类,集部分五类,计四十四小类。或流别繁碎者又各析子目,如经部礼类又分《周礼》、《仪礼》、《礼记》、三礼总义、通礼、杂礼书 6 属,小学类又分训诂、字书、韵书 3 属;史部传记类又分圣贤、名人、总录、杂录、别录 5 属,地理类又分宫殿疏、总志、都会郡县、河渠、边防、山川、古迹、杂记、游记、外记 10 属,政书类又分通制、典礼、邦计、军政、法令、考工 6 属;子部术数类又分数学、占候、相宅相墓、占卜、命书相术、阴阳五行、杂技术 7 属,艺术类又分书画、琴谱、篆刻、杂技 4 属,谱录类又分器物、食谱、草木鸟兽虫鱼 3 属,杂家类又分杂学、杂考、杂说、杂品、杂纂、杂编 6 属,小说家类又分杂事、异闻、琐语 3 属;集部词曲类又分词集、词选、词话、词谱词韵、南北曲 5 属,凡四大部四十四小类六十六属,形成结构谨严的知识系统。这一知识体系充分反映了民族文化自身的特性,有着鲜明的价值取向。经部为四部之首,反映了几千年来绵延不绝的经学与时俱进地影响着士子精神气质、时代思潮;史学对历代政治治理的鉴戒意义重大;经史中经世致用的精神对于建构一个民族的价值认同、国家认同有重要贡献,保障了文化的绵延未绝及大一统民族的形成和稳固。科技一类列入子部、集部殿后,这一知识体系也明示了民族文化中重道轻技、重义轻利、尚实学而轻浮华的价值取向。

乾隆借修纂《四库全书》作弘扬文化之用,也有笼络广大知识分子之用心,四库全书馆聚时之名儒大家,如周永年、戴震、庄存与、王念孙等,此虽为充分发挥诸家之学识,以为总结中华千年文化贡献学力,然此亦令其耗精弊神于《四库》之修纂,而无暇他顾。其次,乾隆更藉此集天下书于一堂之机,禁毁不利于统治的文字记录。此次禁书之范围、数目均十分惊人,实为书厄。禁毁书目试图控制思想以消弭汉民族之反抗意识,以期在意识形态上获得认同。汉人之对抗来自朝代变更对其原有民族和文化认同之冲击,因此禁毁不利于其时之典籍,而修纂《四库全书》,一定程度上是对民族和文化认同之修补和塑造,亦是为平复其思想冲突。类此统治阶级强制性排斥异端以达到思想控制目的之事例,史不绝书。然此次禁书并非一味以思想统治为目的,其禁毁时考量严格,不乏以学术价值并益世与否等衡量典籍之处。吴哲夫谓"人类交往的结果,必然产生融合彼此文化的现象"[1],满族以少数民族入关,被汉民族同化是必然结果,《四库》又是顺此而来的产物,作为民族文化融合的载体,于意识形态具有导向性。且此与伴之而生的文字狱虽皆是流毒不浅,然却反向促进了考据学发展,广大士子远离政治以避风险,聚精会神于纯学术研究以明哲保身,此又为考据学发展提供了一种适宜的土壤。

---

[1] 吴哲夫:《四库全书修纂之研究》,台北:台北故宫博物院,1990年,第255页。

三 《四库全书》及其纂修
对当下学术的启示

关于《四库全书》对之后学术发展的具体作用,前贤多有论述,如《四库全书》的古籍整理方法对当下文献学研究的影响、关于作家作品的评价对当下文本研究的启示等。本文所欲论及者只有两点:一是它对当今学术人才培养的启示;二是它对当下大型学术课题及项目研究的启示。

如果翻开《四库全书》,其中所收书目之著者往往不单单纠结于一部之中,兼涉或经、史,或经、子,或史、集,甚至博通四部而无遗。自二十世纪前期西方学科分类进入中国,逐渐占领学术界并发挥指导教育及学术研究的作用后,中国传统的学科分类方法迅速被湮没。诚然,更加精细化的西方分类法在学科界域和知识体系的确定上,比传统分类法更具有难以比拟的优越性,但不可否认的是,由于中国学术传统的混融特征和学者身份的复杂性,越是精确的学术属性划分可能越具有混沌凿窍的隐患。在接近一个世纪的接受与反思下,西方学术分类法的局限性日益为学者所认识。文史哲互通,思想史、学术史与文学史的联络,绘画、雕塑与文学作品的内涵互证等,无不在显示着学术研究的整体联系。更具体的实例,即是当下许多院校在设置国学院系时遇到的尴尬境地。一方面,既有的西方学科分类法已经根深蒂固,难以易除,一方面"国学"作为传统中国学术的泛称,又具有自己的一套独特体系。二者的冲突与矛盾显而易见。如西方学科分类中文学、哲学、历史三科,往往是传统国学一体的三面;再如前者文字学、音韵学、语言学的界域分明,而后者只以小学一类就可归总之。诸此种种,在落入具体的决策实践中不可能一蹴而就。相对于学科分属的形式问题,对学术人才培养思维与方法的调整更值得重视，尤其是在涉及中国古代的学科领域。如中国古代文学专业的学生应当接触中国历史和思想史，应当掌握基本的文字、语言、训诂等方面知识，同样地，研究中国古代史的学生不应当只是寻找、堆积以及考证材料，还应当借助以上这些手段同情地理解史料和发掘史料价值，尽可能多视角多层次地把握所研究时期的方方面面。对通识学术人才的培养已经成为当代学术研究日益精密化和交叉化的内在要求。

人才缺乏通识，则学术研究虽显精微与专门，却也可能只是极其有限的局部真理，因为研究者始终无法站到一个更高点来观察全局，盲人摸象，几同于闭门造车。然而，短时间内的众多通识精英人才的出现比较困难，而对于一些重大项目课题的研究又急需视广阔的视野和宏观的认知。面对这一困境，《四库全书》的修纂无疑能够给予我们极大的启示。以政府巨大的政治影响力和雄厚的财力为基础，汇聚当时最杰出的人才，正是《四库全书》得以修纂成功并且成果显著的主要原因。如何宗美所提及：

> 当下我国正处于学术大繁荣的新时期，国家哲学社会科学规划被纳入文化强国的整体构想和发展步骤之中。国家重大项目和其他大型文化工程层出不穷，一些重大成果随之产生。恰是这种学术大繁荣局面的到来，对国家社科规划与运作提出了难度更大、水平更高的历史性要求。这样一来历史成功经验的借鉴就成为必然的选择。对照《四库全书》工程，我们今天称为"重大项目"的研究有一个总特点就是基本属于个人化特征的，研究队伍规模较小且结构松散、参差不齐，搭建的临时性、随意性较强，通常是非学派的，甚至学缘关系也不紧密，整体性、组织性都不足，研究的完成也没有催生学术流派，这都是与参加修纂《四库全书》的庞大而专精

的馆臣阵容无法相提并论的。同时规划管理内容又多属外部型的,即通常只涉及申报、进展、结项以及经费使用等,而缺乏对学术内在机制的设计、规划与引导等。科研经费则零零散散且总体投入明显不足,科研过程亦多有涣散、随意之弊。这些问题,随着国家整体发展与文化战略的深入推进会越来越得到重视。我们终有一天也需要诞生像《四库全书》一样可以称之为一个时代伟大标志的文化工程,借鉴《四库全书》的经验,当然也包括避免它的失误,就成为理所当然的事情。①

与纂修《四库全书》这一文化工程相比,当下的许多国家重大项目的操作实施存在许多缺陷,其中最大的问题就是研究群体规模与质量的不足。无论是为功利性的学术"占山头",还是因为自身的能力无法承担重大项目,所造成的结果无疑都是经济与文化资源的双重浪费。因此,为了真正实现学术的繁荣,创造合格乃至优秀的大型文化成果,一个全方位、多视角、惟真理是求的学术群体就必须真正地建立起来。《四库全书总目》经部总叙云:"消融门户之见而各取所长,则私心祛而公理出,公理出而经义明矣。"②知也无涯,就当下的学术研究而言,在良性竞争中展开广泛而又真切的合作,应是大势所趋,应该成为任何一个有良知有求真心有远大学术抱负的学者的强烈共识。

① 何宗美:《四库学建构的思考》,《苏州大学学报》(哲学社会科学版)2017 年第 1 期,第 172—181 页。
② 《四库全书总目》卷一,第 1 页。

《四库全书》与《诗经》研究

《诗经》是我国古代第一部诗歌总集,记录了从西周初年至春秋中叶五百多年间各类诗作三百零五篇,被儒家奉为经典。《诗经》以风、雅、颂分为三类。据后人考证,风,指地方曲调,故十五国风中绝大多数为民歌。雅,为西周首都一带的乐调,故称"中原正音"。雅有大、小之分,主要为贵族文人的作品,但小雅中保留了一些民歌。颂,有周、鲁、商之分,主要为各诸侯国的庙堂音乐。《诗经》的主要艺术手法是赋、比、兴,朱子曰:"赋者,敷陈其事而直言之者也。"(《诗集传·葛覃》)"比者,以彼物比此物也。"(《诗集传·螽斯》)"兴者,先言他物以引起所咏之辞也。"(《诗集传·关雎》)赋、比、兴,形成了我国诗歌创作最基本的艺术传统,并且对各种文学体裁的发展都产生了极为广泛而深刻的影响。《诗经》的内容十分丰富,从远古氏族发生发展的传说,到春秋乱世诸侯纷争的史实;从先民们的原始婚俗,到农耕时代的田间劳作;从怨女旷夫的悲叹,到忧国忧民的愤懑……古代社会中的各种生活场景都在《诗经》中得到反映。所以,《诗经》又受到史学家、社会学家、哲学家们的特别关注,把它当作认识中国古代社会政治、经济、思想、文化的一面镜子。

《诗经》的以上特点,决定了它在中国文化史上不可取代的重要地位。自孔子第一个把《诗经》作为教材和学术研究的对象起,两千余年来,《诗经》作为一门专门之学,研究者代有人出,延绵不绝,研究之著作汗牛充栋,不可胜计。而《四库全书》的出现,则标志着《诗经》旧学(传统的经学之学)的结束,和新学(摆脱了经学附庸的《诗经》学)的开始。《四库全书》是对《诗经》旧学的总结,同时,它又为《诗经》新学的发展奠定了坚实的基础,提供了最基本而又最丰富的材料。

一

　　《四库全书》收录了自汉至清中叶研究《诗经》的著作凡六十三种九百五十一卷(存目八十四种九百一十三卷)这些著作虽然不能说是《诗经》研究著作的全部,但从收录的时代之长,门类之全,内容之富来看,可说已代表了两千余年来《诗经》学的主要书籍。

　　传统的《诗经》学,实质上是经学的附庸。它的研究内容大致可以分为这样几个层面:训诂、名物的研究,诗旨的研究,"汉学"与"宋学"之争的研究和"四家诗"的研究。

　　"诗无达诂"是古人对《诗经》训诂之复杂、多歧的一个形象说明。而训诂又恰恰是传统《诗经》学的主要成果之一。毛亨、毛苌著《诗故训传》,开《诗经》训诂研究先河。郑玄继其踵作《毛诗笺》。《毛诗笺》集今、古文《诗经》训诂之大成,"注诗宗毛为主,其义若隐略,则更表明,如有不同,即下己意,使可识别也。"(《毛诗正义·关雎序》引)所谓"即下己意"者,实为今文三家之义。及唐,孔颖达作《毛诗正义》,在"毛传""郑笺"的基础上作"疏",可以说,已把唐以前《诗经》训诂研究的主要成果网罗殆尽。《四库全书》不把毛、郑之著单独收列,仅收《毛诗正义》,可以看出编者的慧眼独具。宋代《诗经》训诂研究无甚重大突破。值得一提的是朱子《诗集传》对自唐以来《诗经》训诂越来越趋于繁琐芜杂的反动。《诗集传》的训诂不仅多所发明,而且简明、通俗,即便考证也要言不繁,一语中的。《诗经》训诂取得重大突破的是清代的乾嘉学者,其中尤以马瑞辰、陈奂成就最高。按内容说，他们的著作应划入旧学范围。可惜《四库全书》编于乾隆年间，未及把这些著作收罗在内。

《诗经》的名物研究开始得很早，孔子说，学《诗经》可以"多识于鸟兽草木之名"。（《论语·阳货》）可见春秋末期已经有了《诗经》的名物研究之学。《四库全书》所收三国吴陆机的《毛诗草木鸟兽虫鱼疏》是这类研究的开山之作。《四库全书》还收了宋蔡卞《毛诗名物解》。分释天、释百谷、释草、释木、释鸟、释兽、释虫、释鱼、释马、杂释、杂解十一类，对陆著作了补充和广泛征引，代表了宋代《诗经》名物研究的主要成就。王应麟的《诗地理考》则开拓了《诗经》地理研究的新领域。《四库全书》"诗类二"收录了元许谦的《诗集传名物钞》。此书是对朱子《诗集传》的补充，"正其音释，考其名物度数，以补先儒之未备，仍存其逸义，旁采远援，而以己意终之"。（《元史·儒学传》）所考名物颇有根据，足补《诗集传》之缺。《四库全书》所收清代《诗经》名物研究著作甚多，计有毛奇龄《续诗传鸟名》三卷，姚炳《诗识名解》十五卷，陈大章《诗传名物集览》十二卷，顾栋高《毛诗类释》二十一卷。其中姚著与顾著在释名时能兼以推寻诗义，颇具特色。

诗旨的研究，亦即对《诗经》三百〇五篇主题的研究。"毛诗"以"序"阐述了对《诗经》各篇主题的认识。所以诗旨的研究又蜕化为对"诗序"的研究。唐宋以后，有人对"诗序"产生了怀疑，或者宗序，或者反序。因之，"诗序"的研究又演变为宗序与反序的研究。唐成伯玙的《毛诗指说》（《四库全书》"诗类一"）提出诗序首句为子夏所传，其下为毛苌所续，首启疑序之端。延及两宋，思辨疑古之风大盛，"反序"终成《诗经》研究中的一派重要力量。欧阳修作《诗本义》（《四库全书》"诗类一"）打破毛、郑一统天下，对诗序提出批评。宋楼钥曰："由汉以至本朝千余年间，号为通经者，不过经述毛郑，莫详于孔颖达之疏，不敢以一语违忤二家，自不相侔者皆曲为说以通之。韩文公，大儒也，其上书所引

'菁菁者莪'犹规规然守其说。惟欧阳公《本义》之作,始有以开百世之惑。曾不轻议二家之短长,而能指其本然,以深持诗人之意。其后王文公、苏文定公、伊川程先生各著其说,更相发明,愈益昭著,其实自欧阳氏发之。"(朱彝尊《经义考》卷一〇四引)。苏辙《诗集传》(《四库全书》"诗类一")则以为小序反复繁重,类非一人之词,疑为毛公之学,卫宏之所集录,因惟存其发端一言,以下悉从删汰。苏氏之举不可为不大胆。苏氏《诗集传》世鲜传本,仅见于《两苏经解》与《四库全书》中。南宋宗序与反序的两大家为吕祖谦与朱子。前者有《吕氏家塾读诗记》(《四库全书》"诗类一")谨守毛、郑之说。后者有《诗集传》(《四库全书》"诗类一")倡言"诗序实不足信",直接以己意说诗。朱子之书标志着《诗经》宋学体系的完成。宗序与反序之争一直延续到清代。宗毛反朱的急先锋为毛奇龄。《毛诗写官记》《诗札》《诗传诗说驳议》(均收录于《四库全书》"诗类二")《白鹭洲主客说诗》(《四库全书》"诗类存目二")都是他的著作。此人学问渊博,好为异说,但有时失于偏激。清代宗序的力作则是陈启源的《毛诗稽古编》(《四库全书》"诗类二")此书释诗旨一本小序,然引据赅博,疏证详明,确实有可观之处。

汉学与宋学之争直接与诗序之辨相关。欧阳修、苏辙、王安石等开宋学思辨疑古之风,朱子集宋学之大成,元明两代墨守宋学、无足观者。清初,汉、宋学并用。《四库全书》为我们提供了这样一条十分清晰的《诗经》研究历史轨迹。

"四家诗"是《诗经》研究中又一个重要的方面。西汉传《诗经》共有四家,鲁诗申培,齐诗辕固生,韩诗韩婴,毛诗毛亨、毛苌。鲁、齐、韩先出,为今文;毛诗晚出,为古文。由于郑玄为毛诗作笺,吸取了今文三家之长,鲁、齐、韩三家先后亡佚。至宋,王应麟著《诗考》(《四库全书》"诗类一")开创"三家诗"辑佚之作,奠定了三家诗研究之基础。

总之,清中叶以前《诗经》研究的主要著作都可以在《四库全书》中找到。《四库全书》是《诗经》研究之渊薮。

二

利用《四库全书》研究《诗经》，经部诗类当然是主要的部分。但千万不可忽略了经部"五经总义类"。

《四库全书总目提要》经部"五经总义类"序曰：

> 汉代经师如韩婴，治《诗》兼治《易》者，其训诂皆各自为书。宣帝时，始有《石渠五经杂义》十八篇，《汉志》无类可隶，遂杂置之《孝经》中。《隋志》录许慎《五经异义》以下诸家，亦附《论语》之末。《旧唐书志》始别名"经解"，诸家著录因之。然不见兼括诸经之义。朱彝尊作《经义考》别目曰"群经"，盖觉其未安而采刘勰《正纬》之语以改之，又不见为训诂之文。徐乾学刻《九经解》，顾湄兼采总集经解之义，名曰《总经解》。何焯复斥其不通。盖正名若是之难也。考《隋志》，于统说诸经者虽不别为部分，然《论语》类末称《孔丛》《家语》《尔雅》诸书并"五经总义"附于此篇。则固称"五经总议"矣。今准以立名，庶犹近古。

这段文字详细介绍了"五经总义类"立目缘起及其依据，从中我们可以看到：自汉代起，即有一些研究群经，而各经又无法独立成书的综合性经学研究著作。所谓"五经"只是个虚敷，实为"群经"。《诗经》当然是其中最主要的经典之一。《四库全书》"五经总义类"共收书三十一种，"存目"四十三种，除少数外，都有论《诗经》的内容。这些有关《诗经》的论述，有时只有片言只语，却不乏真知灼见。如清惠栋《九经古义》"毛诗上""采采卷耳"条，把"毛传"与《荀子》进行比较研究，进而考索"毛诗"渊源，就很有见地。"五经总义类"的著作有很多是从"经学"的整体上进行研究的，不像对某一经的专门研究那样单一和具体，所以，往往可以从中窥出当时社会的思想倾向与学术活动的总体走向。《四库全书》"五经总义类"收了宋刘敞的《七经小传》，在解说《诗经·葛覃》时说，葛之茂盛则有人就而割之以为绤绤，如后妃在家德美充茂，则有王者就而聘之以为后妃。这类借题发挥的治学方法，正反映了宋代学风变化之渐。

《四库全书》"五经总义类"最值得一提的是陆德明的《经典释文》。此书针对汉魏以来音书渐多，但"或专出己意，或祖述旧音，各师成心，制作如面"，"攻乎异端，竞生穿凿"，以致"后学钻仰，罕逢指要"（《经典释文序》）的局面，对《尚书》《诗经》等儒家经典及《老子》《庄子》两书，进行正音释义。其中《毛诗》三卷。这本书的特点，每字音切之外，既解文义，又兼载诸家训诂、各本异同，对《诗经》的训诂、版本、佚文的研究及《诗经》研究的学术源流、学派考辨等都有重大价值。

《四库全书》是《诗经》研究的一个宝库，除了"五经总义类"外，集部"别集类"也有很多《诗经》研究的资料。古代的文人学士没有不读《诗经》的，科举取士以后，《诗经》更成为读书人求取功名的必读书。他们读《诗经》，除了为应付考试外，或有所研究，或偶有心得，就会形诸文字。这些文字往往被编在他们的文集中，虽然并不成系统，也不是宏篇大论，但却是很宝贵的《诗经》研究单篇论文。如《欧阳文忠公集》有《诗解统序》《诗解八首》，《王文公文集》有《国风解》《周南诗次解》等。

《四库全书》集部又有"诗文评类"收录了自南朝梁刘勰《文心雕龙》至清郑方坤《五代诗话》的各种文学批评论著六十四种，其中主要是诗话。这又是可供《诗经》研究者开垦的肥沃土地，诗话之体创自欧阳修。这种文论体裁，短小精悍，生动活泼，随意性很大，却往往可以在作者看似漫不经心的即兴发挥中，以三言两语道出一个重大的诗歌创作及鉴赏的理论问题。《诗经》作为中国最古老的诗歌总集,自然会受到历代诗话作者的高度重视。而很多诗话更把研究和总结《诗经》的创作经验作为一个重要的内容。宋代两部著名的诗话《苕溪渔隐丛话》(《四库全书》"诗文评类一")与《诗人玉屑》(《四库全书》"诗文评类一")都有专章谈"三百篇。"继宋之后,清代的诗话也是一个繁盛期,翻一翻清诗话,也大多有专节专章论《诗经》。值得注意的是,在诗话中《诗经》是作为文学创作被研究的,着重于诗歌创作的艺术探讨,这就在无形之中突破了经学的桎梏。就这一点来说,诗话对《诗经》的研究,是其他《诗经》研究著作所不可比拟的。

我国古代的文人,喜欢写一种随笔式的文字,人们把这类著作称为"小说""笔记"。《四库全书》把这些作品按其内容分别归入史部杂史类、地理类,子部杂家类、小说家类。这类著作的一个主要特点是杂,天文地理、文学艺术、古董、鬼怪,什么内容都有,自然其中也有对诗文的评论、写诗作文的一得之见。这里就有许多关于《诗经》研究的精彩记录。古人的"小说""笔记"特别喜欢记文人之间的交往、论辩、遗闻轶事,大多是只言片语。这些东西不见于正史,也不见于正规的论著之中,但却往往有十分警策的见解,其中不乏论《诗经》之谈。所以,这也是一个有待开掘的宝库。此外《四库全书》子部类书类也保留了一些《诗经》研究的材料。只是这些材料非常分散零乱,一鳞半爪,要做大量耐心细致的爬梳工作才能得到。

三

谈《四库全书》不能不提《四库全书总目提要》,同样,谈《诗经》研究也不能不讲《四库全书总目提要》。

《四库全书凡例》曰:

刘向校理秘文,每书具奏;曾巩刊定官本,亦各制序文。然巩好借题抒议,往往冗长,而本书之始末源流,转从疏略;王尧臣《崇文总目》、晁公武《郡斋读书志》、陈振孙《书录解题》,稍具崖略,亦未详明;马端临《经籍考》,荟萃群言,较为赅博,而兼收并列,未能贯串折衷。今于所列诸书,各撰为提要。分之,则散弁诸编;合之,则共为总目,每书先列作者之爵里,以论世知人;次考本书之得失,权众说之异同,以及文字增删,篇帙分合,皆详为订辨,巨细不遗。而人品学术之醇疵,国纪朝章之法戒,亦未尝不各昭彰瘅,用著劝惩……

四部之首,各冠以总序,撮述其源流正变,以挈纲领。四十三类之首,亦各冠以小序,详述其分并改隶,以析条目。如其义有未尽,例有未该,则或于子目之末、或于本条之下,附注案语,以明通变之由。

这两段文字,考辨了历代书目提要的得失,阐明了《四库全书总目提要》的体例。从中我们可以看到,四库馆臣们撰述提要所追求的目标是:1. 简明赅博。2. 兼收并列而贯串折衷。3. 考得失,权异同。4. 述源流正变,明通变之由。

那么,《四库全书》诗类的"提要"是否达到了编者自己所拟定好的目标呢? 答案是肯定的。尤其值得称道的是,在考释源流与辨章学术上,"提要"用力甚勤,功不可没。

《诗经》研究源远流长,著作丰富。怎样在纷繁复杂之中条分缕析,整理出一条既清晰又符合客观实际的《诗经》研究的历史线索,是历代学者都在努力解决的学术难题。"提要"的贡献在于,它从自己的独特的视角出发,为我们勾勒出了这样一条线索,虽不免缺陷,却言之有据。"提要"对《诗经》研究源流的考释采用了有分有合的论述方法。在对某一著作进行提要时,注意揭示其学术渊源与承传关系。在对某一学术现象的评述时,注意考释其来龙去脉,这是分;在对某一著作分别论述时,又能注意与前后著作之间的学术联系,并作到恰到好处的综述,这是合。如"诗类"所收第一部著作《诗序》,作者先介绍了历代关于"大序""小序"的作者之争,接着又揭出自唐以来关于诗序"首句"与"其下",作者非一人的讨论,而后又引出了尊序与废序的公案。证古稽今,娓娓道来,俨然一部诗序争鸣史。又如陆机《毛诗草木鸟兽虫鱼疏》,"提要"在阐明了此书的体例、内容后,指出"机去古未远,所言犹不甚失真。《诗正义》全用其说,陈启源作《毛诗稽古编》,其驳正诸家,亦多以机说为据。讲多识之学者,固当以此为最古焉。"既肯定了此书的学术地位,又说明了它对后代研究者的影响。及宋蔡卞《毛诗名物解》,则指出其源虽出自王安石《字说》,不免穿凿之敝,却对陆机有所发展,"寸有所长,不以人废言"。至清顾栋高《毛诗类释》,则对《诗经》名物研究的历史状况作了总结性的阐发:"然诸家说《诗》中,名物多泛滥以炫博。此书则采录旧说,颇为谨严,又往往因以发明经义,与但征故实,体同类书者有殊。于说《诗》亦不为无裨也。"把"提要"所论及的几种名物研究著作联系起来读,可以清楚地看出这一领域研究的流变与进展。

在辨章学术方面,"提要"的主要成就是对《诗经》研究的汉、宋之争作出了比较客观的评述。

前文已有论及,《诗经》研究中的汉学与宋学之争由来已久。"提要"诗类总序云:

> 《诗》有四家,毛氏独传。唐以前无异论,宋以后则众说争矣。然攻汉学者意不尽在于经义,务胜汉儒而已。伸汉学意亦不尽在于经义,愤宋儒之诋汉儒而已。各挟一不相下之心,而又济以不平之气,激而过当,亦势然欤。夫解《春秋》者惟公羊多驳,其中高子、

沈子之说殆转相附益,要其大义数十,传自圣门者,不能废也。《诗序》称子夏,而所引高子、孟仲子乃战国时人,固后来挽续之明证。即成伯玛等所指篇首一句经师口授,亦未必不失其真。然去古未远,必有所受。意其真赝相半,亦近似《公羊》。全信全疑,均为偏见。今参稽众说,务协其平,苟不至程大昌之妄改旧文,王柏之横删圣籍者。论有可采,并录存之,以消融数百年之门户。至于鸟兽草木之名,训诂声音之学,皆事须考证,非可空谈。

显然,"提要"对汉、宋两家持不偏不倚态度,但对两家的门户之见提出了批评。这是很中肯的意见。"提要"又指出,汉学的主要贡献在训诂声音之学,而宋学的缺点在于空谈。那么,宋学又该如何评价呢?欧阳修《毛诗本义》"提要"曰:"自唐以来,说《诗》者莫敢议毛、郑,虽老师宿儒亦谨守小序。至宋而新义日增,旧说几废。推原所始,实发于修……是修作是书本出于和气平心,以意逆志,故其立论未尝轻议二家,而亦不曲徇二家。其所训释,往往是诗人之本志。后之学者或务立新奇自矜神解,至于王柏之流乃并疑及圣经,使《周南》《召南》俱遭删窜,则变本加厉之过,固不得以滥觞之始归咎于修矣。"充分肯定了宋学敢于疑古,敢于论正前人陈说的精神,并赞扬欧阳修说诗"往往得诗人之本志",同时又指出了要把宋学与宋学之末流分别对待。"提要"采取了一种实事求是的态度,这是值得称道的。

《四库全书》是《诗经》研究的宝库、桥梁和指南。作为"宝库",它还有待于进一步开发。事实上,《四库全书》所收诗类著作中还有很多未被重视和研究,人们往往把眼光集中在几本大书、几位大家上,却忽视了一些"小书"、小人物的著作,这是很不幸的,作为桥梁它能引导《诗经》研究者登堂入室,避免走弯路,不做无用功。作为指南,它又可以指导研究者迅速准确地找到研究方向,把握最基本的研究资料与方法。

但是,《四库全书》决不是万宝全书,就《诗经》学而言,它的缺陷也是显而易见的。比如,有些很重要的研究著作未收。这只要看一看它的"存目"即可了然。"存目"中的很多书籍是《诗》研究中不可或缺的,但由于编选者的偏见而被打入冷宫。幸好"存目"也有"提要",多少弥补了这方面的一个大缺憾。此外,《四库全书》成书于乾隆年间,而这以后的乾、嘉时期是我国经学发展史上的全盛期,出现了许多《诗经》研究的力作,由于时代的局限,《四库全书》未及收编,这是很可惜的。当然,我们也不能就此苛求于古人。毕竟那是以后的事了。

1992 年 7 月

要重视对二三流作家的研究

——文学史研究中一个值得注意的问题

建国以来,中国文学史的研究取得了很大的成绩,不仅出现了多部质量较高的文学史著作,而且在用马列主义观点研究作家、作品方面取得了很多突破性的进展。但令人不解的是,文学史研究中的一个重要课题——对二、三流作家的研究,却始终未能引起人们足够的重视。

这里有一个一九四九年至一九六六年,汉、唐、宋三代几个第一流大作家和一些中、小作家研究论文篇数的统计数字,很能说明问题:

	类别	作家	篇数		类别	作家	篇数		类别	作家	篇数
汉朝	大作家	司马迁	93	唐朝	大作家	李 白	114	宋朝	大作家	欧阳修	30
						杜 甫	346			苏 轼	80
	中、小作家	贾 谊	7		中、小作家	初唐四杰	11		中、小作家	梅尧臣	7
		枚 乘	7			王昌龄	12			苏舜钦	2
		刘 向	1			高 适	10			贺 铸	1
		班 固	5			韦应物	4			张 先	3
		司马相如	2			孟 郊	6			吴文英	1
		扬 雄	2								

(资料来源:北京师范学院中文系资料室、中国社会科学院文学研究所图书资料室编《中国古典文学研究论文索引》)

从论文的内容看,对第一流作家的研究从作品分析到思想、艺术的探讨,从版本到生平事迹的考证可说是应有尽有了。而那些二、三流的作家们有的甚至连籍贯或生卒年都还没有搞清楚。诚然,大作家是一个时代文学的代表,他们的成就高、贡献大、影响深远,引起文学史家们的重视,下大力气进行研究而出现厚此薄彼的现象,是完全正常的。但现在的问题不是厚此薄彼,而是"厚此失彼"了,这就不能不引起我们的重视。

文学作为一种社会意识形态,它决不是一种偶然的个别的社会现象,不是少数天才的个人的创造物,而是社会发展过程的反映,并为社会的发展所决定。任何处于巅峰时期的文学,都不是个别大作家个人的力量所能造成的,而是无数知名的或不知名的作家共同长期努力的结果。一个大作家的产生固然有其自身努力等各种主观因素,但划时代风格的形成,伟大作品的问世,绝不可能是一夜之间苦思冥想的结果,而只能是经过很多、甚至几代作家不断实践、共同努力探索的产物。刘勰在《文心雕龙·时序》篇里,考察了自先秦至宋齐间文学的演变过程,指出各个时期文学的发展演变,是由社会现实的发展变化所引起的。他认为"雅好慷慨"的建安文学的形成,是"世积乱离,风衰俗怨"之故,而西晋玄言诗的盛行,则导源于"因谈余气"。他的结论是:"歌谣文理,与世推移","文变染乎世情,兴废系乎时序"。这就深刻地揭示出文学的发展是一个渐进的过程,有的时代出现了质的飞跃,那也只能是无数作家的创作实践随着社会时代的变化而变化的量变的结果。从某种意义上说,正是无数知名的或不知名的作家的创作实践,为大作家的成功准备了条件。建安文学的杰出代表固然是三曹,但为他们打下了基础,开辟了道路的却是汉乐府民歌。近体格律诗的发展,到了唐代的李白、杜甫、李商隐等大作家手里,几乎已达到了尽善尽美的境地。可是如果没有沈佺期、宋之问等继承南朝诗歌的艺术技巧和声律之说,在建立五、七言诗的格律和体制中所作的探索和实践,如果没有初唐四杰在创制七言歌行,发展和提高五律、五绝等方面所作的努力,以李、杜等为代表的盛唐和晚唐近体诗的完全成熟,恐怕还要待以时日。

在科学研究工作中,全面的、整体的观点是十分重要的。在文学史的研究中我们必须坚持用文学发展的总体观来考察文学发展中的各种现象。任何时代的文学,都只能是这个时代所有作家共同努力的结果。只注重杰出的大作家在文学发展中的贡献,而忽视中、小作家的作用,同样是一种历史唯心主义的观点。我们拿唐诗来作例子:唐代的诗歌无疑是中国文学发展史上值得大书特书的一页。唐诗之所以能以它五彩绚烂的夺目光辉博得人们的喝彩,一个重要的原因是,它拥有数量大得惊人的作家,以及由这些作家所创作的不同内容、不同风格、不同流派的数量大得惊人的作品。这里固然有以李、杜为代表的被命为诗仙和诗圣的浪漫主义和现实主义诗歌,但也有努力摆脱齐梁浮华习气,显露了唐诗独特风貌的四杰的作品,有以高适、岑参、王昌龄等为代表的诗人创作的边塞诗,也有元稹、张籍、王建等积极参与的新乐府和政治讽喻诗……从时代上看,由初唐到盛、中、晚唐各个时期,都出现了很多各具特色,风格别异的诗人、诗作。正是他们的共同创作实践,构成了唐代诗歌发展的历史。如果只有李白、杜甫、白居易等诗人,唐诗便失去了它群星映照,光辉灿烂的丰彩,也就不成其为唐诗了。

历史上,凡有远见卓识的作家、文艺理论家都很重视中、小作家(甚至不知名的作家)的作品,并认真地总结他们的创作经验。刘勰在他的巨著《文心雕龙》中总结骚体的创作经验时,既着重论述了骚体的创始人屈原、宋玉是"雅颂之博徒,而词赋之英杰也",同时也总结了"枚、贾追风以入丽,马、扬沿波而得奇"。萧统的《文选》不仅收录了周至六朝七、八百年间几乎所有大作家的主要代表作,而且还注意入选一些名声并不很大,甚至佚名的作家作品。正是由于萧统的远见卓识,像古诗十

225

九首这样的作品才得以流传,并对后代诗歌的发展产生了深远的影响。现代著名学者钱钟书先生也是一个很好的例子,他的《宋诗选注》在介绍宋代大诗人苏轼、王安石、黄庭坚、陆游等的同时,用了很可观的篇幅介绍例如苏舜钦、李觏、王令、孔平仲、张舜民、吴涛、刘子翚、徐照、翁卷等并不为人重视的诗人及其作品,并详尽地分析了这些人诗作的成败得失及其对后人的影响。钱先生的《宋诗选注》之所以自问世以来一直受到各界读者的欢迎,以至重印一次即售缺一时,除了尽人皆知的那些原因外,恐怕和这个选本入选的诗人及诗作具有广泛的代表性有很大关系。

大作家对于中小作家具有举足轻重的,甚至决定性的影响,这几乎是一个可以不必加以证明即可成立的"公理"。我国传统的文学理论、批评著作中常用的"祖""宗"之类的字眼,就很清楚地说明了这个问题。现在要证明的是一个逆定理:中小作家对第一流的大作家也有着不可忽视的,有的甚至是很大的影响。

欧阳修是人们公认的北宋初中叶的文坛领袖。他在文学上的成就是多方面的。可正是这样一位大作家,他自己就不止一次地说过,他的写古文是受了穆修、苏舜钦、尹洙的影响,他的诗歌创作则得力于梅尧臣和苏舜钦。他说:"思予尝爱其文而不及者,梅圣俞、苏子美也。"(《石篆诗序》)又说:"子美之齿少于予,而予学古文反在其后。"(《苏学士文集序》)他的《水谷夜行寄子美圣俞》诗深刻地总结了梅、苏诗歌的风格特点,对这两位诗人的敬慕之情溢于言表。毫无疑问,梅、苏挤不上第一流的宝座,但他们却以自己的创作实践和理论给予欧阳修以很大的影响。可悲的是,人们在研究欧阳修的时候,却忘记了这一基本的事实。

这里想着重提一下苏舜钦。苏舜钦是宋代诗文革新运动的主将之一,欧阳修对他评价很高。他处于宋代诗歌从西昆体的束缚中解放出来,开始形成宋诗独特风貌的转折时期,是一个颇重要的诗人。他的诗歌成就虽不高,但宋诗的特点已开始在他的作品中初见端倪。由于他在政治上很不得意,享年又浅,留下的作品也不多,一向不为人们所重视。但正是这样一位不显眼的作家,他唯一的一首词《水调歌头》却唱出了宋词豪放派的先声,直接影响了苏东坡,而"陆游诗的一个主题——愤慨国势削弱、异族侵凌而愿意'破敌立功'那种英雄抱负——在宋诗里恐怕最早见于苏舜钦的作品"。(钱钟书《宋诗选注》)可是这样一位诗人,对他的研究论文目前仅有两篇。

中小作家对第一流大作家们施加影响的例子是举不胜举的。冯梦龙的"三言"可说是我国古代短篇白话小说的珍品了。经过诸多学者的考证,人们发现了一个很有趣的现象:"三言"(甚至"两拍"、"聊斋")故事的取材有很大一部分源于唐宋乃至汉魏等时代一些并不为人看重的笔记、小说。这些笔记、小说的作者固然有第一流的大作家,但多数还是二、三流的小作家。引起人们注意的是冯梦龙不仅借用了这些笔记、小说所提供的故事,而且借鉴了他们的写作技巧和语言艺术直到思想观点。现代著名的小说史家如鲁迅、孙楷第、谭正璧、赵景深等在研究"三言"等古代白话小说时,几乎无不例外地都花了大量的精力进行本事的考证,这是因为他们看到了冯梦龙及其"三言"与那些笔记、小说之间的血缘关系,看到了前代大中小作家对冯梦龙思想、艺术上的深刻影响。今天我们之所以并不认为那些细密而冗繁的考证是多余的,也正是因为我们看到,只有弄清了冯梦龙从哪些人和哪些著作中汲取了营养,才能真正深入地认识他本人及其作品的意义。

另一方面,中小作家不能跻身于大作家之林,往往由于他们的创作或理论有某种缺陷,不能达到一定的高度。而这又恰恰为那些善于总结经验教训的大作家们提供了借鉴。我们看历史上的大作家往往产生在某种落后、消极甚至反动的文艺思潮流行之后,就是因为前人的失误和挫折成了后来者的前车之鉴的缘故。

泰山不让土壤,故能成其高;河海不择细流,故能就其深。文学发展的历史告诉我们,真正的大作家,必定是集大成者。他善于吸取别人成功的经验,也善于接受他人失败的教训。元人在总结李白的创作经验时说他"祖风骚,宗汉魏,下至鲍照徐庾,亦时用之"。可见李白是善于向各种作家学习的。杜甫更是一个善于博采众长的大诗人。他著名的《戏为六绝句》之六说:"别裁伪体亲风雅,转益多师是汝师。"就是他能取众人之长以为己用的最好说明。杜甫在他的诗中提到的诗人很多,其中既有大作家,也有二、三流的小作家。除国风、雅颂、屈宋而外,他从苏武、李陵那儿学到高妙的风格;从曹植、刘桢那儿学到豪迈的气概;从陶潜、阮籍那儿学到超尘的情怀;从谢灵运、鲍照那儿学到峻洁的手法;从徐陵、庾信那儿学到华丽的词藻。元稹说他"上薄风骚,下该沈宋,古傍苏李,气吞曹刘,掩颜谢之孤高,杂徐庾之流丽。尽得古今之体势,而兼今人之所独专"(元稹:《唐故工部员外郎杜君墓系铭并序》)。实在是一针见血地指出了杜甫之所以成其为杜甫的一个重要原因。

更值得一提的是,杜甫对于那些和他同时代的诗人,不管成就高低,名声大小,只要有所长,他都能虚心地向他们学习。许多无名诗人如苏端、薛据、薛华、阮昉、华曜、张彪、李之芳等,杜甫都竭力予以表扬,甚至一些姓名不可考的诗人,如江宁旻上人、许十一、郑谏议等人的诗作,他也都仔细地作过研究。"不薄今人爱古人,清词丽句必为邻。"善于学习,善于集诗歌创作成功经验之大成,正是杜甫的高明之处,也是他夺取"诗圣"宝座的法宝之一。

总之,重视对二、三流作家的研究是一个亟待解决的问题。大作家和中小作家是文学发展史的两个侧面,他们互相依存,互相影响,忽视了任何一个侧面,都要导致科学研究的不全面。长期以来,我们的文学史研究工作之所以进展不快,对第一流作家的研究之所以难以深入,文学史上很多现象之所以得不到正确的解释,原因固然是多方面的,但忽视了对二、三流作家的研究,不能不说是一个重要原因。

1982 年

《何立人医论医案选》序

　　《黄帝内经》是一部中医学的经典，尽管对它的作者、成书年代等问题历来聚讼纷纭，但这并不能撼动它的经典地位。黄帝在与岐伯关于健康、养身、诊疾等问题的对话时，开宗明义讨论的是医之道——也就是哲学问题：宇宙形成之哲学、宇宙运行之哲学和人与宇宙、人与自然、人与社会、人与环境等问题的哲学。然后，由"道"而及"术"：健康之途径、养身之方法、疾病之诊疗。《左传》昭公元年："晋侯有疾，郑伯使公孙侨如晋聘，且问疾。"公孙侨就是大名鼎鼎的子产。他不是医生，但是他能看病。他是用哲学看病。晋侯对他说，自己的病是鬼神作祟。子产告诉他，他的病与鬼神无关。子产说："君子有四时：朝以听政，昼以访问，夕以修令，夜以安身。"你的病是不顺四时所致。晋侯认为子产讲得有道理，但还是不能治好他的病，于是又向秦国求助，秦国有一位赫赫有名的神医名和。秦国派和来为晋侯看病。谁知，神医的结论比子产更"不靠谱"，他说，晋侯的病根本治不好，他的病"非鬼非食，惑以丧志"。惑什么呢？"是为近女，室疾如蛊"——惑于女色，房事之惑就像蛊一样可怕。晋侯问那么女色不可近吗？和答曰："节之。先王之乐，所以节百事也，故有五节。"于是对晋侯的大管家从音乐的平和谈起，再及天之六气，分为四时，从而得出结论说："今君不节、不时，能无及此乎？"你家主人的生活完全违逆了自然与生命的规律，能不生病吗？

　　或曰：你是为何医生的医书写序，讲了这么多历史故事，是不是离题太远了？

对曰：何医生是大医，大医行道，小医行术。论何医生必从道起。

讲起中医之道，恐怕回避不了一个大问题：中医究竟是不是科学？这不是一个我故意挑起来的话题，这是一个由来已久的公案。比如，我们伟大的鲁迅就反对中医，认为中医不科学。他举例说，中医用药要用生长了若干年的植物，甚至还要用雌雄配对的蟋蟀做药引子，这不是胡闹吗？五四以后，甚至有一批人主张废除中医中药。直到今天，持此种主张的依然大有人在。但是这种观点是一点也经受不住实践检验的。中国人活了几千上万年，繁衍生息，人口越来越多，靠的不是西医西药，而是中医中药。试问，如果中医不科学，中国人不早就死光了，哪里还可能一代一代繁衍，而且繁衍的速度远较用西医西药的外国人为快？当然，随着科技的不断发展，中医中药的很多原理、药理被慢慢证实，青蒿素就是一个最有力的证明。

但是我们也不能不承认，中医中药确实"并不科学"，因为有很多中医中药的问题是无法用现代科学所证明和解释的。比如针灸与经络。但问题是，现代科学也无法证伪呀。你无法证明，也无法证伪，那只能说明你的认识是不全面的，你的理论、方法不能涵盖你所想要研究和证明的问题。所以，我的结论是，中医是一种远远超越了现代科学的"科学"。请注意我在后一个科学上打了引号，我的意思是，科学并不是万能的，我们对科学也不能迷信。科学并不能解决所有问题，比如，科学不能解决人文的问题，同样科学也不能完全解决中医的问题。中医，它属于另一个我们目前尚无法认知的另一种"科学"。也许，这另一种科学就是中国人对宇宙、对自然的看法和理解，它是一种哲学，它是一种"道"。强调中国人的哲学、中国人所谓的道，是因为中国人对宇宙、自然，乃至对人文、社会的看法与西方人不一样，这种不一样，导致了两条完全不同的价值取向与解决问题的不同路径，也就导致了西医与中医的不同。明乎此，也就明白了我在文章开头时所讲故事的内涵与缘由。也就明白了，岐伯、子产与医和之所以为岐伯、子产与和，而为什么不是柏拉图和哥白尼。

现在应该回到正题上来了，要谈谈何医生。

我认识何医生很早。我是文革以后中国第一批研究生，学的是"古籍整理与研究"。记得在读研究生二年级的时候，我被同学拉去救场：为上海医学会中医研习班讲古汉语。学生很多，都是活跃在医疗第一线的中青年骨干医生。第一次给中医们讲古汉语，有点压力，也很高兴有机会交一批医生朋友。记得当时有一百多名学生，但最后，我只认识了何立人。何医生学习之认真自不必说，让我对他刮目相看的是，他经常和我讨论课本以外的问题，主要是儒学的问题、古代文化的问题、古代典籍的问题。比如我对他说，我们研究古书的人，经常在古人的文集、笔记小说中看到医案和验方、草方。这立刻引起了他的兴趣，表示"愿闻其详"。又比如，我有一段时间在研究中国的一本古卜筮之书，这本书历来被视作封建迷信的荒诞不经之书。但是，何医生有兴趣，他说能不能弄一本来读一读。后来我专门为他复印了一本。我的研究告诉我，这本书并不荒诞，它论述和演绎的是中国古代的神秘文化，但是神秘并不代表不经和荒谬，其实它的信息非常丰富，就看你如何解读和破解了。我不知道，何医生研读后的结论如何，我觉得，就凭他愿意下功夫读这样的书，就可看到他的独到之处了。我研究中国传统文化多年，我的研究告诉我，对传统不能以简单和粗暴的方式妄下结论，更不能以固有的思维定式去理解传统。南宋大儒朱子曾经给一位夏姓名医写过一篇序，全文如下："予尝病世之为论者皆以为天下之事宜于今者，不必根于古；谐于俗者，不必本于经，及观夏君之医，而又有以知其决然也。盖夏君之医，处方用药，奇怪绝出，有若不近人情者，而其卒多验。及问其所以然者，则皆据经考古而未尝无所自也。予于是窃有感焉，因书遗之，以信其术于当世，又以风吾党之不师古而自用云。"他告诉我们，不要总以为自己比古人高明。对古人、对传统要有起码的敬畏之心和谦卑的态度，这样，你才能从古人那里学到本事、领悟真谛。屠呦呦之于青蒿素如此，何立人之于医道之神何尝不是如此？

说何医生医道之神我是有切身体会的。我的体质一向羸弱，读研究生时体力透支和家庭变故的打击更使我落下一个每到季节交替时必发烧的毛病。何医生说，可以帮我调理好。我于是认认真真地吃了将近一年他的药。果然，这个病彻底根除了，而且整个身体机能得到极大改善，很少生病，精力充沛。后来我调任出版社社长，工作压力山大，工作节奏飞快，我不仅能从容应对，还能继续我的教学和科研，拳打脚踢，而无疲态。这不能不感谢何医生之所赐。当然，他毕竟是大医，我每次去看他，他对我讲得最多的是如岐伯、子产与医和之类的话，他告诫我，年龄大了，要避免疲劳，该放下的应该放下，任何好东西都不能取之过度，再好的药，吃一段时间要停一停，再喜欢的食品也不能多吃。我想他是对的，所谓忠言逆耳利于行。忠言是最好的药。

我介绍过很多人去他那里看病，都说何医生的药灵。有的朋友多年的顽疾经他诊治，大多得愈。最使我惊异的是最近的一个例子：我的一个博士生患过敏症，而且多年不孕。我让她去看看何医生。一个月后，她的过敏症好了，更令她兴奋的是，她竟然怀孕了。我的学生很感激何医生，大龄得子，能不高兴吗？可是我想到的却不是她的病与她的儿子（她的儿子已经一岁多了，还专门抱过来让我看）。我想到的是何医生究竟是如何治她的病的。是先治她的过敏，再治她的不孕，还是过敏与不孕同时治？从她只不过吃了一个月的药来看恐怕不会是先治一病再治一病。难道是同时治？又抑或是治好了过敏也就治好了不孕？我不是医者，我不敢下结论，但有一点是可以肯定的，用西医的办法吃激素治过敏（她吃了一年多激素），不要说治不好（事实上没治好），就是治好了，她也不可能怀孕。但是，何医生能。当然，何医生的能，是因为中医能。这就是中医的神奇之处，事实在那里，你不服不行。我想，何医生的这个病例是非常好的中医理论所谓整体施治与辨证施治的范例。何医生说："临床上，我尤其推崇《素问》'法于阴阳，和于术数'之理。"法于阴阳是道，和于术数是术，何医生之神，应该就是神在这里。

作为朋友，我多次建议他把自己的医道好好总结一下，写出来留给后人。我很高兴看到了他的《何立人医论医案选》。我不学医，这书对我来说有点"深"。但我还是饶有兴趣地读了一遍，竟然爱不释手。我想中国的医道，其实就是天道、人道、治道，是一脉贯通的。从何医生的医案中，我们照样可以读出中国的哲学和中国人的智慧。遗憾的是，我在书中没有看到治疗我的学生过敏与不孕的案例，我想，以后再出新书，应该把这一页补上吧？

丁酉之夏于富春江边

程俊英与《诗经》研究

　　程俊英(1901—1993)，福建福州人，著名的古典文学研究专家、作家，中国第一代女教授。出生书香门第。父程树德，清朝翰林，日本法政大学毕业，京师大学堂教习，解放后任北京大学、清华大学教授。母亲沈缇珉是清末福建藏书家沈卓的女儿，福建女子师范学校第一届毕业生。程俊英自幼受母亲教育影响，励志读书，熟记"四书"、"五经"、《文选》等传统文化典籍。一九一七年夏，以同等学历考取北京女子师范学校，入国文专修科(后改名北京女子高等师范学校国文部)。一九二二年夏毕业，是该校国文部第一届毕业生。女高师五年是程俊英人生的转折点，期间她受当时著名学者李大钊、胡适、刘师培、周作人、黄侃、陈中凡、胡小石等教诲，深受新思潮影响，积极投身"五四"运动，初步接触马克思主义与妇女解放思想。同时在学术上更得到了严格的训练，尤为李大钊、黄侃、胡小石等学者赏识，在古典文学尤其先秦文学、古典诗词写作、修辞等方面打下扎实的基础，其论文为李大钊、陈中凡等老师推荐发表。曾经参加李大钊执导的话剧《孔雀东南飞》演出，饰刘兰芝。"五四"运动中，程先生与女高师同学一起上街游行演讲，开中国女子参政游行之先例。同时为《益世报》"女子周刊"主编，毕业后留校任校报编辑兼女一中国文课教席。一九二三年二月与张耀翔(著名心理学家)结婚。一九二六年担任北京师范大学国文讲师。一九二九年应聘暨南大学，抗战胜利后又任大夏大学教授兼中文系主任，任《前线日报》"妇女周刊"编辑。一九五一年起任华东师范大学中文系教授。一九七三年被迫退休。一九七八年复职,并任华师大古籍研究所副所长。此后,程先生整理出版多部有关《诗经》方面的专著,发表论文二十多篇,还在古籍整理、文学创作等方面取得重要成就。一九九三年二月去世,享年九十三岁。

程先生一生主要从事教育及科研工作,在古典文学、文献学及文学创作等领域取得多方面的成就。以《诗经》研究为代表的有关学术专著十部,论文四十余篇,编、校著作七部,回忆录及杂著三十余篇,古典诗词近三十首,晚年与他人合作小说一部(三十万字,其中程先生原稿约五万字)。程先生著述涉及先秦文学、修辞学、训诂学、文献学、中国古代教育学、心理学等许多方面,显示了中国第一代女教授、作家、《诗经》研究专家渊博的学识、开拓创新的勇气和踏实勤奋的治学精神。①

程俊英《诗经》研究著述及
《诗经》研究历程

程先生在《诗经》领域的学术专著有《诗经漫话》(上海文艺出版社)、《诗经译注》(上海古籍出版社)、《诗经选》(巴蜀书社)、《诗经》(岳麓书社)、《白话诗经》(岳麓书社)及《诗经注析》(中华书局)、《先秦文学史话》(手稿)等,有关《诗经》的学术论文二十余篇。还主编有《诗经赏析集》(岳麓书社)、《中国文学大辞典》(负责先秦两汉部分)。与蒋见元合作,为中华局点校整理清代极重要的《诗经》专著——陈奂的《诗毛氏传疏》。其中多涉及《诗经》研究的重大理论问题,如《诗经》赋比兴修辞艺术,《诗经》的编辑、流传、影响、研究史等。程先生对于三百零五篇作品全部注释、翻译并解题,还作了文学赏析,为学习研究《诗经》提供一座不可多得的桥梁。尤其值得

———

① 蒋见元:《中国第一代女教授——程俊英》,《古籍整理研究学刊》,1989 年第四期。

注意的是,程先生重视《诗经》韵律,以《诗经注析》为代表,她为了让读者体会诗味,对三百〇五首诗每章都做了注音和归韵工作,这是当时流行《诗经》注本所没有的一项创举,在音韵学愈来愈为学界关注的今天,更显示出程先生在上个世纪九十年代初做这项工作的巨大意义。

程先生的《诗经》研究起步较早,与同辈的《诗经》学者余冠英、陈子展相比,她是上个世纪二十年代开始的,最早的一篇《诗经》论文是1922年发表于《学衡》上的《诗之修辞》,那时先生还是女高师国文部学生。在这篇六七千字的长文中,程先生第一次对《诗经》的各种修辞手法、表现形式作全面而细致的总结与研究,立论新颖,援例详明,得到了胡小石和《学衡》杂志主编吴宓的极高评价。自此以后,先生从事教学与研究,言《诗》必从修辞入手,极其重视《诗经》的艺术表现。而大规模地撰述《诗经》论文是从上个世纪五十年代开始的,即一九五七年在《语文教学》上发表《略谈〈诗经〉》。

程先生走上《诗经》研究道路不是偶然的。据先生回忆,儿时在邻居私塾里读书,老师讲《小雅·宾之初筵》,其中"宾既醉止,载号载呶。乱我笾豆,屡舞僛僛……侧弁之俄,屡舞傞傞"几句,"描写醉汉又叫又闹,搞翻宴会桌上的盘碗,歪戴着帽子,歪歪斜斜地不断跳舞。绘形绘声,令人笑不可抑、乐不可支。引起了我研究《诗经》的乐趣"①,母亲的教诲和私塾的启蒙,打开程先生古典文学,尤其是古典诗歌研究的那扇天窗,女师大五年严格的学术训练为她最终走上《诗经》研究道路铺砌了坚实的台阶。陈中凡"经学通论"、"文字学"课强调"不读经文,等于空谈;熟读经文,能够旁通",要求学生能够"离经辨志";黄侃"中国文学史"课上说《诗经》是中国最早的一部诗歌总集,它给后代的文学影响极大,学习文学史不可数典忘祖。黄侃"诗词选作"课,同学出题,并以古

---

① 程俊英:《诗趣》,《新民晚报》,1988 年 5 月 24 日第八版。

人同题诗为例,师生共同拟作,教法新颖,提高了程先生的古典诗词习作水准,以致她钟爱古典诗词,而于胡适的"新诗"有保留意见,"总觉得它的味道不如旧诗词之含蓄隽永"①。应该说直到女师大毕业,都是程先生《诗经》研究的启蒙期。

程先生于解放前先后在北京女子师大、暨南大学任国文教师,一九四八年出版《中国大教育家》,五、六十年代,开始广泛收集资料,阅读几百部历代《诗经》注本,对《诗经》的赋比兴修辞及《雅》诗作广泛的研究,发表多篇论文,并开始《诗经译注》一书写作。可以说这是先生研究《诗经》的起步准备期。一九七三至一九七八年,程先生过了五年退隐生活。一九七八年复职以后,尽管年岁已高,疾病缠身,但厚积薄发,迎来她一生《诗经》研究的高潮。她先后整理旧作,出版《诗经》及相关学术专著达四百多万字,还发表大量论文,其中《〈诗经〉的比兴》(《文学评论丛刊》)、《论徐光启的〈诗经〉研究》(《中华文史论丛》)、《历代〈诗经〉研究述评》(《华东师范大学学报》)、《〈诗经〉的语言艺术——兼谈诗词曲的修辞》(《文学遗产》)、《〈诗经〉译注四十年回顾》(《古籍整理研究学刊》)等论文,不仅见解独到深刻,而且能够远瞻《诗经》学术研究的未来,为国内外古典文学界,尤其《诗经》学界所关注。显示出一位与世纪同龄的老《诗经》学家深厚的功力和远见卓识。

程俊英《诗经》研究成就

(一)《诗经》赋比兴研究

程俊英研究《诗经》主张从《诗经》的文学价值出发,努力恢复《诗

---

① 程俊英:《张耀翔程俊英合传》,《中国当代社会科学家》,北京:书目文献出版社,1982年。

经》作为诗歌的本来面目。《诗经》研究史表明，《诗》有一个由"诗"到"经"再由"经"返"诗"的曲折过程。最早注意《诗》的文学特性的是宋代的《诗经》学者。欧阳修首先提出论诗当求"诗人之意"①。朱熹提出"就诗论诗"，认为"凡诗之所谓风者，多出于里巷歌谣之作。所谓男女相与咏歌，各言其情也"②。他的"淫诗说"突破汉儒"美刺说"的说教，为《诗》由"经"返"诗"开辟道路。明代是《诗经》研究的突变期，尽管"'义理'不如宋人之精；'考证'不如汉唐之密"③，但是他们开始认真地把《诗经》当诗来读，明人万时华就说"今之君子，知《诗》之为经，而不知《诗》之为诗"④。清人考证精密，成果辉煌，同时把《诗经》当作唐、宋人诗来读的不乏其人，比如姚际恒、崔述、方玉润等。"五四"以来，鲁迅、胡适、闻一多等学术大师无不以文学的眼光，重新审视这部"经典"。程俊英先生承继前人《诗经》研究成果，把《诗经》的文学价值提高到极其重要的地位。《诗》何以产生，程先生说"《诗经》就是诗。我们的先民有自己的欢乐和悲哀，有自己的辛酸和惆怅。这些感情郁积得多了，萦回得久了，便要迸发出来，便要宣泄净尽，于是就歌唱了，有时还载歌载舞，形成一首又一首美妙的篇章"⑤。她认为《诗经》是儒家经典，但这并不是《诗经》的全部，"《诗经》就是诗，准确地说，就是歌曲，一首首歌德的歌、祭祀的歌、宴饮的歌、恋爱的歌、送别的歌、讽刺的歌，等等"⑥。由此得出结论"文学艺术的价值意义，才是《诗经》最根本的实质之所在"，"经学已经走完了它的历史路程，《诗经》应该从'经'的桎梏中解放

---

① 欧阳修：《诗本义》，文渊阁四库全书本。
② 朱熹：《诗集传序》，《晦庵先生朱文公文集》卷七六，《朱子全书》第 20 册，上海：上海古籍出版社、合肥：安徽教育出版社，2002 年。
③ 胡朴安：《诗经学》，商务印书馆万有文库，1930 年 5 月。
④ 万时华：《诗经偶笺自引》，《明文海》卷二三一，文渊阁四库全书本。
⑤ 程俊英：《诗经研究史鸟瞰》，《江海学刊》1988 年第一期。
⑥ 程俊英：《诗经注析·序言》，《诗经注析》，北京：中华书局，1991 年。

出来,恢复文学的本来面目了"。程先生祖露作《诗经注析》的动机:
"我们的愿望,是想恢复《诗经》的客观存在和本来面目。拨开经学的雾
翳,弹却《毛序》蒙上的灰尘,揩清后世各时代追加的油彩。"①她从《诗
经》对于后代文学的影响中寻找《诗经》研究的突破口。"《诗经》作为文
学长河的源头,对后世的影响决不可低估。《国风》的清婉,《小雅》的典
丽,《大雅》的凝重,《三颂》的肃穆,运用赋比兴艺术形式的创造等等,无
不在后世的诗歌中得到继承和发展。追本溯源,《诗经》这一朵奇葩实
在值得细细地赏析。"②因此,程先生的《诗经》研究首先从《诗经》的艺
术表现手法,尤其是赋比兴的研究入手。程先生全部的学术论文中,直
接以赋比兴等艺术修辞为题的论文有九篇,此外,专著及其他论文中也
有大量的研究和论述。程先生选择这一课题,一方面因为赋比兴最能
体现《诗经》的文学价值与魅力,更重要的是因为当时《诗经》学界对于
比兴认识不清,甚至有人否定兴的存在,认为"兴是他们(儒家《诗经》研
究者)脑子里想出来的,如果我们要说《诗经》里面真是有一种什么所谓
兴,那么这种兴究竟是什么性质是无法清楚的"③。程先生当时认为,
这种对兴的艺术手法持否定态度,恐怕是有问题的。程先生于是将诗
三百篇逐首加以细查,分析总结出"兴和比赋的差别"、"诗经中兴的几
种形式"、"兴在诗中所起的六种作用",还特别注意赋比兴的相互联系,
指出赋比兴的相通之处④,从诗歌史去考察,比兴手法自《诗经》后就一
直有所发展,屈原的"美人香草"也不是单纯的比喻,后来的诗人和词曲
家也一直在运用着,发展着的,否定《诗经》中的兴也就是否定这种"比
兴"手法的历史联系,她由此得出结论"兴是《诗经》艺术特色之一,它是

---

① 程俊英:《诗经注析·序言》,《诗经注析》。
② 程俊英:《诗经注析·序言》。
③ 《诗经中的赋比兴》,《文学遗产》增刊第一辑,1960 年。
④ 程俊英:《诗经中的赋比兴》,《《诗经》漫话》,上海文艺出版社,1983 年。

诗、词、曲比兴手法的开头。"①这些对于后来的《诗经》艺术与修辞的研究有一定借鉴意义。八十年代后期程先生对于这一课题做进一步探索,比如兴的概念,五十年代她以李仲蒙的概括来说明,后来认为朱熹的定义最简单明了,提出"兴是诗人先见一种景物,触动了他心中潜伏的本事和思想感情而发出的歌唱"。针对兴的"触物起情",程先生分析到"这种心理活动的信息能否通过兴句准确地传达给读者,是没有一定把握的,因为相同的景物可以引起不同的情感"。比如《曹风·蜉蝣》"蜉蝣之羽,衣裳楚楚。心之忧矣,于我归处。蜉蝣之翼,彩彩衣服。心之忧矣,于我归息。"诗以朝生暮死的昆虫蜉蝣徒有外表,兴发人生可爱但是极其短暂。《毛序》:"蜉蝣,刺奢也。昭公国小而迫,无法自守,好奢而任小人,将无所依焉。"朱熹《诗集传》:"此诗盖以时人有玩细娱而忘远虑者,故以蜉蝣为比而刺之。"朱熹错把兴句当作比句,但他对于兴句的理解不同《毛序》,也不同于今人。程先生由此提出"前人有'诗无达诂'之说,在某种意义上也可以说兴无达诂"②。程先生还通过《诗经》"反兴"的研究加强对于作品主题的认识,《豳风·狼跋》主旨不明,首章以老狼跋胡疐尾的窘丑起兴,接着歌颂周公的进退得宜,后人总觉得不伦不类,于是有人为之弥合,如孙鑛认为"总是反意为比,要自然无害耳"。程先生说:"反兴正承,是'美诗'说的主要论据,但我们遍观《国风》诸篇,虽有反兴之法,如《鹑之奔奔》以鹑鹊尚具有常匹,反兴卫君荒淫乱伦,鹑雀之不如,又如《相鼠》以相鼠尚且有皮,反兴统治阶级无耻苟得,相鼠之不如。所谓反兴皆如此类,从未见有以丑兴美者,《狼跋》何得例外?"所以程先生确定此诗是"讽刺贵族公孙的诗"③。可见比兴

① 程俊英:《程俊英自传·几句补充的话》,《中国现代社会科学家传略》第九辑,晋阳学刊编辑部,1987年7月。
② 程俊英:《诗经注析·曹风·蜉蝣》。
③ 程俊英:《诗经注析·豳风·狼跋》。

研究于作品题旨的理解有密切关系。《诗经》比兴与后来诗歌中的比兴究竟有无区别，过去人们认识不清，程先生通过研究证明，"后来诗歌中的比兴常不包含发端，只有兼比义的兴才称为比兴，且含有寄托之意，成为形象思维与形象塑造的代称"。① 而赋、比、兴在后代诗、词、曲中的发展与兼用的情况，程先生概括为："唐诗赋比兴兼用，宋词则比兴多于赋，元曲则赋多于兴。"②程先生在重视赋比兴的同时，还特别注意《诗经》语言艺术的研究，对于《诗经》各种修辞手法，诸如对偶、排比、设问、夸张、借代、衬托、对话等结合具体作品作细致的描述分析。如《周南·桃夭》的"体物之工"，《周南·汉广》结尾的"反复叠咏之妙"，《大雅·既醉》之"顶真"，《召南·采蘩》的"设问"，《小雅·北山》结尾连用六个"对比"，《召南·行露》"妙于用反"，《周颂·雝》篇采用"排比对偶"，《大雅·大明》的首尾呼应主题。同样写战争，《大雅·江汉》显得雍容，而《大雅·常武》具有气势。同是弃妇，《邶风·柏舟》之女"柔弱"，《邶风·谷风》之女心存"希冀"，《卫风·氓》的主人翁"决绝"，《郑风·遵大路》中是一位"哀告情急的女子"。程先生通过细致的比较分析，指出它们各自的特点与不同。而于《诗经》尤其赋比兴对于后来文学的重大影响，援证详明，举例繁富，为后来研究者提供有参考价值的珍贵资源。

（二）《诗经》的通俗化工作

《诗经》的通俗化一直为《诗经》研究者所关注，尤其是解放以后，《诗经》的翻译和介绍出现大量著作，如余冠英《诗经选》、高亨《诗经今注》、陈子展《国风选译》《雅颂选译》等，这些著作，对《诗经》的普及与通俗化起到了十分重要的作用。但是十年动乱使我们的传统文化受到毁

---

① 程俊英：《诗经的比兴》，《文学评论丛刊》，1978 年 10 月第一辑。
② 程俊英：《诗经的语言艺术——兼论诗词曲的修辞》，《文学遗产》，1980 年第三期。

灭性的打击，面对青年人强烈的求知欲，出于承继传统文化的高度责任感，已届高龄的程先生带头做起了对我国传统经典的普及化通俗化工作，其中《诗经》是她着力最重的。程先生的《诗经》通俗化工作分三步，首先，普及推广《诗经》常识，让人们接触《诗经》，了解《诗经》，代表性的著作就是《〈诗经〉漫话》。其次，程先生对《诗经》每一篇都作注释和翻译，她要让中等文化程度的人，尤其是让青年学生读懂《诗经》，于是有了《诗经译注》《诗经选译》及《诗经赏析集》。九十年代初，程先生在前面两项工作的基础上，又对《诗经》一一解题并作艺术赏析，使得更多的青年人走进《诗经》这座美丽的文学殿堂，于是《诗经注析》便应运而生。可见，程先生《诗经》通俗化工作包括两个层面，一个是《诗经》理论的通俗化，另一个是《诗经》文本的通俗化。前者如《诗经漫话》，后者如《诗经译注》《诗经注析》。《诗经漫话》的《小引》开宗明义，指出《诗经》作为我国第一部诗歌总集，"是真金美玉，是古代艺术宝库中闪闪发光的一串串明珠"，全书从八个方面介绍《诗经》的基本常识和重要的理论，如关于《诗经》的编纂，程先生认为"太师乐工们可能就是诗歌的整理和加工者，其中包括民间歌谣、文人创作以及庙堂乐章"，后来她进一步概括说："真正将这部诗歌总集编订成书的看来是周王朝的乐官，即周礼称为太师、小师、瞽蒙、眡瞭的那班人……可能即在春秋士大夫训练口才的普遍要求下，乐官不断地加工配乐，逐渐便辑成《诗经》这本教科书。"①又如《诗序》的作者问题历来争论不休，有孔子、子夏、大毛公、小毛公、卫宏等众多说法，程先生经过详尽考证，认为是东汉人卫宏所作，这对于后来《诗序》作者的进一步研究、讨论是有启迪意义的。程先生最初推广普及《诗经》常识正是七十年代末八十年代初，我国刚刚历经"文革"动乱，"传统文化正面临着狂涛般的外来文化冲击，青年一代中

① 程俊英：《诗经研究史鸟瞰》，《江海学刊》，1988年第一期。

蔑视甚至要否定传统文化的情绪日益浓重……一般读者层对传统文化日益生疏"①,正是在这种特殊的文化背景下,程先生从重新塑造民族文化精神的高度社会责任感出发,分清传统文化中的轻重缓急,首先把儒家经典中最重要、也是最真实的一部典籍加以普及介绍,让更多的炎黄子孙接触《诗经》、了解《诗经》,通过《诗经》这座桥梁了解更多的传统经典。今天看来,程先生这项工作的价值意义已经远远超出单纯的《诗经》研究。这显示了一位深受"五四"新文化洗礼的老知识分子那种强烈的社会责任感和民族自强意识。

《诗经》文本通俗化主要指注释与翻译。对于《诗经》今译,程先生心情十分矛盾。一方面,她认为《诗经》文字艰涩古奥,今译可以帮助读者尤其是初学者了解大概,引起兴趣,进而更深地体味。比如八十年代初,程先生在《诗经漫话》一书中即充分考虑普通读者的接受能力,分析《诗经》内容艺术时,所引用的《诗经》原诗一律附上该诗的译文,使文化程度不高的读者能够借助译文看懂《诗经》,进而了解作者的分析与研究。而另一方面,程先生又认为朱光潜"诗不可译"的观点完全正确。因为"语言的音和义是随时变迁的,现代文的音节不能代替古代文所需的音节,现代文的字义的联想不能代替古文字义的联想"②。于是程先生以折衷的办法,提出"译诗只是为读者砌几道台阶,让他们拾级而上,登堂入室,去领略诗的真谛。如果由于台阶砌得过于粗糙,读者连带误以为屋子里也不会有什么好东西而返身不顾,那是我们作者的过失;如果台阶虽然平坦结实,读者却徘徊流连于此,不再前进,那不啻买椟还珠,留下无穷缺憾了"。③ 程先生以"砌台阶"的眼光来译诗,也以此评判译诗的得失。对于一些学者的直译,她一方面肯定这种译诗"贴切原

---

① 程俊英:《〈诗经〉译注四十年回顾》,《古籍整理研究学刊》,1989 年第五期。
② 程俊英:《〈诗经〉译注四十年回顾》。
③ 程俊英:《〈诗经〉译注四十年回顾》。

意""调利口吻",体现一种独特风格,另一方面也认为"逐字硬译使语言
相对滞涩。读者看着译诗尚且觉得吃力和乏味,怎么会有兴趣进一步
看原诗呢?"①直译上口读起来总觉得像在讲话,不像在读诗,失去了诗
的味道。与直译相对的意译,程先生比较赞同郭沫若的看法,"应该允
许译者有部分的自由",同时又说自己是"拘谨"派。由于她以如此严肃
认真的态度对待译诗,加之谙熟古典诗词写作,因此程先生的《诗经》译
文不仅准确达意,而且具有清新隽永、平实自然之美。与他译相比较,
其最大的特色在于准确达意,通篇用韵,整齐流畅,诗味浓郁,具有女作
家特有的细腻体贴风格。尤其《雅》诗的译文还间接体现出《诗经》原作
者较高的文化素养。《小雅·车舝》是一位诗人迎娶新娘途中所赋,语
言艰涩,号称难译,许多译本不选,而程先生却通过她绘形绘声的语言,
把新郎诗人按捺不住的喜悦心情完全通过有节奏的白话诗复原。试看
最后一章原文与译文:"高山仰止,景行行止。四牡骈骈,六辔如琴。觏
尔新昏,以慰我心","高山仰望才见顶,大路平坦凭人行。四马迎亲快
快奔,缰绳齐如调丝琴。望着车上新婚人,甜蜜幸福我欢欣"。如果我
们对比一下其他学者译文(以下简称"他译"),程先生译诗之美就看得
更加清楚。以下是《邶风·谷风》《邶风·凯风》中两章诗不同的译文。

　　原文:行道迟迟,中心有违。不远伊迩,薄送我畿。

　　他译:走路走的迟迟,心里这样徘徊。不是很远而是很近,

　　　　　勉强送我到门槛就回。

　　程译:走出家门慢吞吞,脚儿向前心不忍。

　　　　　不求远送望近送,谁知只送到房门。

　　原文:凯风自南,吹彼棘心。棘心夭夭,母氏劬劳。

　　他译:南风从南吹来,吹透了小枣树的赤心。

---

① 程俊英:《〈诗经〉译注四十年回顾》。

小枣树的赤心嫩夭夭,母亲也太勤劳。

程译:和风吹来自南方,吹在枣树红心上。

枣树红心嫩又壮,我娘辛苦善教养。

从译诗的目的来看译诗的效果,程译与他译的区别与高低就显而易见了。而这种差别不仅在于程先生把《诗经》当作诗而不是散文来译,更重要的是程先生在深刻研究体会作品基础上,尽量还原《诗经》时代我们先民的生活与情感,如《小雅·斯干》第八章"乃生男子"一节,译文是"如若生个男孩子,给他睡张小眠床,给他穿衣又穿裳,给他玩玩白玉璋。娃儿哭声真洪亮,将来盛服定辉煌,不是国君便是王"。第九章"乃生女子"的译文是"如若生个小姑娘,给她铺席睡地板,一条小被包身上。纺线瓦锤给她玩。慎勿多言要柔顺,料理家务烧烧饭,别给父母添麻烦"。这两节译文不仅流畅自然,准确生动,而且传神地再现《诗经》时代——两千五百多年前那种无处不有的重男轻女的社会习气。《小雅·小苑》《大雅·江汉》《鄘风·柏舟》《小雅·宾之初筵》等译诗非常成功,几乎举不胜举。可以说程译是余冠英先生五十年代译文之后最受读者欢迎的《诗经》译文,多为《诗经》研究者所关注。北京大学许渊冲先生《诗经全译》(英汉对照、文白对照)选择七位当代学者的译文作为英译本的底本,在全部三百零五篇中,许先生选择程译达一百二十八首,不仅数量最多,而且远远高于其他译者,尤其雅、颂诗的译文,大多选用程译。英译者称所选"译诗均采自各名家名译,其中许多译诗已是难以超越的典范"①,虽然英译者的取舍标准不一定十分科学,但是程先生风格独特的译诗逐渐成为《诗经》白话翻译的另一种"典范",愈来愈受到读者的喜爱,则是无容置疑的。

其次,程先生重视诗经作品的解题和赏析。解诗完全不受古文今

---

① 许渊冲:《〈诗经〉英译后记》,《诗经》,长沙:湖南出版社,1993 年。

文、汉学宋学门户之见的影响,就诗论诗,善于吸取明清两代学者治《诗》成果。对于《毛诗》、朱传、三家诗,采取"一分为二"的态度,既肯定他们的优点,又指出不足。有人把这些一棍子打死,或者捧上天,程先生认为"是很不妥当的"。比如《王风·君子阳阳》,《毛序》认为"君子遭乱,相招为禄仕"。朱传认为夫妇"安于贫贱以自乐"。程先生根据清姚际恒所驳及陈奂、马瑞辰考证,认为是"描写舞师和乐工共同歌舞"的诗。《邶风·凯风》《周南·樛木》《大雅·假乐》等都能博采众家,发抒己见。程先生解题不仅言简意赅地点明主旨或性质,列举历代代表性的说法予以论证,而且每一篇都有一段艺术分析,"或论意境,或言修辞,或述源流,或摘瑕疵"①,为读者徜徉古老诗篇的"意境"作导游。《邶风·凯风》过去都认为是孝子劝母亲不要改嫁,而程先生根据三家诗及王先谦的考证,认为是"儿子颂母并自责的诗",古人曲为之说,"所谓诗意断不可以文章之道平直出之"(吴乔《答万季埜诗问》),程先生说法与之完全不同,"此诗佳处,不在婉曲,正在平直。诗中没有过分的渲染,太深的寄托,有的只是朴素明白的描述,感情自然的流露",并指出"后世一些咏吟慈母的诗篇,追怀母氏劬劳,自责不能奉侍,文词也都平直明白"。由此她总结说:"朴素的语言常是最理想的语言,平直的手法常是最成功的手法。"②程先生说诗不仅紧贴作品具体内容与语言,而且总结出自己读诗的体会与经验,入木三分,精确不移。《郑风·溱洧》是一首脍炙人口的情诗,程先生指出作者可能就是秉蕳赠花的少女或少男之一。方玉润说:"每值风日融和,良辰美景,竞相出游,以致兰勺互赠,播为美谈,男女戏谑,恬不知羞。"针对此说,程先生总结道:"所谓'恬不知羞',实际是青年们天然纯朴的感情流露。方氏又以此诗'开后

---

① 程俊英:《诗经注析·序言》。
② 程俊英:《诗经注析·邶风·凯风》。

世冶游艳诗之祖',殊不知发轫之清新与末流之华靡,虽渊源有自,终不可同日而语也。"片言醒目,一语中的,读者对于《诗经》文学源泉的清新自然留下终身不灭的印象。而对于一些思想艺术较差的作品,能够恰如其分的评骘,如说《大雅·下武》"纯粹歌功颂德","语言枯燥而呆板,毫无形象可言,只能算《诗经》中的下品",《陈风·东门之池》"淡得没有余味,经不得咀嚼"。这种重视经典而又不盲从经典的治学态度尤其可贵,也是程先生"以诗论诗"的最好注释。

(三) 关于《诗经》的注音和归韵

程先生重视《诗经》的韵律。上世纪八十年代,她在徐光启研究的一篇论文中,充分肯定了这位杰出的自然科学家早年在《诗经》音韵研究上的成就。徐氏对于诗歌与韵律的关系有精彩的论述:"诗则古人声音,其对待分析,只论其音律,不宜论其事理。风雅之体,大率二句一节,惟《三颂》稍有变体,然如常为多,要其大都,全要认取韵脚。审其用韵,便可得其节奏。"程先生认为徐光启从"认取韵脚"入手,把诗的音乐性提到首位,是非常符合《诗经》民歌产生的实际情况的。① 此外,程先生认为徐氏的"正叶"说突破吴棫的"协音"说,在明代《诗经》音韵史上"得风气之先"。有学者提出在徐氏之前已经有人提出"正叶"说②,但是这并不能由此否定徐氏在明代《诗经》音韵史上的地位。当然,徐氏欲以今日的方音去读古韵,认为"韵无古今",方言"中古不变",则显然固滞呆板,因而,程先生认为徐氏的观点是"精粗杂陈"的。程先生以为研究《诗经》音韵,清代以顾炎武最早,江有诰《诗经韵读》最为完善,从明、清到近代,《诗经》怎么样押韵的问题基本解决,但是把上古韵的读音用今音表达出来很难。反切是一种注音方法,清代小学家们用的是

---

① 程俊英:《论徐光启的〈诗经〉研究》,《中华文史论丛》,1984 年第 3 辑。
② 刘毓庆:《从经学到文学——明代〈诗经〉学史论》,北京:商务印书馆,2001 年。

反切。不过时至今日，反切几乎成为绝学了。而王力先生用国际音标拼音法，虽然精确，但上古音的拟测是否有科学依据呢，而且能够识解的人也寥若晨星。面对这样一个令人进退维谷的难题，程先生本着传统文化固有的本色，想到"直音"这一古老而又简单的办法，她依据江有诰《诗经韵读》，标出该章所属韵部及每个押韵字。如果上古音与今音差异很大的，就在括号中加注直音。实在找不到声韵相同的直音，用反切代替，入声字标明。这样，表面看来"粗糙"，是"庶几近之"，但是变通明了，尤其方便初学。① 为了便于读者体会诗歌韵味，她用这种方法对每首诗每一章都做了注音和归韵工作，在音韵学日渐衰微的今天，程先生的一番苦心斟酌，已经逐渐为学界及读者所理解和接受。最后，《注析》注音严谨，言之有据，见出先生扎实的功力，兹举两例。《大雅·皇矣》中"不长夏以革"，《注析》云："长，崇，遵用。"有学者认为"长音掌……训长为崇是也，训遵用则非。"②《广韵》中"长"有平声阳韵，"久也、远也、常也，永远。直良切，又直向，丁丈二切"，上声养韵，"大也，直丈切，又直张切"。在养韵中有"崇尚"之意。去声漾韵，"多也，直亮切。"而《广韵》"掌"上声养韵，"手掌……诸两切。"上古"长"为端或定纽，阳部；"掌"在章纽阳部，两字上古、中古音都不相同，所以《注析》是正确的，注"长音掌"才是错误的。又如《大雅·既醉》中"率由旧章"，"率"上古山纽物部，"由"上古余纽幽部，两字声韵明显不同，故程先生释"率"为遵循。而有学者却武断地认为"率由为联绵词，不该单注率而抛开由"。此类注音归韵妥切精当的例证在《注析》一书中随处可见。

（四）不断开拓《诗经》研究新领域

程先生《诗经》研究起步较早，加之家学渊源和青年时代严格的学

---

① 程俊英：《诗经注析·序言》。
② 王文锦：《读〈诗经注析〉札记》，《文史》，2003 年第 1 辑—第 3 辑。

术训练,她在涉猎《诗经》这一学术课题后,即能不断开拓新的研究领域,始终站在《诗经》研究前沿。在学界普遍关注《诗经》的思想意义,《诗经》反映社会现实斗争,许多学者为《诗经》贴上各种标签的五六十年代,程先生却比较早地关注《诗经》的文学艺术特性,并以"比兴"切入,从修辞角度论述《诗经》的艺术价值。解放后《诗经》民歌说盛行,大多数学者研究分析译注《国风》,认为这是全部《诗经》的精华,而于《雅》诗不够重视,翻译注释的更少。而程先生认为虽然《雅》诗有一些糟粕,但"作者多为统治者中受压抑的人物,他们受过文化教育的,对统治者内部情况较劳动人民了解得更深入、广泛……不能因为他们的出身或语言古奥而受歧视,应该实事求是地评价古人"①。这些对于《诗经》研究健康正常地开展都是很有益的。八十年代《诗经》研究渐热,人们普遍关注《诗经》文学艺术特性时,程先生的《对徐光启的〈诗经〉研究》和《〈诗经〉研究史鸟瞰》两篇长文较先关注"诗经学术研究史"的新课题。明代《诗经》研究一直被认为是衰弱期,而程先生通过对徐光启三部代表性《诗经》著作的研究,全面总结了徐氏《诗经》研究的成就,对徐氏于明代宋学垄断的学术背景下,能够独具慧眼,综合汉、宋两派之长,并批评朱熹释诗之短,表示了极高的评价,徐氏对词义的训诂时有独特见解,他重视《诗经》的文学性和音乐性。在《毛诗六帖》中特立"揽藻"一目,"旨在诗赋杂文宪章六义",把"文已尽而意有余"的含蓄作为《诗经》最高标准,尤其重视诗的"弦外之音"与"言外之意"。程先生还由徐氏的《诗经》研究,窥见徐氏早年思想的转变,阐述他不满意自己的《诗经》著作,而"专以神明治历律兵务",不再致力于"未竟之业"——《诗经》研究,②才有《农政全书》《几何原本》等科学著作和译作。这些不仅弥补

---

① 程俊英:《程俊英自传·几句补充的话》。
② 程俊英:《论徐光启的〈诗经〉研究》。

了《诗经》学术研究上的一段空白,也为自然科技史研究提供了不可多得的学术思想资料。在《〈诗经〉研究史鸟瞰》一文中,程先生提出:两千多年来《诗经》研究有两条并列的线索——经学和文学,在各个历史时期的平面上,它们有时水乳交融,有时泾渭分明,在整个历史的纵轴上,它们又有时携手并肩,有时分道扬镳。纵横交错地进展,画出《诗经》研究史的鸟瞰图。程先生把整个《诗经》研究史分为若干期,《诗经》研究的萌芽期是先秦,《诗经》经学的形成与极盛期是两汉,《诗经》研究的统一期是唐代,《诗经》研究的变革期是宋代,《诗经》研究的衰弱期是元明两代,至清代出现了振兴鼎盛期。① 程先生对整个《诗经》研究所作的横向构成和纵向发展的描述,规模宏大,视野开阔,对整个《诗经》史的研究把握客观中肯,深刻独到表现出先生晚年厚积薄发的学术功力。这为《诗经》学术史研究的进一步深入,起到积极引导作用。此外,程先生年近九十高龄,还非常关注学术动态,提出许多有关《诗经》研究的建议,比如她从弘扬中国传统文化精粹、使中华文化进入世界文化之林的角度,提出"将《诗经》译成世界各种语言是一项极其重要但并未引起十分重视的工作",并对中国学者杨宪益教授和一些外国学者的努力表示赞赏。另外程先生从其父亲程树德《论语集释》的工作中深有体会地说:"至今没有一部《诗经》集释性质的著作,也是令人遗憾的。《诗经》是影响非常巨大的古典文学作品,历代注诗著作又几近千种,时至今日,完全应该对各种学说作一资料性的总结,以利今后研究的开展……在此郑重呼吁,亟盼后来诸贤努力。"②十五年过去了,先生的呼吁至今还萦绕《诗经》学者耳畔,激励后来者在《诗经》研究这块地田里更加勤奋地耕耘。

---

① 见程俊英《〈诗经〉研究史鸟瞰》,《程俊英教授纪念文集》,上海:华东师范大学出版社,2004 年,第 197 页。
② 程俊英:《〈诗经〉译注四十年回顾》。

（五）《诗经》的训诂释义

程先生不仅精通文史，而且擅长小学，她早年求学，在黄侃、刘师培、林损、胡小石、陈中凡等学者言传身教中，系统研阅《说文》《尔雅》《十三经注疏》等，打下扎实而广博的小学基础，加之受到其父《论语》训诂研究的影响，程先生谙熟音韵训诂文献之学，她曾与人合著《应用训诂学》一书，整理校点《论语正义》《论语集释》《诗毛氏传疏》等清儒经学名著，年近九旬，还为《新民晚报》"夜光杯"写作多篇名物考订训诂的文章，而且全凭记忆。程先生对《诗经》词义的诠释力求客观准确，既博采众家，慎重选择，不求新求异，又时有独到深刻令人折服的见解。古往今来，《诗经》训诂专著近两千部，名家辈出，而程先生最服三家，明人陈第《毛诗古音考》、清人马瑞辰《毛诗传笺通释》、今人于省吾《泽螺居〈诗经〉新证》，于此可见，先生的《诗经》训诂释义本于传统而不墨守成规。如《魏风·伐檀》是人人熟知的名篇，但"胡取禾三百廛兮"之"廛"字，历来未有很好的解释，闻一多作"束"解，程先生认为三百"束"不算多，不足以形容奴隶被剥削的残酷性，提出应深入了解古代的制度。她从《毛序》及《朱传》"一夫之居曰廛"出发，引用《诗经》本身材料"以开百室，百室盈止"（《周颂·良耜》）互为发明，又引《周官·地官·遂人》"夫一廛，田亩百"，陈奂引《楚茨传》"露积曰庾"，断"禾三百廛者"露积之数也，陈奂还引用"修囷仓"证"囷为圆仓"，因此得出结论：闻一多注"廛亿囷"为"束"是有问题的，释"圆仓"则是从训诂材料中得出的令人信服的结论。不仅本句诗意可通，于主题的理解也更加深刻。程先生尤其注重学科横向联系，吸收多学科的研究成果，以丰富自己的《诗经》注释。我们知道《诗经》作为先秦作品与古文字关系较为密切，应十分关注甲骨文金石学最新研究成果，程先生对于于省吾先生《泽螺居〈诗经〉新证》十分欣赏，然而，前此《诗经》选本、完本中能够吸收于先生研究成果的寥寥无几，程先生举出《大雅·云汉》中"瞻仰昊天，曷惠其宁"两句中

"惠"字说,殷墟甲骨文中有常用虚词"叀",古文字学者释"惠",作用与"惟"相似。而这项研究成果竟无人关注,大多将"惠"字译为常文"赐予",此条若非裘锡圭先生指出,恐怕不得正确解释。近来有学者仍主张释为"赐",却无有力的证据,认为不要抛开传统解释,回到所谓常识上来,①这是难以令人信服的。《注析》中用《新证》的地方很多,又如《大雅·云汉》中"旱既大甚,黾勉畏去"中"畏去"释"畏却",《大雅·烝民》中"既明且哲,以保其身"中"明"释"通",《大雅·板》"丧乱蔑资,曾莫惠我师"中的"资"释"济",《大雅·桑柔》"人亦有言:'进退维谷'"中的"谷"释"欲",据统计,单《大雅》三十一篇作品注释中,程先生就采用于省吾《新证》材料二十三条,或完全引用,或参考斟酌,或聊备一注,或进一步申发,显示出程先生在《诗经》注释过程中对《新证》运用甲骨文字的治诗成果的高度重视。尤其值得注意的是程先生《诗经注析》、《诗经译注》两书完全从读者阅读研究的角度考虑,词语注释只注疑难关键词,略去一般,文字准确精练,没有繁琐的考证,于词语的本义、引申义、假借义常举例说明,如说《周南·卷耳》"置彼周行"的"周行"指大路,是本义,《小雅·鹿鸣》"示我周行"的"周行"指处事所应遵循的正道,是引申义②,这些于读者尤有启迪。正如有学者指出的那样,程先生的《诗经注析》一书"自始至终用文学的观点解诗,用训诂的方法释词,用文学史家的眼光探索《诗经》对于后代文学的影响,思路新颖,论证严密,文笔优美。繁简适中,注析具见功力,是当今众多注本中的佼佼者"③,随着时间的推移,读者的选择,《诗经注析》一书愈来愈凸显自己的价值和特色。

当然,《诗经》研究永远没有止境,《注析》一书训诂与释义也不尽

---

① 王文锦:《读〈诗经注析〉札记》。
② 程俊英:《诗经注析·小雅·鹿鸣》。
③ 洪湛侯:《诗经学史》,北京:中华书局,2003年。

善尽美,在涉及礼仪制度及一些名物方面,尚有商榷之处。如《小雅·楚茨》"维俎孔硕","俎"释为"古代祭祀时用它盛生肉的礼器",应为"盛熟肉"。"孝孙徂位","徂位"释为"主人回到原来的西面的位子上",应为"面向西的位子上"。《小雅·韩奕》"淑旂绥章","旂"释为"画有蛟龙的旗",应为"交龙"。《唐风》释唐国"在今山西中部太原一带,即翼城、曲沃、绛县、闻喜地区",误,翼城、曲沃、绛县、闻喜等县在今山西南部①。这些乃《注析》一书白璧微瑕,我们应该客观地分析。

最后,程先生作为一位著名的教育家,献身教育整整七十年,她早年即出版《中国大教育家》一书,研究总结中国古代教育家成功的教育理论与教育实践,在自己的教育活动中,因材施教,循循善诱,诲人不倦,体现以传承文化为己任的传统知识分子本色。程先生重视古代文化的传承,不仅身体力行,普及推广研究《诗经》等古代典籍,晚年,她还培养一批《诗经》研究人才,为传统文化的承传输送新生的力量,她培养的二十多名研究生,后来大多数成为成绩卓越的古代文史研究学者,比较突出的已经成为《诗经》研究领域著名的专家。

总之,程先生从文化传承、民族精神的重新塑造的崇高社会责任感出发进行《诗经》研究和《诗经》的普及工作,她在《诗经》赋比兴艺术表现、《诗经》的通俗化、《诗经》音韵训诂及《诗经》研究的人材培养诸多方面作出令人瞩目的成绩。而先生循循善诱、诲人不倦的师德、坚毅顽强、不断开拓的精神、献身教育科研不计名利的高尚人格一直影响她的学生和学界同仁。先生离开我们已经十一个年头,在《诗经》等古代典

---

① 王文锦:《读〈诗经注析〉札记》。

籍成为文化研究热点的今天,追溯当年先生的治诗历程,总结先生《诗经》研究的成就,继承她留给后人的这笔宝贵遗产,是十分必要和有意义的。

（本文与戴从喜合作）

《程俊英教授纪念文集》跋

程先生病危的时候，我正好在外地出差。本来先生住在学校里，病重了，为了便于就医，才搬到瑞金医院对面她女儿家住。但是这样却离学校、离她的学生们远了。我每个星期要去看她一次，眼见着她一天天地衰弱下去，却怎么也没有想到，在我不在的时候她永远地离开了我们。在我看来，先生仙去的那一刻，除了她的家人，一定应该有她的学生在她的身边，因为除了家人，她把她的爱全部给了她的学生。

经过了十年浩劫，1978年我国恢复了招收研究生。我和蒋见元、刘永翔、严佐之等16人有幸成为"文革"以后上海师范大学古籍研究所的第一批研究生。此时的上海师范大学是"文革"中由华东师范大学、上海师范大学、上海体育学院三所学校合并而成的。但是，就在我们被录取的时候，国家又作出了恢复三所学校建制的决定。于是，华东师范大学和上海师范大学面临着如何公正分配这16个研究生的问题。要知道，我们16个人是从全国600多考生中选拔出来的，大家都知道这里的分量。后来，老师们想出了一个既解决问题又不伤和气的办法：一家一个轮着挑，挑完为止。华东师大是国家重点大学，当然是首先挑。这样，华东师大挑了10名，上海师大挑了6名。我被挑入了上海师大。

但是，我们的课却是在一起上的，有时候，华东师大的同学们到漕河泾来听课,有时候我们跑到中山北路去听课。其中,华东师大的课就有程先生的"诗经研究"。

早就知道程先生的大名,心中充满了对她的崇敬之感,但从未见过,又不免有一种敬畏之情。不想,她的第一堂课就使我由崇敬而崇拜,由敬畏而亲切。先生因腿脚不便是坐着讲课的,她的发音很轻,但很清晰,平缓而娓娓道来。她的表情温柔敦厚,平和得让人如沐春风,就像面对着自己的奶奶。但是在这平和的氛围中,她却把一部《诗经》和《诗经》的研究史讲得如数家珍,讲得博大精深,讲得鞭辟入里。一夜之间,我好像突然明白了,什么是学问,什么是学术研究。

当时有一个强烈的愿望:如果能投到程先生的门下,跟她学《诗经》多好!

想不到的是,程先生也在想着我,她希望我能调回到华东师大来。

毕业了,我被留在上海师大古籍所。我想,这也许就是命吧,再也不去想入非非了。但程先生却一直在关心着我,当她知道我在上海师大并不顺畅时,就再次希望我能调过来。直到学兄蒋见元远赴海外定居已成定局,先生再也不犹豫了,她以八十高龄,拖着病躯亲自去找校长,要求把我调回华东师大。

就这样,我进了华东师大,入在先生的门下。

回想跟着先生做学问的几年,总有一种脱胎换骨的感觉。她不但教我怎样做学问,还教我怎样做人。

有一天,我去看望她,在谈完了工作以后,她突然对我说应该入党。我大吃一惊,不知道先生怎么会提出这样的问题。她说:"你应该入党,将来你是要当古籍所所长的。"我当时听了,真是有一种诚惶诚恐的感觉。赶紧对她说:"我出身不好,爸爸是历史反革命。"我告诉先生,从中学到大学到走上工作岗位,我一直在努力争取入党,但是党不要我,我已经死了这条心了。先生说,现在不同了,共产党已经改变了极左路线,你应该相信党。她说:"我做你的入党介绍人。"不久,我入了党,先生正是我的入党介绍人。

1992 年我被任命为古籍研究所所长。可惜的是,先生没有能看到这一天。

先生对我的关怀是无微不至的,有些事至今想起依然能让人心潮难平。

调入华东师大不久,我的前妻被发现患了乳腺癌,生活一下就陷入了困境之中。恰恰在这个时候我的自行车失窃。要知道,这可是对我致命的打击,当时,我家住在闸北,自行车到学校是一个小时的路程,妻子在铁路医院住院,到家又是 45 分钟的路程。我每天要往来于家、医院、学校之间,就靠一辆自行车,没了车简直是要了我的命。可是,我当时经济拮据,根本匀不出钱来再买一辆车。一天,见元兄找到我,塞给我一个信封,说:"这是程先生给你的一百元钱,让你去买一辆车。她怕自己给你你不肯接受,特意要我转交。"并一再说:"你一定要收下,程先生很为你着急。"

我当时不知说什么是好,对着师兄强忍住眼泪⋯⋯

不写了,不写了,此刻我已经控制不住自己的感情,真想到先生的墓前大哭一场。

所以,先生去世以后,我一直在想为先生做一件事,做一件大事。我想,纪念先生,最大的事莫过于为她编一个集子,把她散落在各处的文章收集起来,让它们不致湮没而流传百世。

今天,这个愿望实现了,我也可以告慰先生的在天之灵了。

最后,我要感谢我的博士生戴从喜,资料的收集工作主要是他做的,书前的那一篇研究程先生《诗经》研究的文章,也是他执笔起草的,我只是告诉他文章的观点以及全文的结构。当然,文章最后是由我改定的。他对我说,我交给他做的这一件事,使他得益匪浅,他真切地感受到了太老师的道德文章,受用不尽!

那么,我也心安理得了。

在 2016 年上海儒学
大会上的讲话

各位来宾、各位领导、各位同道、各位会员：

子曰："学而时习之，不亦说乎！有朋自远方来，不亦乐乎！"上海市儒学研究会 2016 年年会暨"儒学与当代中国"上海儒学大会今天顺利召开了，我代表上海市儒学研究会理事会向出席今天大会的各位领导，向远道而来的各位嘉宾，向关心上海市儒学研究和传播推广的朋友同道、向出席今天大会的各位会员，表示衷心的感谢和热烈的欢迎。

一年前的 5 月 10 日，上海市儒学研究会正式成立，这是顺应时代和民心的盛举，也是上海的儒学研究者们对习近平总书记关于传承和弘扬优秀传统文化一系列重要指示的响应和践履。先贤有言："武创业，文守成，百世不易之道也。"子曰："远人不服，则修文德以来之。"中国共产党从革命向建设的转型、中国社会从惟生产力论向科学、和谐发展观的转化、中华民族从世界边缘向天下中心的转移，需要经济实力、需要科学技术、需要军事实力，但是更需要文明、文化、文德，而这一切，离不开向中华民族固有传统的回望与传承。其中，儒学则是最基本最重要的哲学、伦理、制度、价值观、方法论等的资源与宝库。延续了一二十年之久而且还在持续"发烧"的来自民间的国学热、传统文化热，也印证了儒学的回归与复兴是不可阻挡的潮流。从整体的历史发展观看，上海市儒学研究会的成立,只能说是历史长河中的一朵小小的浪花而已。我们感到自豪的是,我们成为了浩浩汤汤的历史长河中的一分子,为推动它的发展贡献了力量,而没有成为一个顽冥不化的阻挡者和摩擦制造者。

本次大会的主题是"儒学与当代中国"。什么是"当代中国"?这恐怕是每一个儒学研究者必须弄清楚的一个大问题。只有认清楚这个大问题,我们才能明白一个儒者的担当和责任。子曰:"儒有席上之珍以待聘,夙夜强学以待问,怀忠信以待举,力行以待取,其自立有如此者。"又曰:"儒有澡身而浴德,陈言而伏;静而正之,上弗知也;粗而翘之,又不急为也;不临深而为高,不加少而为多;世治不轻,世乱不沮;同弗与,异弗非也。其特立独行有如此者。"就是说,儒者是一群有独立见解的,对国家、社会有担当和抱负的知识分子,他们是一群合作者和建设者,而不是一个对抗者或麻烦制造者。当今中国,需要我们的合作和建设,需要我们贡献智慧和力量。当代中国正处在有史以来从未有过的波澜壮阔的历史进程中,我们儒者应该是这一进程的建设者和推动者,我们不是破坏者。我以为,这是每一个儒家学者必须认清的历史责任和自觉担当。所以,当我们一批志同道合以儒道自任的学侣们聚在一起,筹备上海儒学研究会的时候就申明:凡申请入会者,必须"尊崇孔子及其儒家经典,必须认同儒家的核心价值,并致力于儒学在当代中国的复兴"。

2016年4月6日下午,上海市儒学研究会召开2016年第一次理事会。在这次理事会上,大家讨论了上海市儒学研究会的自我定位与基本方略。特向大会报告如下:

一,上海市儒学研究会坚持"学术的儒学"。

学术和学术研究是上海儒学会的灵魂与生命,一部儒学史,就是一部儒学的研究和阐释史,所谓"解经",所谓"述而不作",其实就是对儒家经典进行研究和阐发,就是儒家经典在时代的发展中不断更新和获取新的生命力的历史。当代中国,日新月异,它的面貌和形态已经发生了与过往时代完全不同的体征和内涵。古老的儒学如何适应时代的需要,如何守正而出新,是当今儒者必须面对的重大课题。而要应对这一挑战,除加强理论研究外,别无他途。事实上,本会的一大批会员已经做出了和正在做出他们的研究成果,他们心无旁骛,潜心学术,为我们做出了很好的榜样。我的期望是,上海儒学会要在儒学研究上走在全国的前面,领风气、站前沿,让上海儒学成为中国儒学研究的主力和引领者。我们创办《儒学研究》杂志,正是为了达到这一目的而作的努力的一部分。另外,我们很高兴地得知,复旦大学儒学研究院即将成立,这是在上海这个大学相对比较集中的现代化大都市的高校中,成立的第一个以传统学术命名的学术机构,它来得晚了一些,但毕竟来了,我们举双手欢迎它,并积极准备与它合作,共襄儒学复兴之盛举。

二,上海市儒学研究会倡导"市民的儒学"。

儒学的根在民间,儒学的生命力在于民众的认同和参与。中国的儒学历经磨难,近一个世纪以来几乎遭遇了灭顶之灾,但是它依然如草之萌、如影之随而不绝于缕,其中一个重要的原因就在于它的根本和基础在民间。所以,儒学不能把自己高搁于庙堂之上和理论之中,不能把自己局限于典册与文字之间,不能把自己固步于书斋与讲堂之内。它应该走入民间。上海是一个大都市,它的"民间"的一个特质就是市民,这是上海有别于其他地区(省、市)的一个显著特点。作为上海的儒学团体,我们自然要适应上海的特点,所以,我们提出"市民的儒学"。所谓"市民的儒学",就是儒学要走进上海市民的生活,要使儒学融入上海市民的日用起居、学习工作之中,使儒学的精神气质和生活方式、行为规范为市民所认同,而成为一种自觉。所以,我们要开展儒学大讲堂,要举办各种培训班,要搞丰富多彩的表演、竞赛、读书会等活动,以推动儒学的落地生根。

三,上海市儒学研究会践行"行动的儒学"。

孔子曰:"言忠信,行笃敬。"朱子曰:"学之之博,未若知之之要;知之之要,未若行之之实。"再曰:"学之道,非知之艰,而行之艰也。"又曰:"士患不学,学患不行。"儒学不是高头讲章,不是空头支票,儒学是治国安邦的学问,是身心修养的学问,是处世为人的学问,它的力量就在于践履和实行。先儒曰:"古之学者为己,今之学者为人。"所以归根结底它是一种为己之学。所谓"行动的儒学"有两个层面,一个层面是说,儒学的精神和原理是要实行的,它应该成为构建和谐社会、践行社会主义核心价值观的思想源泉和实践典范;另一个层面是说,儒家学者应该自觉践履儒学为己之学的精神内核,做一个行动的儒者、实践的儒者、理论与实践相结合的儒者,而不是一个空头理论家,一个只会教训别人的假道学先生。总之,我们要行动起来,切问而近思,从自身做起,从身边的小事做起,让儒学真正地活起来,让我们自己走向齐贤成圣之路,赋予儒学以活的生命。

学术的儒学、市民的儒学、行动的儒学,这就是上海市儒学研究会的行动纲领和奋斗目标,让我们共同努力吧。

下面请允许我报告一下上海市儒学研究会 2015 年的工作和 2016 年的工作计划。

2015 年上海市儒学研究会初创伊始,工作主要围绕着完善组织架构,构建学术活动基本框架展开。

一,完善组织架构:

1. 完善了理事会、秘书处的人员配备与组织。

2. 组建了以吴震教授为主任的朱子学专业委员会。

组建了以方旭东教授为主任的孟子学专业委员会。

组建了以黄玉峰校长为主任的中小学儒学教育专业委员会。

组建了以丁兴才董事长为主任的儒商专业委员会。

这几个委员会成立以后都已开展了各种学术与社会活动,取得了良好的社会效益。

二,与上海财经大学合作组建了"中华儒商研究中心"。中心于2016年元月8日挂牌成立。中心将开展儒商的历史与理论研究、招收研究生、申报国家级研究课题、编写儒商教材、开展关于儒商的通识教育等工作。中心的成立受到国内学术界和舆论界的高度关注。

三,与无锡东林书院合作举办了一次高级别的学术会讲。

四,与复旦大学哲学系合作举办东亚朱子学的国际学术研讨会。

五,分别在同济大学、上海师大、上海财经大学等院校举办一系列学术报告。

六,筹办《儒学研究》杂志,建立了编委会,确定了办刊宗旨与编辑条例。

七,受福建南溪书院之邀,在南溪书院建立学术研究与讲学基地。

2015年,本会被评为市级先进社会团体。

2016年,上海市儒学研究会将贯彻"致力于儒学在当代中国的复兴"这一宗旨,继续围绕学术的儒学、市民的儒学、行动的儒学三大行动纲领,继续推动上海市儒学研究会各项工作的开展:

一,学术研究与学术活动:

1. 拟设立国学专业委员会,以多元包容的胸襟团结各方国学研究、教育、传播力量,推动国学教育研究与传播走入纯正、学理、系统的轨道。

2. 与上海财经大学合作,创建并完善儒商专业研究方向,使儒家经世济用之学在当代语境中有系统的理论建构。

3. 努力办好《儒学研究》学术刊物,以高标准的核心期刊质量要求,初步奠定上海市儒学研究会的学术品格。

4. 举办首届国际儒商论坛。

5. 2016 年下半年,儒学研究会儒商分会与中华儒商研究中心将发布科研课题招标指南,并资助中标课题的研究经费,目的是探索中国当代经济高速发展与中国传统文化的结构性关系;探索儒家思想与儒商理论与实践如何与经济、商业、管理的融入与整合;探讨财富积累如何与社会发展相协调的一系列哲学、伦理、价值观和方法论等问题,并试图从中国传统文化的背景出发,构建起中国式的儒商话语体系,向世界提供具有中国特色的思想资源。

6. 继续与东林书院、南溪书院合作,举办一到两次学术会讲。

7. 要求各专业委员会开展适合自身特点的学术研究与活动。

8. 推动与配合嘉定学者对陆陇其及当湖书院的研究,并适时启动恢复当湖书院的工作。

二,儒学的传播与普及:

1. 2016 年,上海市儒学研究会将在上海市社会科学界联合会的指导下,推出"市民儒学讲座"巡讲,建设讲师队伍,逐步走向全市十七个区县与各个社区,让更多人了解儒学,充分发挥儒家对于社会的教化作用。这是一个长期的规划,从今年起将使之制度化。

2. 上海市儒学研究会旗下的公益品牌:秋霞圃、国学新知等机构开展常态的读书会、讲习班等活动,得到市民的极大好评。2016 年,研究会与旗下机构将走出上海,与外地书院、研究机构合作,将上海儒学的声音辐射开去。

3. 上海市儒学研究会分支机构中小学国学教育专业委员会,于

2016年将团结上海市中小学校,建立国学教育联盟,在日常的教学生活中不断融入国学,使他们从小能了解并认识儒家的基本价值观,塑造君子人格,养成博雅气质。

4. 今年,我们也将与嘉定方面合作,举办2016年度上海"孔子文化节"活动,使其成为具有一定影响力的文化盛事。

三,继续做好儒学会的组织与建设工作:

1. 稳步推行会员的发展工作,吸收更多有志于儒学的各界人士尤其是年轻人加入儒学会。

2. 继续推动和帮助各高校学生儒学团体的组建。

3. 鼓励和推动学会的会员们履行先儒倡导的"知行合一"、"经世致用"精神,怀抱家国情怀,走出书斋,走向民间,深入社会,投身于儒学复兴的事业中去,为中华民族的伟大复兴做出我们的贡献。

亲爱的会员朋友们:

最近,有人在评论徐梵澄先生的《孔学古微》时,讲了一句很值得深思的话:"不是儒学需要我们'复兴',而是我们需要儒学'拯救'。"当代中国,正处在社会、思想、制度等的深刻转型之中、正处在整个世界大势转型的挤压之中,转型带来了机会,也带来了各种问题,种种问题的积累和叠加,使我们面临严峻的挑战。而儒学为我们应对挑战提供了丰富的思想资源。所以,是我们需要儒学,而不是相反。子畏于匡,曰:"文王既没,文不在兹乎?天之将丧斯文也,后死者不得与于斯文也;天之未丧斯文也,匡人其如予何?"孟子曰:"予,天民之先觉者也,予将以斯道觉斯民也。非予觉之而谁也?"朱子曰:"学以为己,仕以为人,廉直不挠,有志必伸。""君子随时救世,无必待学至圣人然后有为之理。"孔子当年"知其不可为而为之",可是今天我们却正处于"天之未丧斯文也"的时代,儒家的道统、学统、治统,正待全面复兴,"非予觉之而谁也"？难道"必待学至圣人"然后才可有为吗？所以我们不能忘记自己的使命与追求，应以舍我其谁的气概，怀抱着"为天地立心，为生民立命，为往圣继绝学，为万世开太平"的豪情，投身于中华民族伟大复兴的事业中去。

　　谢谢大家！

2016 年 5 月 2 日于桑榆匪晚斋